Les trois dimensions du Tarot de Marseille

Alchimique – Divinatoire – Psychologique

Éditions Bussière – Octobre 2021
ISBN : 978285090-819-4

Sébastien Camus

Les trois dimensions du Tarot de Marseille

Alchimique – Divinatoire – Psychologique

Éditions Bussière
34 rue Saint-Jacques
75005 Paris

Tous mes remerciements à Nelly pour sa participation
à la correction de cet ouvrage

Partie I

INTRODUCTION

Le Tarot s'inscrit en ce monde comme les 22 lettres hébraïques qui permettent d'exprimer tout en cet univers. Le Tarot détient les clés d'accès de ce qui nous est invisible, l'inconscient du microcosme et la conscience universelle du macrocosme. Il est le support matériel qui permet d'accéder à l'immatériel. Toute la connaissance universelle initiale semble avoir été éparpillée à travers les âges et les cultures, le Tarot nous apparaît comme un support afin de nous aider à reconstituer le puzzle. Ainsi, les nombres ne représentent pas l'ordre alchimique du Grand Œuvre. Ils ne sont qu'une indication, on ne doit pas se fier à eux comme étant le numéro des barreaux d'une échelle qu'il suffit de mettre en ordre pour s'élever. Ce qui importe ce sont les symboles archétypaux véhiculés par les Arcanes Majeurs. Ils réveillent en nous l'héritage que nous avons reçu, mais qui est enfoui dans les profondeurs de notre être. Aussi, tout l'art de l'alchimie réside dans le verbe « persévérer ». Autrement dit : « percez et vous verrez », afin de chercher au cœur de la matière la lumière divine qui a été enfermée par la cristallisation, la condensation, l'apesanteur. De la même manière que l'on fournit un effort pour se relever et non pour tomber. Ainsi, pour s'élever, l'effort à fournir est bien plus important.

Conséquemment, le Tarot donne matière à chacun pour construire son propre puzzle alchimique afin de trouver sa propre pierre philosophale. Dans ce cas, l'ordre d'apparition des Lames est propre à chacun et peut varier dans le temps. Il n'existe pas de modèle de puzzle préétabli. Chacun doit trouver sa propre voie, car ce qui importe c'est le parcours réalisé. Le pèlerin est toujours en mouvement, tout comme l'avenir, et c'est en parcourant les 21 étapes qu'il va nous montrer la voie.

Origine

Tarot viendrait de « Trionfi » qui, en italien, signifie « triomphes », ou encore de « Tar » qui signifie « chemin » et Ros ou Rob qui signifie « Royal » ou RO, ROG qui signifie « réel ». En ancien égyptien, cela donnerait « le chemin royal ou réel de la vie ». Il peut aussi provenir de l'hébreu TORA. D'ailleurs, le mot « tarot » à l'envers se lit « torat », ou plus exactement, « tora » (l'enseignement divin transmis par Dieu à Moïse). On peut aussi penser à la culture chinoise avec le Tao (un enchaînement de mouvements à valeur pédagogique), etc.

Alors, d'où vient-il ?

D'après certains, le Tarot puiserait ses origines dans l'Égypte antique par la présence du sphinx sur l'Arcane X[1] , pour d'autres, il viendrait de l'Atlantide, le temps où la science et la connaissance hermétique étaient universelles et où on ne parlait qu'une seule et unique langue (la langue originelle). Historiquement et sur le plan académique, il nous vient du XVe siècle. Pour tous ceux qui désirent creuser sur les origines du jeu, il existe de nombreux ouvrages et articles sur Internet dans lesquels sont exposées les probables origines du Tarot en plus de toutes les formes et influences qu'il a pu prendre à travers les époques, les peuples et les religions.

Lorsqu'on prend pour la première fois en main un jeu de Tarot, les dessins et les couleurs captivent l'esprit. Les archétypes interpellent l'inconscient et le conscient a bien du mal à les interpréter, d'autant qu'il souhaite, peut-être, continuer à refouler certaines choses en nous. Dans une démarche thérapeutique, le professionnel peut demander au consultant ou au patient (s'il s'agit d'une prise en charge par un clinicien) d'exprimer ce qu'il ressent à la vue de tel ou tel Arcane. Dans la plupart des cas, ce dernier décrit ce qu'il voit, par exemple : un homme âgé et assis tient un sceptre, ou encore une roue qui tourne avec des animaux qui s'y agrippent, etc. Souvent, les couleurs sont également décrites : un manteau bleu, une robe rouge, une tenue « Arlequin », etc. Quant à la Lame qui n'a pas de numéro, « Le Fol », le consultant est dérouté face à elle, car il

1. X est l'inconnu mathématique, les mystères, l'interdit, l'emplacement d'un trésor sur une carte, etc.

ne sait pas la classer. En général, le consultant cite aussi le nom de l'Arcane, et baptise presque systématiquement la Lame XIII – qui n'a pas de nom par « La Mort ». Dans son esprit rationnel, cartésien et académique, une relation naît. L'association avec le numéro XIII engendre l'angoisse dans toutes les cellules de son corps. Le conscient a classé et même hiérarchisé cet Arcane alors que dans l'inconscient s'agitent déjà d'autres projections dans le fond de la grotte sombre. Ainsi, nous pouvons certainement faire le lien avec notre héritage phylogénique. En effet, nous avons naturellement tendance à privilégier le négatif et prêtons une attention particulière à ce qui nous menace ; ici, la faux ne peut que nous inspirer la crainte d'être coupé en deux comme le blé, et donc de mourir.

La lame sans nombre

L'organisation, la hiérarchisation, la classification sont des notions qui rassurent l'être humain, là où la linéarité lénifie. C'est pourquoi la Lame sans nombre, appelée « Le Fol » ou « Le Mat », hérite sans le vouloir et sans le savoir d'un nombre : l'Arcane porte le numéro 0 et se classe avant « Le Bateleur », ou s'affuble du numéro 22 et arrive après l'Arcane « Le Monde ». L'esprit se rassérène, tout s'ordonne et ainsi, la boucle est bouclée. L'ouroboros se dessine et l'autofécondation marque l'éternel retour. Il incarne le cycle de la vie (naissance) et la mort (autre naissance). L'éternelle unité par le cercle symbolise l'absorption des connaissances fondamentales de toutes choses et de toute vérité.

Après l'Arcane XXI, grâce à cet agent mystérieux l'Arcane I « Le Bateleur » réapparaît. Mais « Le Bateleur » ne peut recommencer une vie avec tout le savoir acquis lors de la précédente. Aussi, il a bu les eaux du Léthé et les souvenirs deviennent les nœuds gordiens sur le manche de la cuillère d'alchimiste du pèlerin (*« Le secret du bonheur est de regarder toutes les merveilles du monde, mais sans jamais oublier les gouttes d'huile qui sont dans la cuillère »* Paulo Coelho).

Pourquoi mettre un chiffre à l'Arcane « Le FOL » si, à l'origine, on a pris le soin de ne pas lui en donner ? Peut-être a-t-on souhaité nous insuffler l'idée que chacune des lames du Tarot représente « Le Fol » dans un état différent en fonction de sa route, de ses choix, de ses décisions ?

Pour illustrer cela, prenons le jeu du Tarot à jouer de 78 cartes. L'Excuse qui représente « Le Fol » se joue à n'importe quel moment dans le jeu, mais il convient de ne pas le poser en toute dernière main, sauf en cas de « chelem », que l'on pourrait peut-être aussi qualifier dans cet ouvrage de « Grand Œuvre ».

De plus comment fait-on, par exemple, pour passer de l'Arcane « Le Bateleur » à l'Arcane « La Papesse » ? Le Pèlerin, cet « agent énigmatique », avance dans son parcours par sa force créatrice. Il est « la matière secrète » et les 21 arcanes du Tarot sont donc les étapes qu'il va traverser.

Le Tarot devient alors l'instrument qui nous permet de traverser l'obstacle qui retient la lumière et projette des ombres, ce que nous voyons et prenons pour la réalité. Il nous permet d'aller derrière le miroir pour y capter, par l'esprit et le cœur, un peu de cette lumière qui nous éclaire et que l'on nomme intuition, et peut-être même un peu du réel. L'allégorie de la caverne de Platon prend enfin tout son sens, l'antique « Matrix » en quelque sorte.

Dès lors existe-t-il une méthode heuristique ?

Cet ouvrage ne propose pas une méthode académique, car nous avons affaire à une conception herméneutique, il propose une approche tridimensionnelle comportant :

- Des explications divinatoires les plus communément admises par les auteurs,
- Un parallèle avec la psychologie,
- Un regard sur l'alchimie ou l'hermétisme (l'alchimie est un domaine hermétique et ésotérique).

L'ambition est de présenter au lecteur des explications ou, tout du moins, des indications qui orientent la connaissance selon trois angles afin d'offrir une vision plus globalisante du Tarot. Avec lui, nous entrons dans le jardin de l'émeraude. Chacun pourra creuser à sa guise dans l'un de ces aspects, trouver sa propre lumière et agir de la même manière que le V.I.T.R.I.O.L. : *« Visita Interiora Terrae Rectificando Invenies Occultum Lapidem »*[2].

2. *Visite l'intérieur de la terre et, en rectifiant, tu trouveras la pierre occulte ou la pierre de l'Œuvre*

LES COULEURS ET LE TAROT

Le Tarot de Marseille utilise les couleurs comme symbolisme. Cependant, il est important de prévenir le lecteur face à une utilisation trop facile ou abusive des couleurs quant au discours que l'on peut tenir lors de l'analyse d'un tirage.

En effet, les jeux de Tarot de Marseille, divers et variés, présentent des différences notables. Les couleurs varient en fonction des auteurs, et parfois même des symboles sont ajoutés ou retirés. Chacun y va de ses convictions.

Que dire alors des jeux qui ne présentent que le noir et le blanc, comme ceux destinés à la psychologie ? Ces derniers misent avant tout sur le contraste afin de faire remonter ce qui a pu être refoulé dans l'inconscient et non sur les couleurs qui peuvent distraire l'attention et ne faire parler que la partie consciente de la personnalité. On peut citer le très beau jeu « Le Tarot hermétique de la Golden Dawn », en noir et blanc et très fourni en symbolismes hermétiques.

De plus, n'oublions pas que les couleurs peuvent avoir des significations différentes en fonction des pays. En Occident, on privilégie le noir pour les enterrements alors qu'en Asie on utilise le blanc. Par conséquent, il serait stérile et même dommageable de fournir des explications détaillées sur le bâton de « l'Hermite » en se basant uniquement sur sa couleur, car celui-ci pourrait être de couleur chair dans un jeu et rouge dans le vôtre. Se concentrer seulement sur les couleurs n'aurait pas de sens et irait à l'encontre de l'universalité soulevée par les archétypes des Lames du Tarot.

Aussi, dans les pages traitant des Arcanes Majeurs et de leurs significations possibles ou communément admises, les couleurs ne seront pas détaillées comme support explicatif. Chacun pourra aisément se faire sa propre analyse quant à la signification des couleurs en fonction de la description qui en est faite ci-dessous ou des éléments recueillis dans d'autres sources. En effet, il est impossible de nier que les couleurs aident à la compréhension de certains concepts.

Voici les couleurs – en général au nombre de sept – que l'on peut trouver dans le Tarot :

Blanc – Jaune – Bleu – Chair – Vert – Rouge – Noir

Cependant, certains jeux en compte davantage avec le violet et l'orange par exemple.

Significations :

Le blanc

La conscience, la pureté, l'innocence, la sagesse, la simplicité, la virginité, le divin, le calme, l'apaisement. Le blanc est neutre et passif, comme la feuille blanche du poète. Elle est la synthèse, la lumière qui calme. Elle représente le positif (la lumière blanche après la mort) et symbolise la renaissance chez certains. Le blanc est associé à l'élément Air.

Le jaune

Cette couleur rappelle le soleil. Elle est la lumière, la chaleur. Elle symbolise l'intuition (la lumière qui éclaire l'esprit), la lumière spirituelle. Le jaune représente l'or (celui des alchimistes, c'est-à-dire l'amour, le cœur et non la transformation du plomb en or). Elle est la couleur du troisième chakra, le plexus solaire. Le jaune stimule la joie de vivre. Il est associé à l'élément Air.

Le bleu

Cette couleur est le cinquième chakra ou le sixième pour le bleu indigo. Le bleu représente l'eau, l'Infini. Couleur froide et pure, elle est la préférée des Occidentaux et symbolise la communication, la légèreté, les voyages. Le bleu est lié à la spiritualité, car il représente l'immensité. Il est associé à la connaissance par l'aspect de profondeur qu'elle suscite dans les esprits.

Chair

Symbolise la couleur de la peau humaine. Cette couleur est associée à l'élément Terre.

Vert

Le vert est la couleur du règne végétal qui régénère, vitalise et calme. Il symbolise l'espoir. Couleur du quatrième chakra, celui du coeur, elle est associée à l'amour, l'harmonie, la compassion. C'est aussi la création spirituelle en ésotérisme. Vert comme l'émeraude que Lucifer (Porteur de Lumière), le plus bel ange, portait en son front. En alchimie, le vert symbolise un mystère (arcane, diablerie), indique que quelque chose reste caché, dans la discrétion. On parle aussi du jardin de l'émeraude en gemmologie, d'« Émeraude des philosophes », de « Lion vert » en alchimie (associé au V.I.T.R.I.O.L « Descends dans les entrailles de la Terre, en distillant tu trouveras la pierre de l'œuvre »[3]). Tout le monde connaît la comptine « Une souris verte… » aussi mystérieuse que poétique. Cette couleur est associée à l'élément Terre.

Rouge

C'est la couleur du premier chakra. Elle représente à la fois l'amour (la rose rouge), la sensualité, le courage et l'ardeur, mais aussi la colère, la force, la sexualité, le danger, l'interdiction. C'est une couleur chaude qui symbolise la passion, la pulsion, la libido. C'est la couleur des braises ardentes ! C'est aussi le symbole de la vie : le sang est rouge. Au moyen-âge, le rouge vif signifiait l'incandescence et l'activité. La pierre philosophale serait un composé très dense, couleur rouge-rubis (Rubis Céleste) *« Soit donc la pierre rouge abreuvée de l'eau rouge… »* [4]. Le rouge est associé à l'élément Feu.

Noir

Par opposition au blanc, il symbolise l'inconscient. Le noir représente l'obscurité, les peurs, les angoisses. Dans le noir, les choses sont cachées. Il est associé à la mort, au deuil, au désespoir. Cependant, cette couleur peut être vue comme une forme d'élégance et de raffinement qui se marie avec tout (le cadran noir des montres de luxe). Il est le contraire de la fantaisie, de l'exubérance. Il représente le sérieux. Enfin, il est aussi la transmutation. Le noir est associé à l'élément Terre.

3. Une traduction de Jean Servier.

4. Bernard Comte de la Marche Trévisane.

Les nombres et le Tarot

L'utilisation généralisée des nombres romains fait référence au bâton d'Hermès, utilisé à l'infini (Hermès sépara deux serpents qui se combattaient. En alchimie, chacun des serpents représente le mercure et le soufre philosophique). On parlera d'ailleurs plus volontiers de nombre plutôt que de numéro qui indique un ordre précis.

La numérotation en chiffres romains du Tarot de Marseille va du I au XXI ou du I au XXII, voire du 0 au 21 selon les jeux. L'Arcane « Le Fol » se caractérise de manière déstabilisante par son absence de nombre. Or l'esprit cartésien humain adore classer et ranger les choses dans des boîtes numérotées. Ainsi, certains persistent à vouloir absolument lui attribuer un nombre quitte à ignorer la volonté initiale du ou des créateurs du Tarot.

De plus, on peut constater une spécificité qui bouscule le savoir acquis à l'école académique. En effet, 14 en chiffre romain s'écrit « XIV ». Par conséquent, la notation XIIII aurait pu être comptée fausse par un professeur. Alors, pourquoi ce jeu « traditionnel » adopte-t-il une écriture qui va heurter l'écriture académique communément admise ? La réponse réside dans le fait que le Tarot nous montre une volonté de progression et non de régression. Ainsi, l'être avance inexorablement vers la fin fatidique où son âme sera pesée dans la balance d'Osiris par les actions positives ou négatives réalisées de son vivant.

Toutefois, dans la vie, on a parfois besoin de revenir aux bases, aux fondamentaux afin de pouvoir accéder au palier supérieur. Donc, « Le Bateleur », qui n'est en fait que « Le Fol », devient « La Papesse », et ainsi de suite jusqu'à atteindre le « Grand Tout ». Cela même si on passe du « Le Bateleur », à « L'Arcane sans nom », pour ensuite revenir à « L'Empereur ». C'est là tout le paradoxe de l'évolution de l'homme. Quand bien même il avance dans le temps d'une manière linéaire, son psychique peut subir « différentes morts » ou « transformations », ou mieux une « transcendance » pour accéder à des plans supérieurs de la réflexion.

Donc, le jeu que vous utilisez indique peut-être « XIV » pour l'Arcane la « Tempérance » et non « XIIII ». L'objectif ne réside pas dans l'idée de savoir si cela est une erreur, mais bien plutôt de considérer les nombres comme une information qui vous permet de classer votre jeu après chaque tirage afin de le rendre neutre. Dans ce cas, les nombres sont pour l'apprenant des numéros d'ordre. Mais cela vaut uniquement si votre jeu comporte des numéros, car certains présentent les Arcanes sans aucun nombre. De quoi en perdre son latin. En tout cas, lorsqu'on débute avec le Tarot, cela ne facilite pas la tâche.

Selon certains, l'Arcane « Le Fol » se range généralement entre l'Arcane XX et l'Arcane XXI afin qu'il ne s'échappe pas. Cependant, dans le cadre d'une consultation, il est rare que le Tarologue utilise sa science concernant la numérologie afin d'expliquer une destinée possible. Il apparaît bien plus important de déterminer avec précision pourquoi l'Arcane « La Papesse » apparaît inversé sur telle ou telle position et quelle incidence elle peut avoir en fonction des cartes qui l'entourent ! L'explication du nombre 2, si tant est qu'elle soit très intéressante, risque fort de noyer le consultant dans des explications qui ne l'éclaireront pas beaucoup.

Conséquemment, cet ouvrage n'a pas pour objectif de travailler la numérologie. Chacun pourra se lancer dans un apprentissage spécifique lié à la signification des nombres, s'il le désire, au travers des nombreux ouvrages spécialisés dans ce domaine.

Néanmoins, nous devons nous arrêter sur certains aspects troublants concernant les nombres, car, l'on peut, sans approfondir la signification de chaque nombre des arcanes du Tarot, se poser certaines questions bien légitimes.

Pourquoi le Tarot de Marseille compte-t-il 22 Arcanes Majeurs ?

Voici une série de réponses possibles :

- Le cercle de 360° comporte 22 polygones réguliers,
- Il y a 22 lettres hébraïques,
- 22 sentiers relient entre elles les dix séphiroth de l'Arbre de Vie (qui représente la structure de l'homme et de l'univers),
- 22 est considéré comme le plus puissant de tous les nombres : 2 + 2 = 4. Or le 4 représente : le temps (4 saisons), l'espace (4 points cardinaux,) et l'énergie (4 éléments),
- Les 22 chapitres de l'Apocalypse de Saint-Jean,
- À son Ascension, par 22 fois Jésus bénit la création,
- Dans le bouddhisme, le « Indriya » représente l'ensemble de 22 facultés physiques et mentales,
- 22 divisé par 7 donne le nombre Pi, qui représente le rapport mystérieux et approximatif du périmètre d'un cercle à son diamètre.

Pourquoi les Lames sont-elles numérotées de I à XXI ?

En alchimie, il existe 3 œuvres, trois manières d'opérer et 7 étapes associées à une couleur. Or 21 = 3 x 7.

Pour information, les 3 œuvres avec les étapes sont indiquées dans le tableau ci-dessous :

	L'Oeuvre au noir	L'Oeuvre au blanc	L'Oeuvre au rouge (ultime étape)
Étapes	Distillation Calcination Putréfaction Dissolution	Coagulation Vivification	Multiplication ou projection

Le nombre 7 représente les :

- 7 jours,
- 7 couleurs de l'arc-en-ciel,
- 7 notes de musique,
- 7 métaux classiques de l'alchimie (or, argent, mercure, plomb, fer, cuivre, étain), associés aux 7 planètes,
- 7 chakras (racine, sacré, plexus solaire, cœur, gorge, frontal, coronal),
- 7 mers.

Le nombre 3 représente :

- La trinité (Le Père, le Fils, le Saint-Esprit),
- Le corps, l'âme, l'esprit,
- Mémoire, intelligence, volonté
- Réel, Symbolique et Imaginaire (R.S.I de Lacan).

Le nombre 21 :

Il symbolise l'excellence, la perfection, la Sagesse Divine selon la Bible. Il est le nombre de la libre activité, entre le bien et le mal, qui partage l'Univers. Il est l'harmonie de la création.

Quelle relation peut-on faire entre le tarot et le spirituel par les nombres ?

Découpons le jeu en 7 étapes de 3 (7 x 3 = 21), et additionnons les nombres, nous obtenons alors ceci :

Arcanes	Réducation théosophique
1 + 2 + 3 = 6	6
4 + 5 + 6 = 15	1 + 5 = 6
7 + 8 + 9 = 24	2 + 4 = 6
10 + 11 + 12 = 33	3 + 3 = 6
13 + 14 + 15 = 42	4 + 2 = 6
16 + 17 + 18 = 51	5 + 1 = 6
19 + 20 + 21 = 60	6 + 0 = 6

À chaque fois, nous obtenons le chiffre 6, soit le Sceau de Salomon.

Nous avons, par conséquent, 7 fois 6. Or 7 x 6 = 42, ce qui donne en réduction théosophique : 4 + 2 = 6

Dieu créa le monde en 6 jours et se reposa le 7e, le nombre 6 symbolise la puissance (triangle matériel + triangle spirituel). Nous pouvons, notamment, citer ces deux exemples :

- Chaque cristal de neige comporte exactement 6 axes de symétrie,
- Le lys a 6 pétales (3 pétales et 3 sépales identiques) et est un symbole de pureté, symbole de la Vierge Marie.

1	2	3	4	5	6	7	=	28
8	9	10	11	12	13	14	=	77
15	16	17	18	19	20	21	=	126
								Somme
24	27	30	33	36	39	42	Somme	231
								2 + 3 + 1 =
6	9	3	6	9	12	6	51	6
			Somme					5 + 1 =

Intéressons-nous maintenant au tableau suivant :

Le nombre 6 est omniprésent. Il est dit que si une forme rappelant le Sceau de Salomon apparaît lors de la phase finale des opérations alchimiques (comme un flocon de neige sur une vitre) alors on a réussi la transmutation finale. On a obtenu la pierre philosophale. Il est dit aussi que rien n'indiquera que l'on a abouti, sauf l'étoile. Voici, une dernière preuve de l'importance de ce nombre en faisant l'addition théosophique, cette fois-ci du nombre 6, nous obtenons :

1 + 2 + 3 +4 + 5 + 6 = 21

Pour certains hermétistes[5], le sceau de Salomon signifie :

- Le Père, le Fils et le Saint-Esprit,
- La Mère, La Fille et la Sainte Âme.

En alchimie, le triangle est le symbole des trois principes du Grand Œuvre : soufre, mercure et sel. Le Sceau de Salomon représente le microcosme et le macrocosme, il est le symbole de la loi d'Hermès Trismégiste : *« ce qui est en haut est comme ce qui est en bas »*. On associe souvent l'Étoile de Salomon à l'Œil d'Horus (l'œil qui voit tout), sinon avec le Phénix. Or, celui-ci symbolise aussi l'Œuvre au rouge, l'étape ultime dans la confection de la pierre philosophale.

Pour en terminer avec le chiffre 6, prenons les 3 phases et les 7 opérations, réalisons la somme de chaque ligne puis la réduction théosophique et ne gardons que le chiffre 6.

Arcanes			Somme	Réduction théosophique
1	8	15	24	6
2	9	16	27	
3	10	17	30	
4	11	18	33	6
5	12	19	36	
6	13	20	39	
7	14	21	42	6

5. *Méditations sur les 22 arcanes majeurs du Tarot*, auteur anonyme, éditeur Aubier.

À intervalle régulier, nous trouvons le chiffre 6, trois fois, soit **666**.

> **Apocalypse 13** : *« Et elle fit que tous, petits et grands, riches et pauvres, libres et esclaves, reçussent une marque sur leur main droite ou sur leur front, et que personne ne pût acheter ni vendre, sans avoir la marque, le nom de la bête ou le nombre de son nom. C'est ici la sagesse. Que celui qui a de l'intelligence calcule le nombre de la bête. Car c'est un nombre d'hommes, et son nombre est six cent soixante-six. »*

Enfin, intéressons-nous à l'Arcane « Le Pendu » qui porte le nombre 12 : la tête à l'envers, il regarde le monde sous un autre angle. Que donne le chiffre 12 inversé ? Réponse : 21. D'une part, le Tarot nous indique que nous devons accepter parfois de perdre quelque chose, tout comme Odin[6] a accepté de perdre un œil, pour voir au-delà et trouver ainsi les solutions. D'autre part, le Tarot nous invite à voir la réalité sous un angle différent de celui imposé par notre éducation rationnelle, cartésienne et académique ou par les dogmes des religions qui nous imposent des oeillères. Cet angle est propre à chacun. L'alchimie ne nous dit pas lequel, puisque c'est une « science hermétique », mais nous montre le chemin. Abandonner son égo afin de voir le monde autrement est peut-être le moyen de trouver sa pierre philosophale.

6. À la demande de Mimir, Odin s'énucléa un œil et le jeta dans la fontaine, alors en échange d'un breuvage puisé à la source de la sagesse, il apprit la connaissance cachée que personne ne savait sauf lui.

Deux Arcanes particuliers

Deux des Arcanes dans le Tarot de Marseille présentent des particularités qui ne sont partagées par aucune des autres Lames. Ainsi, « l'Arcane sans nom » et l'Arcane « Le Fol » présentent la singularité de n'avoir pour le premier aucun nom et pour le second aucun numéro, alors que toutes les autres Lames en possèdent un. Conséquemment, on peut se demander s'il s'agit d'un oubli, c'est-à-dire d'une information que l'on a perdue au cours du temps, d'une coïncidence ou s'il y a une raison particulière à cette absence. Si nous partons du principe que le Tarot est intrinsèquement parfait, alors c'est nous, les humains, qui avons des failles et devons combler nos manques par un travail d'analyse. Ainsi, pour comprendre cette particularité, on peut utiliser l'hyperbole suivante : prenons comme exemple une personne qui a grandi sans jamais connaître le vent. Personne ne lui a expliqué ce que cela peut être. Jamais on n'a soufflé sur une feuille pour lui montrer ce qu'est le vent. Le vent étant invisible à l'œil nu, elle ignore ce phénomène. Ainsi, pour cette personne, le mouvement est uniquement possible grâce à la volonté, l'intention et les capacités motrices d'un être vivant, ou grâce à l'effet d'une action externe que l'on peut exercer sur un objet. Un jour, cette personne voit à travers la vitre les branches d'un arbre s'agiter. Sa remarque est alors la suivante : « l'arbre ayant les pieds en terre, il ne peut mouvoir que ses branches, et vu que personne ne les secoue, l'arbre peut agiter ses branches comme je le fais avec mes bras. » Nous comprenons alors qu'il y a un agent invisible qui agit. C'est le vent. De même, la mort existe puisque nous en connaissons les effets sur le corps, par contre nous ne la voyons pas, c'est pour cette raison que L'Arcane XIII n'a pas de nom. On ne nomme pas ce que l'on ne voit pas. On peut donc en tirer l'enseignement suivant : ce n'est pas parce qu'on ne voit pas une chose qu'elle n'existe pas. Or, on a tendance à voir uniquement ce que l'on veut bien voir, et surtout à ignorer ce que l'on ne voit pas. D'ailleurs, la nature a adapté la vue de l'être humain afin qu'il ne voie que ce qui lui est nécessaire dans le cadre de sa survie. C'est l'héritage phylogénétique et la théorie de l'évolution selon Darwin. Néanmoins, si l'on veut comprendre un phénomène, il est parfois nécessaire de chercher des causes qui, à priori, ne s'offrent pas à nous d'emblée et qui se trouvent dans l'invisible, en tout cas pour tous les non-initiés (ce que nous invite à faire l'Arcane XII par ailleurs). En ce qui concerne l'Arcane « Le Fol », les Alchimistes le nomment à juste titre l'agent mystérieux, le « Grand Œuvre ». Il est ce souffle que l'on ne voit pas et qui impulse la vie, le mouvement, l'amour… C'est pourquoi il n'a pas de numéro, car on ne peut le classer, le sérialiser. Il n'appartient pas à un groupe. Il est le groupe, l'universel. Là encore, le Tarot nous montre sa puissance. En effet, il n'exprime pas les choses de manière implicite, mais invite, au contraire, chacun à méditer au plus profond de soi pour voir ce qui se cache dans les profondeurs de l'être. C'est un peu comme chercher une souris verte dans l'herbe. Elle est là, mais on ne la voit pas, tout comme notre conscience. On sait qu'elle existe. Car que serions-nous sans conscience ? Nous serions des animaux, nous ne pourrions pas lire et comprendre ces lignes, et encore moins les écrire. Le Tarot est le pont entre l'alchimie et l'inconscient, une porte invisible, mais une porte qui existe néanmoins et qui ouvre sur l'inconscient collectif.

Le symbolisme et le Tarot

Les Lames comme archétypes sont constituées de détails qui, si l'on prend le temps de s'y attarder et d'ouvrir son esprit interrogateur, constituent un symbolisme, soit un ensemble de symboles très riches.

Lorsqu'on découvre pour la première fois les Arcanes, c'est le symbolisme général qui éveille en nous des interrogations (par exemple, un astre qui éclaire deux enfants derrière un mur). Ensuite, quand on prend le temps d'observer (« de *ob*, et *servare*, garder autour ») et d'éveiller (« tirer quelqu'un du sommeil »), la Lame révèle alors bien des détails qui interpellent la raison. Ainsi, pour l'Arcane « Le Soleil », on va tenter de comprendre pourquoi les personnages représentent des enfants dont l'un tient l'autre par le cou. Pourquoi celui de gauche porte-t-il sa main sur le cœur de celui qui se tient à droite ?

À partir de là, on emprunte un chemin qui va bien au-delà des montagnes. On pense découvrir la réponse dans un ouvrage, puis on découvre une explication complémentaire ou différente, une information qui converge ou diverge de ce que l'on avait admis comme vérité chez un autre auteur.

Ainsi, commence le voyage (« Le Fol »), on découvre bien plus qu'espéré à l'origine, pour peu que l'envie de persévérer (« percer pour voir ») prenne naissance au tréfonds de soi. La quête de la connaissance commence alors. Celle-ci nous oblige à quitter notre maison bien douillette et à laisser notre manteau épais (nos préjugés, nos stéréotypes) pour s'élancer vers le subtil comme le pèlerin (qui enlève ses peaux peu à peu). Derrière soi, la tour d'ivoire nommée Ego sur une petite plaque au mur s'éloigne doucement. Le sentier n'est point une GR (« Grandes Randonnées ») balisée, mais il est multiple, hermétique et même initiatique. Celui qui le prend et pérégrine au gré de ses propres découvertes (à travers les autres et son « Soi ») va ici et là. Il traverse le domaine de la psychologie humaine (connaissance du microcosme), et aussi celui des philosophes et des scientifiques (connaissance du macrocosme), puis se dirige inévitablement vers l'hermétisme (*« se dit de toute fermeture parfaitement étanche et de l'objet qui en est muni »*[7] – *« Qui est difficile à comprendre »*[8]). Sans même s'en rendre compte au début, il cherche la pierre philosophale et finit par englober le tout dans l'alchimie (de l'arabe *al-kimiya* « art de fondre et d'allier les métaux », mais encore « art de purifier son cœur », autrement dit « art de trouver la lumière divine en chaque chose »).

L'erreur que l'on commet souvent est de souhaiter percer tous les secrets par la seule lecture d'un texte ou d'un livre. De plus, les descriptions détaillées par un auteur des symboles d'une Lame peuvent orienter le lecteur dans une direction trop personnelle. Il est dangereux de s'arrêter sur la description d'un détail et d'en déduire une vérité. Il se peut fort bien que la description d'un détail ne soit qu'une vision de l'esprit d'un auteur par d'autres et limite la portée universelle de La Lame.

Ainsi, étudier des ouvrages différents sur l'hermétisme, l'alchimie, la psychologie, la divination ouvre à la connaissance. Le terme divination ou divinatoire ne doit pas être entendu comme synonyme de voyance, mais selon son étymologie : *« vient du latin divinare, qui signifie « accomplir des choses divines »*[9]. Le Tarot ne doit en aucun cas nous faire succomber aux charmes des arts chimériques puisque l'on considère, dans ce livre, son origine dans l'alchimie. Il doit tout au contraire nous référer à ce qui dit Jung : *« … on ne peut recevoir la connaissance secrète que par inspiration divine ou de la bouche d'un maître et aussi que nul ne peut accomplir l'œuvre si ne n'est avec l'aide de Dieu ».*[10] Or l'alchimie et la psychologie sont liées puisque l'Artiste sonde son inconscient tout comme, dans son laboratoire, il cherche la lumière vive, le souffle divin, l'esprit dans la matière.

Par conséquent, c'est dans la multiplicité des savoirs que l'on pourra extraire la lumière qui mène à la connaissance. « Percez et vous verrez » disent les alchimistes. Autrement dit, rester à la surface des choses (un seul jeu, un seul auteur) étrique la vision qu'on peut en avoir. Le Tarot demande de la profondeur,

---

7. Dictionnaire numérique Dicolink : https://www.dicolink.com/mots/hermetique.

8. Larousse.

9. Définition, encyclopédie Wikipédia.

10. C. G. JUNG, *Psychologie et Alchimie*, Éditions Buchet-Chastel, 1944.

quitte à ne garder ensuite que l'essentiel, c'est-à-dire la « substantifique moelle » qui transcende les choses. On se constitue alors une pierre qui pourra être utilisée à tout moment, un peu comme une « médecine universelle ».

Nous proposons donc une vision alchimique, psychologique et divinatoire (ce mot est davantage à considérer dans le sens prémonition ou clairvoyance) que chacun pourra, par la suite, utiliser et faire évoluer à sa guise. Cet ouvrage ne prétend pas à la vérité absolue ni à l'exhaustivité, car, en effet, utiliser le Tarot impose l'humilité. C'est une quête qui ne cesse d'évoluer, la pierre philosophale propre à chacun.

CHOISIR SON JEU

Il existe une myriade de jeux différents du Tarot de Marseille tel qu'on le trouve dans la Bibliothèque Nationale de France jusqu'aux jeux revisités par des artistes, en passant par des jeux restaurés qui peuvent contenir des variations dans les couleurs ou le symbolisme. De même, les tailles varient, tout comme l'épaisseur des cartes. Désirez-vous un jeu de poche pour l'emporter partout avec vous ? Un jeu pour des consultations professionnelles ? Dans un premier temps, vous choisirez le jeu qui vous attire le plus visuellement. Puis, vous serez tenté par d'autres éditions. En fin de compte, c'est le jeu qui vous choisira. Celui avec lequel vous serez à l'aise. Celui avec lequel il y aura une réelle relation. Celui qui saura éveiller en vous la pensée la plus perçante. Celui qui saura le mieux vous transmettre les messages de la conscience supérieure.

Ensuite, vous pourrez vous tourner vers des jeux plus spécialisés, comme ceux orientés sur la psychologie, l'hermétisme, l'alchimie...

Le jeu de Tarot n'est pas le seul fruit de l'imagination d'un artiste. C'est bien plus que cela. Cela va bien au-delà de ce que l'on imagine. Utiliser un jeu de Tarot de Marseille est une communion, la réalisation d'une transcendance qui s'effectuera avec le cœur et l'esprit.

Choisir un jeu, c'est le choyer, le caresser, le porter, l'admirer, c'est entrer en lui par la pensée, c'est se laisser porter, accepter de vider son savoir pour laisser pénétrer en son sein la connaissance mystérieuse de la nature.

Choisir un jeu, c'est oublier sa conscience rationnelle pour laisser parler son cœur et ce qui est enfoui au plus profond de soi.

Enfin, si vous voulez porter au paroxysme votre attachement à cette quête, vous pourrez, comme nous, créer votre propre jeu.

LE TAROT DE L'ÂME

Le Tarot de l'âme consiste à suivre les étapes du voyage de l'Arcane, « Le Fol » par exemple, de cette manière (chacun pourra y mettre ses propres mots en fonction de sa sensibilité) :

«

Je dispose d'un potentiel prometteur dont je dois prendre connaissance dans cette nouvelle vie qui s'offre à moi, comme un nouveau départ. (« Le Bateleur »).

J'accepte mon incarnation et je prends conscience du pouvoir de l'esprit sur la matière. Pour lever le voile sur les mystères de la vie, je dois accepter de voir au-delà du simple savoir académique, je dois ouvrir mon esprit (« La Papesse »).

L'intellect me permet d'écouter, de comprendre et d'analyser mon environnement avec discernement avant d'agir au mieux (« L'Impératrice »).

Alors je peux agir, concrétiser, mettre en œuvre et bâtir autant pour moi que pour autrui grâce à ma volonté éclairée (« L'Empereur »).

Je suis matière et conscience, je m'instruis et j'agis, désormais je dois m'assurer de la bienveillance de mes convictions. Je dois définir les limites à ne pas dépasser. Je dois faire preuve de sagesse. Je dois entendre la vérité pour progresser (« Le Pape »).

La vie, c'est l'amour de soi et des autres dans ce qu'ils ont de différent de moi. J'exprime mes sentiments et je respecte ceux d'autrui. Je décide avec le cœur des choix qui se présentent à moi (« L'amoureux »).

Après la raison et le cœur, je dois prendre ma vie en main, dignement, tout en étant un exemple de réussite et d'humilité (« Le Chariot »).

Je dois peser « le pour et le contre » dans mes décisions afin de choisir ce qui est le mieux pour moi en étant juste et droit vis-à-vis de tous. L'injustice est mon ennemie, pour autant, je dois parfois trancher pour éliminer ce qui est vil en moi ou dans mon entourage (« La Justice »).

Je vieillis et si la sagesse m'habite c'est que j'ai pris conscience de ma place dans l'univers. Je peux faire preuve de profondeur, de philosophie et de psychologie pour moi et pour tous ceux qui viennent à moi (« L'Hermite »),

Le cycle s'achève déjà. Le Sphinx me pose la question existentielle en ce qui concerne le cycle accompli. Dois-je plonger dans les abysses et l'animalité ? Dois-je recommencer un nouveau cycle et aller vers encore plus d'animalité ou évoluer vers plus d'humanité ? Puis-je accéder à une dimension spirituelle supérieure ? Mon âme sera-t-elle assez préparée pour franchir les prochaines étapes ? C'est la Lame du Karma pour beaucoup (« La Roue de Fortune »),

J'accède à une dimension supérieure. La qualité de la quantité de l'énergie pulsionnelle en mon centre prouve le contrôle et la maîtrise de mes affects. Alors, je peux affronter toutes les situations avec calme, intelligence et détermination (« La Force »).

Pour aller au-delà, j'accepte de perdre ce qui doit l'être. Je m'attache aux cieux et m'abandonne. Les cheveux dans les ténèbres, je vois enfin le ciel. À l'envers, j'entrevois alors le « Grand Œuvre » (« Le Pendu »),

L'égo ne me sert plus à rien, je tranche sans remords et définitivement tout ce qui fait de moi ce que je fus, mes pensées, mes démarches, mes manies, mon squelette. Je fais place nette à une nouvelle essence (« L'Arcane sans nom »).

Les fluides vitaux circulent de nouveau en moi, ils ne sont plus entravés par les biais de ma nature, le vil et le subtil se réunissent, les forces opposées s'unissent, la paix gagne en moi, l'attraction terrestre devient moins forte (« La Tempérance »).

Survient l'inévitable ultime tentation à laquelle seule une âme préparée peut éventuellement résister, car seule la tentation octroie à l'âme la capacité de s'élever dans une dimension supérieure. Mais le Tentateur a le pouvoir de ramener mon âme sur terre, dans la matière, afin qu'elle investisse un nouveau corps et profite des plaisirs de la chair et des sens. C'est une épreuve conséquente (« Le Diable »).

J'ai résisté aux tentations du diable. J'ai refusé le présent empoisonné d'Ahriman de goûter à nouveau au plaisir du matériel. J'ai décidé de ne plus faire marche arrière. Pour cela, je libère mon esprit enfermé dans cette tour d'ivoire. Mon corps chute à jamais et rejoint la matière alors que mon âme s'envole vers la lumière, vers l'étoile (« La Maison Dieu »).

J'atteins l'Eden d'avant la Chute, entre le Ciel et la Terre. La nature céleste purifie mon âme. Elle devient aussi belle que mon corps était un modèle de perfection. Seule la vérité absolue et pure m'habille. Mon inconscient prend son envol (« L'Estoille »).

Je plonge jusqu'au tréfonds de mon inconscience. Je pacifie enfin le côté obscur de ma nature profonde. Je goûte alors à la douce lumière fraîche et apaisante de la Mère céleste avant d'affronter la chaleur ardente du Père céleste (« La Lune »).

Je reçois maintenant la lumière vive et transcendante du Père céleste. Mon âme atteint la limite, car nul ne peut aller au-delà de l'astre de lumière sans une aide divine (« Le Soleil »).

J'entends l'appel du Séraphin. Porté par l'amour du Père et de la Mère céleste je réponds. Mon âme réunit les opposés, le masculin et le féminin, le feu et l'eau, elle est prête (« Le Jugement »).

J'accède au "Grand Tout" de nouveau. Je goûte à la perfection absolue, à la plénitude infinie. Le microcosme fusionne avec le macrocosme. Mon âme vit la béatitude, car j'atteins la quintessence de l'être (« Le Monde »).

Est-ce une fin en soi ?

« Le Fol » symbolise la racine qui puise sa vie en elle-même, tel l'ouroboros. L'âme est devenue lumière vive et seul cet « agent mystérieux » peut la condenser afin que naisse un nouvel être pur. Chacun vient au monde avec l'essentiel, un corps et une âme. L'âme ne serait-elle pas devenue « folle » de quitter le « Grand Tout » où elle goûte au divin ? Dans ce cas, elle devient comme « Le Fol », elle possède en son sein le soufre et le mercure philosophique qui vont lui permettre de passer les différentes étapes dans l'espoir de trouver de nouveau la quintessence de l'être. L'avenir deviendra ce qu'on voudra bien qu'il soit, seul parmi les autres. Tout est un éternel recommencement, car l'Amour ne meurt jamais.

»

LES 3 ŒUVRES, LES 7 ÉTAPES

L'alchimie a abandonné l'œuvre au jaune pour ne garder que l'œuvre au noir, l'œuvre au blanc et l'œuvre au rouge, et dont nous avons décrit les étapes précédemment dans « Les nombres et le Tarot ».

Nous pouvons donc diviser le Tarot en 3 parties représentant 7 étapes. L'objectif ici n'est pas d'entrer dans les détails, mais bien de faire appel à la capacité cognitive de chacun afin d'aller plus avant dans une réflexion personnelle, individuelle et transcendantale.

Nous retirons bien évidemment l'Arcane « Le Fol » puisqu'il est le « Grand Œuvre ».

Nous avons alors 21 Arcanes soit 7 x 3.

La première série des 7 étapes commence par l'Arcane « Le Bateleur » pour finir par « Le Chariot ». L'article « le » implique le masculin, bien que nous ayons aussi la part féminine omniprésente, tant du côté de « Le Bateleur » que de l'Arcane « Le Chariot ». On débute avec tout un potentiel que l'on apprend à utiliser avec intelligence, avec droiture, avec justesse et intuition pour terminer victorieux, mais humble.

La seconde série commence par « La Justice » et se termine par la « Tempérance ». L'article « la » implique le féminin, bien que le côté masculin soit latent, ne serait-ce que par le côté autoritaire de « La Justice », caractérisé par l'épée érigée et pénétrante. On commence par les deux plateaux de la balance pour terminer par les deux vases. Dans les deux cas, nous trouvons l'équilibre, l'homéostasie ou le déséquilibre (la pathologie).

La troisième série commence par un androgyne avec « Le Diable » et se termine par un autre androgyne « Le Monde ». Car ce qui importe ce n'est pas tant la différence des sexes que de l'aspect universel de la pierre philosophale, qui s'adresse autant à l'homme qu'à la femme. Si l'on prend le terme « monde » et que l'on revient en arrière pour inverser le processus, on obtient « demon », autrement dit le démon ; soit l'Arcane « Le Diable », c'est le principe de la régression ou de la rechute en psychologie.

De la même manière qu'il est conseillé de faire tourner sept fois sa langue dans sa bouche avant de parler ou comme nous le dit le proverbe chinois « Un jour en vaut trois pour qui fait chaque chose en son temps », cette partie invite à la réflexion afin de faire du Tarot la singularité de chacun.

L'objectif est de prouver, une fois de plus, que le Tarot est un médiateur psychologique tout autant qu'alchimique dans sa conception. Jung a démontré que l'alchimie et la psychologie sont intimement liées, nous sommes ici dans « l'inconscient collectif ». Le Tarot est alchimique, c'est la « pierre philosophale » propre à chacun. Chacune des Lames le prouve, qu'on le veuille ou non. C'est le verrou (« vers où ») de l'inconscient. Il appartient donc à chacun de trouver la, ou les clés qui ouvrent les trois séries de sept étapes, pour satisfaire les trois œuvres.

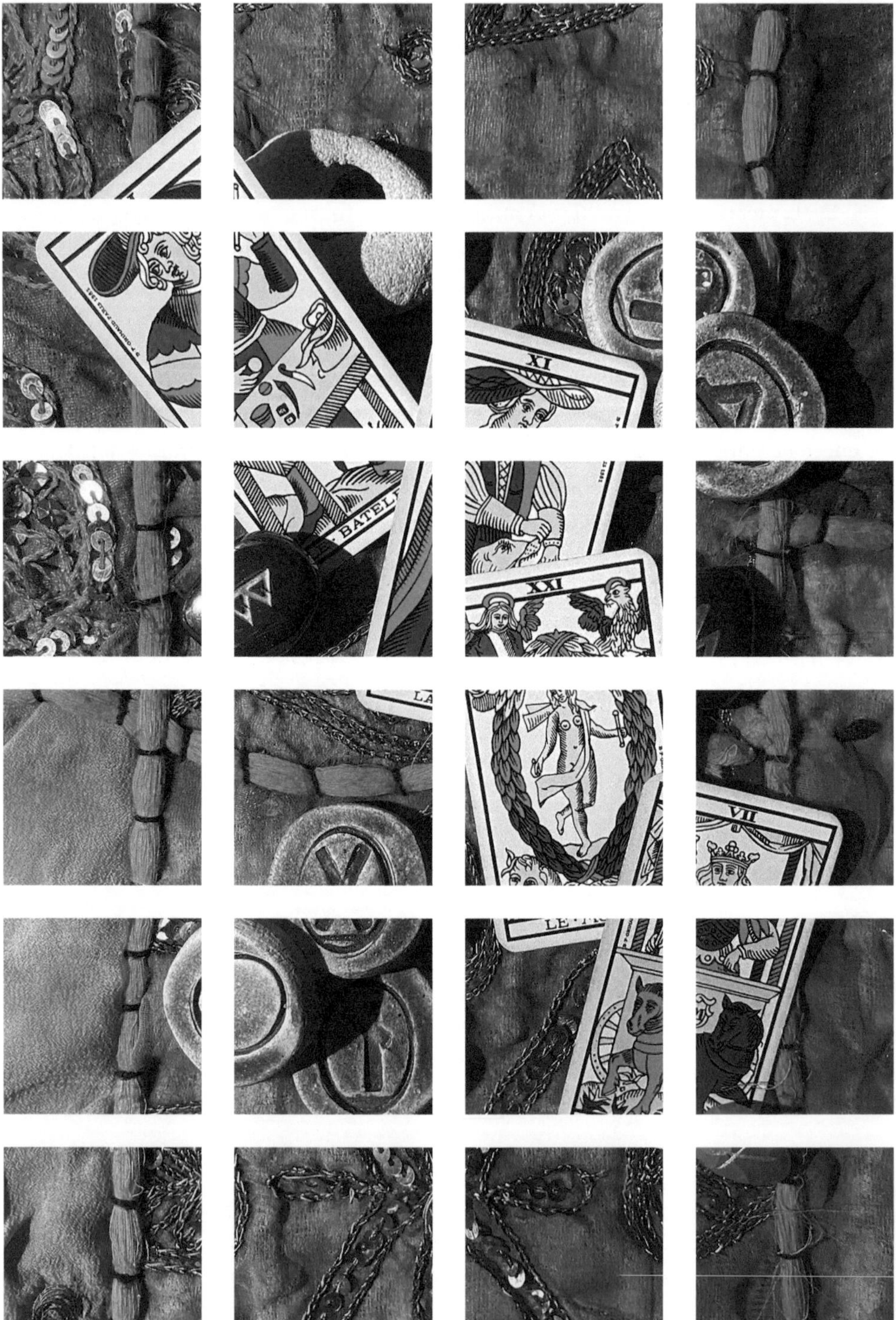
XI
XXI
VII

Partie II

Le Fol ou Le Mat ou le Pèlerin du Grand Œuvre

A noter

Bien que certains jeux indiquent un numéro pour cet Arcane, il n'en a pas, tout simplement parce qu'il agrège en lui l'ensemble des Arcanes Majeurs. Lui attribuer un numéro est un non-sens pour nous (sauf pour le besoin de calculs des Lames complémentaires dans un tirage).

L'Arcane « Le Fol » symbolise l'agent mystérieux. Il est l'élan créateur, celui qui permet de passer d'un état à un autre, autrement dit de l'Arcane « Le Bateleur » à l'Arcane « La Papesse » pour reprendre l'ordre indiqué par les numéros des Lames. Cependant, la vie n'a rien d'un système linéaire, elle ressemble plutôt à un système circulaire où chacun peut, à tout moment, revenir sur des principes, des acquis, des démarches mis de côté dans le passé. Ainsi, chacun peut passer de la Lame 1 à la Lame 12 à un moment de sa vie, grâce à cet élan créateur. Parfois, on désire atteindre un objectif, passer à une autre étape. Il se produit alors des événements qui peuvent être douloureux, difficiles à supporter comme un accident, par exemple. Puis, on se rend compte que l'objectif que l'on désirait atteindre se présente alors qu'on ne s'y attendait pas, qu'on n'avait en rien pensé que nous pouvions y arriver par ce biais. Est-ce parce qu'il n'y avait pas d'autre moyen en réalité ? Bien sûr, l'objectif à atteindre peut se faire aussi dans la maîtrise et le contrôle total, en douceur. Dans tous les cas, « Le Fol » est l'agent mystérieux qui œuvre !

Celui qui aurait la tentation de traduire le terme « Fol » par le mot « fou » est mal avisé. D'ailleurs, revenir sur des étapes que l'on peut considérer comme acquises est davantage une preuve de sagesse qu'un signe de folie. Par exemple, à tout moment de notre vie, « L'Impératrice » peut signifier la reprise des études. « La Papesse » peut nous inviter à nous poser des questions existentielles à tout moment. C'est le propre de celui qui cherche la connaissance et ne se satisfait pas seulement d'un savoir quelconque. À ce propos, on peut même ajouter que « Le Fol » n'a pas d'égo. Qui d'entre nous accepterait d'aller ainsi avec cette allure que l'on peut qualifier de risible ou de pitoyable ? Notre égo ne supporterait pas qu'autrui puisse nous juger, se moquer de nous ou avoir pitié de nous. Lui s'en moque. Est-il fou pour autant ? Sans doute pour beaucoup qui sont bien habillés pour l'hiver et le reste de leurs jours par un égo qui les empêche de se remettre en cause. « Le Fol » nous donne cette leçon extraordinaire : « Vous pouvez penser de moi ce que vous voulez. Je m'en moque. Je n'ai qu'un objectif, celui de suivre mon chemin. Moi je vais de l'avant. Vous, vous pouvez rester où vous êtes, cela m'importe peu. » C'est d'ailleurs pour cela qu'il nous est présenté avec cette coiffe qui lui masque les oreilles. Il n'entend que son intuition, il n'entend pas les « qu'en-dira-t-on » ! Il n'attend rien de la logorrhée des autres.

Cet Arcane nous donne aussi une autre leçon. « Le Fol » avance vers l'inconnu (un pas de plus dans la connaissance) alors même que des individus restés à l'instinct animal veulent le retenir (le chien) ou tentent de le déstabiliser en le mordant, en le griffant pour lui faire changer de chemin ou le ralentir. « Le Fol » est bien au-dessus de ces attaques viles et méprisables dont les actions n'auront que pour conséquence de déchirer le fond de son pantalon, mais qui ne l'arrêteront pas pour autant. L'animal symbolise les personnes qui s'imaginent bien pensantes, instruites, mais sont rongées par les préjugés, toutes les personnes qui se soumettent aux dogmes religieux ou scientifiques, tous les suffisants de toutes les cultures et de tous les pays, toutes les personnes qui tentent d'empêcher celui qui cherche, par la conviction, la connaissance dans l'inconnu quitte à remettre tout en cause, y compris le pouvoir des uns et autres. Car une seule chose compte pour « Le Fol » : la vérité. Il n'a que faire des primitifs qui s'estiment glorieux avec leur savoir et dont on peut dire : « tout ce qui brille n'est pas or ».

Pour alléger son voyage, il n'emporte que l'essentiel. Sa besace ne contient que ce qui est transcendant, le reste n'est que futilité. Cet Arcane nous donne à réfléchir sur ce qui est réellement important dans la vie. Quand on sait qu'un enfant meurt du manque d'amour même s'il est nourri selon sa faim, alors on a une idée de ce qui peut vraiment être important.

Certains affirment que « Le Fol » est poussé par ses bas instincts. Cela ne se peut pas. La preuve en est qu'il ne prête pas attention à l'animal qui ravage son pantalon. Il scrute l'étoile du soir, l'étoile du Berger, l'étoile de l'amour et de la beauté, autrement dit « Vénus ». Elle le guide. Or dans le « Grand Œuvre », rien n'indique qu'on est sur la bonne voie, sinon l'étoile.

Certains hermétistes disent que c'est la Lame de l'amour. En effet, « Le Fol » ne cherche pas, avec son bâton, à repousser l'animal qui symbolise l'être primitif. L'Arcane nous offre ainsi une autre preuve de sa bonté. Il ne cherche pas à faire mal, alors qu'il le pourrait. C'est un être qui épouse le bien.

De plus, on peut s'interroger sur sa posture et sa façon de se mouvoir. Quelle est cette idée originale qui consiste à tenir de sa main gauche sa cuillère d'alchimiste sur son épaule droite ? L'objectif de l'Arcane est de nous prouver que toute quête est difficile, mais offre de grandes perspectives. Pour le pèlerin qui s'engage sur la voie à la recherche de la vérité, le chemin est long et difficile. Ceux qui ont fait le pèlerinage de Saint-Jacques-de-Compostelle depuis des centaines de kilomètres à pied avec leur sac à dos et le strict minimum pourront en témoigner. Une autre information apportée par Jung peut nous éclairer : *« La gauche (sinister) représente le côté inconscient... alors que le mouvement vers la droite est "correct" et tend à la conscience »*[11] . Or, « Le Fol » avance en toute conscience, et même nous devrions dire, en pleine conscience de l'ici et maintenant avec tout ce que cette conception comporte comme le non-jugement en ce qui concerne les pensées et les sentiments. Dans le cas contraire, la carte est inversée et engendre souvent un état dépressif, car l'animal primaire est là pour rappeler au pèlerin les mauvaises pensées, les préjugés, et tout ce qui ressurgit de l'inconscient comme étant inacceptables.

« Le Fol » est le pèlerin du Tarot, celui qui, mû par le souffle, va passer d'un état à un autre. Il est le verbe qui préexiste à l'action créatrice. Il va avec conviction, poussé par l'envie et l'amour qui le caractérisent. En cela, il nous enseigne que si l'on décide une nouvelle étape, on doit le faire avec cet état d'esprit, sinon on va au-devant de l'échec. Le risque est grand d'arrêter en cours de parcours, de changer d'itinéraire sans conviction, d'être perdu en chemin, de revenir, de repartir. C'est souvent un signe de détresse et de dépression. Le pèlerin symbolise celui qui n'a pas peur de partir vers l'inconnu, à l'étranger, celui qui ne craint pas de commencer quelque chose de nouveau.

Pour les Alchimistes, il est le « Grand Œuvre » à lui seul, il est le mercure philosophal, le lien entre la terre et le ciel, entre l'esprit et la matière. Mercure est le dieu romain, qui est lui-même Hermès chez les Grecs. Hermès est, entre autres, le patron des voyageurs, autrement dit Saint-Christophe pour les chrétiens (uniquement pour cette caractéristique du dieu Hermès dans la mythologie), celui qui porte le Christ, celui qui porte la lumière. Cette lumière qui éclaire nos chemins. « Le Fol » s'apparente donc à Hermès, le dieu qui peut aller n'importe où, car c'est en allant d'Arcane en Arcane que la lumière jaillit et éclaire le sens de nos vies.

Le chien symbolise le soufre (chien = canin, soufre = le soleil qui est le principe actif, la chaleur, d'où l'expression « une chaleur mordante »), le personnage est le

11. C. G. JUNG, *Psychologie et Alchimie*, Éditions Buchet-Chastel, 1944.

Mercure, et le mariage des deux principes est le sel. Ainsi, nous avons, le corps (le sel), l'esprit (le soufre), et l'âme (le mercure). Nous découvrons le mandala propre à chacun et le Tarot pour nous éclairer à ce sujet.

Y a-t-il un message caché dans cet Arcane ?

« Le Fol » est l'Excuse dans le jeu du tarot de 78 cartes, il est le « Grand Œuvre » pour le Tarot de Marseille et les Arcanes Majeurs puisqu'il est chacun d'eux, à tour de rôle (pour construire son chemin). Il est l'agent mystérieux qui nous pousse d'une étape à une autre. Les références alchimiques et la présence de cette Lame sous forme de statue à l'Hôtel Lallemant ne laissent pas indifférentes. Qui est « fou » ? Celui qui avance sur le chemin de la vérité ou celui qui tente de retenir celui qui désire suivre l'étoile ? Cette étoile du macrocosme qui n'est que le reflet en haut de celle qui se trouve dans notre cœur, dans notre microcosme.

Récapitulons

Hermétisme, alchimie (La projection[12]) :

« L'Arcane le Mat ou Le Fol enseigne le savoir-faire qui permet le passage de l'intellectualité, mue par le désir de savoir, à la connaissance supérieure due à l'amour.[13] »

12. Christiama NIMOSUS, *Anthologie des Nombres Occultes*, Éditions Guy Trédaniel, 1997. Chaque Lame est associée d'une manière purement symbolique aux différentes phases du Grand Œuvre alchimique, mais ne constitue en rien une recette universelle pour tous. Le Grand Œuvre est propre à chacun et cela ne correspond pas à un ordre prédéfini. Ce n'est pas de la chimie avec des protocoles à suivre. Pour chacune des Lames il convient de se référer à ce renvoi en ce qui concerne la phase entre parenthèses.

13. Anonyme, *Méditations sur les 22 arcanes majeurs du Tarot*, éditeur Aubier.

Carte positive, à l'endroit :

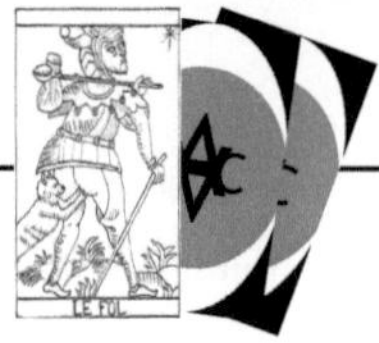

Explications traditionnellement admises :

Aime les voyages. Être libre. Ne pas avoir peur de l'inconnu. Aller à l'étranger. Écouter son instinct. Aller avec la foi. Écouter son cœur. L'impulsion créatrice. L'évolution. Aller vers un nouveau cycle. Aller d'étape en étape. Porter son fardeau tout seul. N'emporter que l'essentiel. Être son propre moteur. Suivre l'étoile de l'espoir. Ne pas être attaché à la terre, aux biens matériels. Changer de vie. Privilégier les rencontres et les expériences. Faire preuve d'originalité. Laisser son égo derrière soi. Réaliser un pèlerinage. Le génie.

Psychologie :

Anna Freud : *« Le début de la vie se caractérise par un état d'indifférenciation entre* ***le moi*** *(assure la stabilité de l'identité, l'instance psychique chargée de protéger le sujet des exigences du surmoi et du ça et des autres et du monde en général),* ***le ça*** *(centre de réservoir des pulsions) et* ***le surmoi*** *(l'instance de la loi, ronge le « moi », instance féroce, moralisatrice que les actes réprouvés soit commis ou pas). »* C'est ce qui est symbolisé par sa coiffe qui lui recouvre la tête, les oreilles, le cou, mais aussi par le fait que son visage soit dirigé vers le ciel sans se soucier le moins du monde de l'animal qui peut symboliser les pulsions, les (bas) instincts qui le poussent ou qui le retiennent, mais aussi le « Surmoi » qui ronge le « Moi ». Cet Arcane ne symboliserait-il pas la sublimation telle que l'entend Freud ? *« Les tendances qui composent la pulsion sexuelle se caractérisent précisément par cette aptitude à la sublimation : à leur fin sexuelle se substitue un but plus lointain et de plus grande valeur sociale. C'est à l'enrichissement psychique résultant de ce processus de sublimation que sont dus les plus nobles succès culturels de l'esprit humain. »* (Freud)

Carte négative, à l'envers :

Explications traditionnellement admises :

Aller dans tous les sens. Aller, revenir, être perdu. Dépressif. Impulsif. Irresponsable. Aveugle. Aller sans conviction, sans suivre son cœur, sans réelle volonté. Être un automate. Manquer de lucidité. Le retour du bâton. Manquer de suite dans les idées. Errer sans but. La fuite. La folie.

Psychologie :

Celui qui n'écoute que ses pulsions, ses bas instincts ou qui ne fait les choses qu'en écoutant les autres toujours et encore, au mépris de son « Moi », de son cœur, de ses intuitions, ne peut aller que sur le chemin de l'errance de sa propre personnalité. Il court au-devant de la névrose, des phobies, de la dépression. Cette personne ira sur des chemins qui ne sont pas les siens, risque de perdre tous ses propres repères et d'aller droit dans le mur. L'individu se laisse guider, manipuler par les autres. Il manque d'affirmation de soi. La peur de l'inconnu est une phobie qui peut devenir pathologique.

Personnages

Un voyageur. Un pèlerin. Un poète.

I - Le Bateleur

A noter

Le chiffre 1 est l'alpha. C'est le tout premier puisque le 0 représente, lui, l'indéterminé, sans début ni fin. Sur le plan spirituel, le 1 symbolise la création, le début. Sa particularité tient du fait que lorsqu'on le multiplie à un autre chiffre on n'obtient rien de plus que le nombre lui-même. Il est Un, il est Tout selon l'ésotérisme. C'est l'unité divine. Il est la synthèse des nombres.

En tout état de cause, la Lame « Le Bateleur » porte le nombre 1, il marque le commencement. « Le Bateleur » est jeune[14]. C'est le début du premier cycle de l'âme, en tout cas, le début de quelque chose de nouveau dans la vie (travail, vie commune...).

L'Arcane « Le Bateleur », appelé aussi « Le Magicien » ou « Le Mage », est debout. Il porte un chapeau dont la forme est le symbole de l'infini. Certains disent que cela le protège. Nous pouvons aussi, dès à présent, souligner qu'un autre personnage « non physique » porte le même chapeau. Il s'agit de la Lame XI, « La Force », qui marque le début du deuxième cycle du Tarot de l'âme.

Étymologie[15] **:** *« Il y avait dans l'ancien français basteau, avec le sens d'instrument d'escamoteur, comme on le voit par l'exemple pris à Du Cange et par celui-ci qui est du XIVe siècle : Si l'on prend en considération le bas-latin bastaxius, qui veut dire crocheteur et jongleur, on admettra que basteau a le même radical, et qu'il signifie non un gobelet, mais un petit bâton, une baguette magique (les joueurs de passe-passe et de gobelets ont d'ordinaire en main un petit bâton) ».*

« Bateleur est un terme du moyen-âge qui désigne un personnage qui fait des tours d'adresse et d'escamotage. Ce terme dérive de l'ancien français baastel ou bastel, d'où provient aussi bateau. » [16]

« Le Bateleur » est debout, il possède donc la faculté de l'équilibre. Ainsi, il représente l'action par opposition à une forme d'inactivité physique par la position assise comme « La Papesse » dont l'activité est avant tout psychique.

Certes, il paraît statique derrière sa table. Pour autant, il n'est pas dit qu'il puisse se dandiner. D'ailleurs, le mouvement est bien représenté par ses membres supérieurs. De sa main gauche, il tient une petite baguette. Dans sa main droite, il tient un bouton ou une monnaie (selon les jeux, il tient un autre objet et même parfois rien). Son vêtement est fait de telle manière que l'on puisse le remarquer. Il existe. Il bouge. Il manipule.

14. Ici, le mot jeune peut être pris dans le sens littéral ou figuratif, dans ce cas il n'a rien à voir avec l'âge physique du corps. On peut rester jeune dans sa tête, quel que soit son âge.

15. Littre.org : étymologie du terme « Bateleur » sur le Littré.

16. Wikipédia, encyclopédie.

Cela étant, certains jeux faisant référence à l'hermétisme montrent « Le Bateleur » avec une baguette « magique » (que l'on retrouve aussi dans l'Arcane XXI) en direction du ciel, et dont la main droite pointe le sol. Cela fait référence à la loi de la Table d'Émeraude d'Hermès Trismégiste : *« Tout ce qui est en haut est comme ce qui est en bas, et tout ce qui est en bas est comme ce qui est en haut. Et cela pour réaliser le miracle d'une seule chose ».*

On peut remarquer un détail sur sa posture en fonction de certains jeux. « Le Bateleur » est représenté légèrement penché, déhanché comme l'Arcane XIIII. Est-il souple ou a-t-il un handicap ? Certains auteurs comme Marcel Picard ont souligné la présence d'une talonnette à sa chaussure gauche. Doit-on y voir un signe ? Dans l'affirmative, peut-on faire un lien avec le talon d'Achille[17] ? Est-ce un clin d'œil pour nous mettre en garde ? Le message pourrait être le suivant : « Attention au charlatanisme, cela finira par se voir. Tout ce que "Le Bateleur" réalise n'est qu'illusion et le fera tomber dans l'estime des autres ». Mais on pourrait aussi considérer ceci : ce n'est pas parce qu'on a un aspect penché ou un handicap que l'on ne peut pas être habile pour autant !

Il est intéressant de remarquer que la table de l'Arcane qui sert de support à différents objets n'est exposée sur la carte qu'avec trois pieds. Le quatrième, s'il existe, est en dehors de la carte. Pourtant, elle paraît stable et sur un plan suffisamment horizontal afin que rien ne glisse. Ce quatrième pied est dans notre dimension. Nous maintenons inconsciemment la table de manière à ce qu'elle ne bascule pas. Un lien se construit entre notre psychisme et la Lame, entre le Tarot et notre inconscient. Nous y voyons ici un lien entre l'alchimie et l'inconscient que C.G. Jung a démontré.

On pourrait rédiger un ouvrage entier si on prend en compte tous les détails. La Lame est un archétype et par conséquent, chaque élément peut contribuer à éveiller en nous des représentations inconscientes ou refoulées (pour Jung,

17. Wikipédia : « Un talon d'Achille est une faiblesse fatale en dépit d'une grande force générale, pouvant mener à la perte. Bien que la référence mythologique se rapporte à une vulnérabilité physique, le talon d'Achille peut se référer de manière métaphorique à d'autres attributs qui peuvent mener à l'échec ou à la chute. »

c'est une structure universelle issue de l'inconscient collectif). Elle est aussi un artefact qui possède une intentionnalité, une propriété sémantique.

Le fait est que l'Arcane I représente le début, l'élan, l'origine est incontestable. Nous avons tous, à notre naissance, un potentiel mis à notre disposition pour affronter la vie, grandir, vieillir et mourir (le corps physique) au sein de la nature sans laquelle rien n'est possible (jusqu'à preuve du contraire). Ainsi, nous possédons l'intelligence. Ce qui nous amène à « La faculté de juger » de Kant. Je peux utiliser un stylo pour barbouiller une feuille ou pour écrire une œuvre universellement reconnue. Cette intelligence nous permet d'utiliser des outils, et avant cela de les créer, autrement dit de les penser. Sans les sens, l'intelligence et les capacités motrices, « Le Bateleur » ne peut pas manipuler les objets comme il le fait, sans les regarder. Il analyse pour cela les sensations tactiles. Il a peut-être choisi les objets du regard au départ, puis quelque chose a détourné son attention. En tout état de cause, il continue à manipuler les objets.

Cela soulève deux aspects. Le premier est que l'on doit se méfier de la distraction. Le deuxième aspect est que l'on peut manipuler des objets sans que notre regard soit en permanence posé sur ces derniers. Notre cerveau intègre les propriétés physiques des objets dès la naissance. « Le Bateleur » est adroit, habile et agile, car il peut manipuler des objets à des hauteurs différentes (l'un au niveau de sa tête, et l'autre au niveau de son nombril) sans les scruter en permanence. « Le Bateleur » sait donc faire plusieurs choses en même temps. Il est polyvalent.

Pour aller plus loin, on peut aussi s'interroger sur une manière d'augmenter nos capacités sensorielles et intellectuelles pour percevoir (« percez et vous verrez » disent les alchimistes) davantage de choses autour de soi. « Le Bateleur » nous invite, pour mieux discerner ce qui nous entoure (le visible et l'invisible), à nous exercer, à travailler, à faire plusieurs choses en même temps le mieux possible. Il est parfois même nécessaire de regarder ailleurs et même de manière opposée pour mieux cerner tous les aspects d'une problématique.

Ce que tient « Le Bateleur », dans sa main droite, au niveau de son nombril, symbolise l'égocentrisme enfantin (car « Le Bateleur » est au commencement de l'incarnation). Cette faculté est l'ensemble des aptitudes préobjectives de la connaissance (la connaissance de la nature, des autres ou de soi qui se formalisera avec « La Papesse »).

La carte inversée de la Lame nous donne le côté négatif. L'Arcane « Le Bateleur » est alors un charlatan. Il illusionne, il leurre, abuse et trompe autrui par des supercheries. Il fraude la réalité par des manipulations chimériques.

Y a-t-il un message caché dans cet Arcane ?

En guise d'introduction concernant ce passage, la langue des oiseaux nous éclaire. Le nom de l'Arcane n'a pas été choisi sans une raison profonde. « Le Bateleur » peut donc se lire « Le bas te leurre ». Alors, nous sommes dans l'illusion, le charlatanisme, la prestidigitation (agitation des doigts, près des doigts), les tours de passe-passe (ce qui déforme la réalité), le mensonge. Mais, n'oublions pas aussi que « Le Bateleur » a un fort potentiel en lui. On pourrait ainsi l'exprimer : « pot en ciel ». Le « pot » contient tous les ingrédients nécessaires à la préparation, à la « création », autrement dit à la « réaction » (il suffit d'inverser les lettres). « En ciel » est symbolisé par la baguette magique. On ne doit pas s'arrêter au mot « magie » comme un instrument de prestidigitation déjà vu plus haut. Mais nous devons lire ceci : « L'âme agit ». D'où l'objet appelé « l'âme » que « Le Bateleur » tient dans sa main gauche pour capter les vibrations du ciel et les diriger en son centre. Cet objet agit pareillement à la pièce d'épicéa que l'on place à l'intérieur d'un violon par exemple et nommé « l'âme ». Outre le fait de jouer le rôle de pilier de la table, ce petit morceau de bois cylindrique possède cette caractéristique de transmettre les vibrations de la table jusqu'au fond du violon. Conséquemment, « Le Bateleur » se dandine au son transmis par « l'âme » (ce que l'on peut aussi nommer : le champ quantique) qu'il tient entre ses doigts, et qu'il pointe du ciel vers son centre.

Regardons de près les Arcanes I et XIIII du jeu de Tarot de Marseille classique comme celui de Paul Marteau (1885-1966). Superposons-les. Que remarquons-nous ? De multiples similitudes peuvent être perçues entre les deux personnages, même si l'un est masculin et l'autre féminin. En effet, la baguette symbolise le phallus (qui pénètre), alors que le cercle entre les doigts symbolise l'orifice (le pénétré). Tout comme l'eau (le fluide nourricier) glisse dans les vases de l'Arcanes XIIII. Sous les jambes de la Lame I, on peut y percevoir les hanches d'une femme avec la vulve. « Le Bateleur » représente le « Je ». Le « Je » est en lui (« en-je ») tout comme le « Je » de « Je pense » est le sujet du verbe. Serait-il donc l'Ange à venir ?

Les deux personnages regardent sur leur droite. Ils ont tous deux les cheveux longs, bouclés ou ondulés et jaunes (sur les jeux classiques, mais qu'importe la couleur choisie par l'auteur). L'expression du visage confère un côté angélique à leur personne. Cependant, l'ange a des ailes et non « Le Bateleur ». Bien que l'on puisse s'interroger sur les manches de la tunique de cet Arcane. Ne pourrions-nous pas y voir des ailes repliées tout comme les oiseaux lorsqu'ils sont au sol ?

Mais alors, que signifie ce message caché ?

Imaginons un univers fait uniquement de pierre, et seulement de matière inerte. Quelle serait alors la raison d'être de cet univers ? Aucune. Seul l'esprit incarné dans la matière lui en donne une. C'est exactement ce que représente l'Arcane « Le Bateleur ». Un être capable de faire vivre les objets et qui prend conscience de son environnement (autour de lui, en bas, en haut, la terre, le ciel, l'univers). Devant lui, il y a la matière inerte. Il capte les vibrations du ciel, pour les transmettre via « l'âme » (le petit morceau d'épicéa dans ses doigts, et qui symbolise l'âme humaine) vers le centre de la matière représenté ici par son nombril, comme pour le centre de la Terre, c'est-à-dire au centre de toute chose. L'Alchimiste, cet artiste (« Le Bateleur » ?), entre en scène et tente d'extraire la lumière au sein de la matière. Ainsi, « Le Bateleur » deviendra l'Ange (« en je ») qui pourra alors transmuter la matière vile en matière noble, il n'aura plus besoin de tenir « l'âme » en direction du ciel, ni de manipuler la matière. L'épais sera transformé en matière subtile. Il aura trouvé sa pierre philosophale.

Le deuxième message caché dans cet Arcane

Cette Lame a pour but d'exercer notre métacognition sur les aspects différents que peuvent prendre des objets en fonction de la position adoptée pour les observer. Cet Arcane nous explique que la réalité n'est pas le réel. Ainsi, la réalité consiste à voir une table à trois pieds. Le réel est caché au sens où c'est notre inconscient qui stabilise la table par un quatrième pied imaginaire. En prendre conscience, c'est entrer en connexion avec le jeu. La physique quantique nous explique qu'un objet peut-être une onde ou une particule à un même instant. On ne peut conséquemment jamais affirmer avec exactitude si la chose que l'on voit possède bien les propriétés qu'on lui affuble avec nos sens limités, d'où « Le bas te leurre ». La croyance nous trompe et la pensée ne suffit pas. Nous devons penser ce que nous pensons à l'instar du Bateleur qui matérialise les objets qu'il manipule dans sa tête tout en regardant ailleurs ce qui se passe. Son intelligence tient dans cette capacité hypothético-déductive.

Récapitulons

Hermétisme, alchimie (l'extraction) :

« L'état de concentration sans effort »[18] consiste à réaliser les tâches à la perfection sans se soucier de savoir comment on doit faire. On le fait de manière spontanée, parce que l'on sait faire. Faire les choses comme un jeu, avec plaisir, mais avec sérieux. Cela nécessite comme prérequis un travail long et difficile pour ne pas tomber dans le charlatanisme.

18. Anonyme, *Méditations sur les 22 arcanes majeurs du Tarot*, éditeur Aubier.

Penser que l'on peut instinctivement réussir sans un travail acharné est vain et dangereux (la voie rapide des alchimistes). On tombe, sans effort, mais pour marcher on doit en fournir un. L'action de mouvement impose d'en passer par le stade de centaines de chutes pour y arriver (la voie longue des alchimistes). L'effort (le travail) est indispensable pour réussir, pour lutter contre l'attraction, pour coordonner les mouvements et trouver l'équilibre. Il en va ainsi dans tous les domaines. Le maître est celui qui a travaillé toute sa vie, le gourou ou le charlatan est celui qui illusionne les autres d'un savoir qu'il ne possède pas (« Le Bateleur », à l'envers). C'est pourquoi « Le Bateleur » se doit de chercher à canaliser en lui les vibrations du ciel (de l'esprit, du Verbe) pour pouvoir interagir sur la matière, en étant au-dessus d'elle.

Carte positive, à l'endroit :

Explications traditionnellement admises :

Habile. Astucieux. Adroit. Malin. Dextérité. Intelligent. Vif. Rapide. Spontanéité. Autodidacte. Créatif. Convaincre. Savoir-faire. Un début favorable. Le commencement positif d'un projet. L'origine d'un événement. Point de départ. Nouveauté. Débutant. Création favorisée. Un fait, un événement va commencer. Le potentiel.

Psychologie :

Le nourrisson a besoin de soins, mais surtout de sens dans les soins qui sont prodigués afin de pouvoir se construire une estime de soi qui perdure dans le temps. Cette estime de soi est un soubassement de l'image de soi et oriente la prise de conscience de soi. C'est ainsi que grandit la satisfaction personnelle à l'égard de soi et que l'individu peut avoir un sentiment d'auto-évaluation personnel positif afin de pouvoir entreprendre les choses le plus correctement possible. Ainsi, « Le Bateleur » symbolise parfaitement cette personne dont l'estime de soi est suffisante de manière à pouvoir manipuler des objets sans avoir à les visualiser en permanence. Il prend du recul par rapport à ce que les autres pensent de lui, même s'il peut en tenir compte. Il ne se laisse pas facilement influencer par ce que peuvent penser les autres de lui. C'est une personne qui sait se réaliser et entreprendre. Il connait son potentiel et sait le mettre en œuvre dans les projets qu'il décide d'entreprendre. Son égocentrisme symbolisé par le denier au nombril est maîtrisé du fait qu'il sait regarder ailleurs. Nous pouvons dire que la personne possède un égocentrisme qui n'est pas un frein aux relations harmonieuses avec autrui, bien au contraire, puisqu'il semble prêter plus d'attention à autre chose que ce qu'il a décidé de faire.

Carte négative, à l'envers :

Explications traditionnellement admises :

Charlatan. Illusionniste. Vantard. Menteur. Bluffeur. Dissimulateur. Tricheur. Escroc. Tromperie. Duperie. Abuser. Mentir sur ses capacités, ses diplômes. Maladroit. Égocentrique. Vanité. Arriviste. Un événement défavorable débute. Initiative malheureuse, ratée. Paresseux. Nonchalant.

Psychologie :

« Le Bateleur » peut avoir des difficultés à réaliser ce qu'il souhaite faire. Il n'arrive pas à prendre conscience de son potentiel ou à l'exploiter. La personne peut manquer de confiance en elle, car son estime de soi n'est pas suffisamment forte. Son image est dégradée et elle n'ose pas faire les choses de peur d'être jugée. Elle peut être la victime d'un pervers narcissique (homme ou femme). Ses capacités cognitives sont contrariées par celle d'une autre personne dont elle est « emprisée ». Elle ne peut alors œuvrer que sous le joug d'un autre. Cette personne est dans l'incapacité de librement commencer quoi que ce soit sans être obligé de s'en tenir au consentement d'une autre personne. Il peut s'en suivre un « Trouble de stress post-traumatique » qui empêche l'individu de faire les choses sereinement et correctement.

À l'inverse, une personne dont l'estime de soi est surdimensionnée peut avoir une vision biaisée de la réalité et manipuler les autres comme il manipule les objets, dans tous les sens, sans s'occuper d'eux avec attention (puisque le personnage regarde ailleurs, il ne semble pas se soucier de ce qu'il manipule). Nous pouvons avoir affaire à un manipulateur, à une personne qui souffre du trouble de la personnalité. Un égocentrisme surdimensionné ou l'hypertrophie du « Moi » peut être le signe d'une pathologie comme le délire paranoïaque.

Dans certains cas graves, on peut diagnostiquer une dystonie ou des mouvements liés à une hystérie par exemple. Nous pourrions évoquer la maladie de Parkinson et toutes les lésions au cerveau qui empêche de réaliser les mouvements normalement comme l'héminégligence (le personnage regarde à droite, car le cerveau oublie le côté gauche en quelque sorte).

Enfin, on pourrait aussi y voir une forme d'évitement ou de refoulement dans la mesure où le personnage ne semble pas tenir compte de ce qu'il fait, de la même manière qu'il pourrait prendre conscience d'une réalité qui le dérange afin de la refouler (il regarde ailleurs pour ne plus voir cette réalité).

Personnages

Le consultant pour un homme. Pour une consultante cela peut être son mari, son amant, un ami. Il peut être aussi un frère, un neveu, un jeune parent, une personne ayant un potentiel de réussite. Un comédien. Un conteur. Un prestidigitateur. Un voleur. Un artiste de foire. Un politicien.

II – La Papesse

Faisons, en premier lieu, un détour du côté historique afin d'obtenir des éléments qui pourraient être importants sur la signification de la présentation de cette Lame, mais aussi pour connaître une genèse possible des explications associées.

Histoire de la Papesse Jeanne

Une jeune femme, déguisée en homme et connue sous le nom de Jean l'Anglais, aurait réussi aux alentours de 855 à être élue Pape, en cachant sa véritable identité sexuelle. L'Église n'apporta aucun démenti, avant de refuser toute réalité à ce personnage (Vrai ou faux ? Il ne s'agit pas ici d'en débattre et il appartient aux historiens d'effectuer les recherches pour le définir).

Autre histoire

Au XIIIe siècle en Lombardie, le fief des ducs de Milan en Italie, la sœur Manfreda da Pirovano Visconti, du même couvent que la sainte, fut choisie comme papesse de la secte des Guglielmite. Tous périrent brûlés vifs par la Sainte Inquisition… L'Arcane « La Papesse » est aussi assimilé à Isis, reine mythique de l'Égypte antique. Comme déesse funéraire, elle est considérée comme la gardienne du passage des deux mondes : *« Promue déesse universelle, celle qui assumait les rôles de "mère divine" et d'épouse fidèle d'Osiris devient la "dame de vie", protectrice des mères et dispensatrice de la fertilité…* [19]*»*

La Papesse est assise, immobile. Le psychique et le spirituel remplacent le mouvement. Elle est patiente (ne pas confondre avec « souffrante ») et attend avec confiance. Qu'attend-elle ? Elle attend le jeune bateleur avec tout son potentiel. Le mot « jeune » n'a rien à voir avec l'âge. « La Papesse » accueille avec plaisir tous ceux qui prennent conscience que manipuler des objets n'est pas une fin en soi. Elle reçoit ceux qui désirent aller au-delà des acquisitions basiques académiques scolaires et des croyances. Avec elle, on peut prendre conscience, par exemple, que le hasard n'existe pas, et que par conséquent, il doit y avoir un principe créateur inhérent à l'univers. « La Papesse » symbolise cette prise de conscience. Lorsque l'élève est prêt, le maître apparaît. Cette Lame attend avec confiance, car elle sait que « Le Bateleur », dans sa fièvre de manipuler les objets, doit passer par elle s'il veut transcender ce qu'il fait, gravir la montagne et voir au-delà, en quelque sorte, afin de ne pas rester un prestidigitateur de foire. Ainsi il prendra, par exemple, conscience que le nombre d'or est inscrit dans les étoiles qu'il observe le soir. Ce nombre « magique » présent partout dans la nature, dans la faune, la flore, chez les humains, dans les pyramides d'Égypte. Il prend conscience que l'angle de la Grande Pyramide Kheops est donné par les étoiles d'Orion. « *Ce qui est en bas, est comme ce qui est en haut et ce qui est en*

---

19. lhistoire.fr – https://www.lhistoire.fr/isis-m%C3%A8re-des-dieux

haut, est comme ce qui est en bas, pour faire les miracles d'une seule chose [20] ». Le hasard n'existe pas. Aussi, ceux dont l'inspiration germe en eux afin de voir les choses telles qu'elles sont et non telles qu'elles nous apparaissent peuvent véritablement envisager de soulever le voile. Car ceux-là avancent vers la connaissance, ils sont disposés à changer leur façon de concevoir le monde. Leur égo ne s'arrête pas au potentiel acquis. L'Arcane « La Papesse », gardienne du passage, montre le chemin de l'Art (par opposition à ce qui est vil).

Le nombre 2 représente la dualité. Du Tout, Dieu fit ceci : *« Au commencement, Dieu créa les cieux et la terre »* (Genèse 1 : 1). Pour les hermétistes, le 2 est le nombre de l'amour, car c'est par amour que Dieu créa la terre, sinon, il aurait laissé les ténèbres. Le 2 est la conscience de l'être absolu qui incarne le passé, le présent et le futur. Or, « La Papesse » aime et donne sans compter à ceux qui viennent à elle. La lettre « B » représente la fécondité. « La Papesse » tient un livre ouvert (qui symbolise le vase de l'Art) sur ses genoux, mais ne le lit pas. Dans le Tarot de Marseille, les colonnes du savoir sont cachées derrière elle par un voile, ce qui suscite souvent des interrogations. On aperçoit seulement un morceau de la colonne à sa droite. Pour les hermétistes, la droite indique les puissances du Bien. La colonne de droite symbolise donc l'esprit pur au-dessus de la matière. Sur certains jeux, le voile recouvre le visage du personnage et sur d'autres, le livre. Cela signifie que le véritable savoir nécessite de lever le voile. Pour accéder à la connaissance, l'individu doit faire un travail sur lui afin de préparer son esprit à envisager la réalité du monde sans le heurter et le rebuter. Chacun est libre de rester au stade d'un simple savoir sans consistance. C'est le propre de ceux qui possèdent un petit pouvoir, mais qui n'iront jamais jusqu'à la connaissance.

« La Papesse » n'est autre que la révélation d'en haut. Elle la reçoit non comme un savoir écrit, mais comme une intuition révélatrice, autrement dit une illumination. Elle écoute attentivement en silence. Le savoir est stérile s'il ne s'accompagne pas de la spiritualité (il est une chose de manipuler l'atome pour permettre à l'humanité de se chauffer, il en est une autre de larguer une bombe atomique sur des innocents, détruisant toute vie).

Pour évoluer, il faut savoir faire le vide en soi. Le brouhaha du quotidien empêche la concentration. Or celle-ci ouvre le mental et autorise la révélation.

---

20. Hermès Trismégiste

Sa tiare à trois étages indique, pour les hermétistes, les trois étapes : « Réflexion, mémoire et parole » ou « Mémoire, intelligence, volonté (voir saint Augustin) ». La tiare indique aussi la souveraineté, « La Papesse » représente l'autorité accordée par ce qui est en haut. Sa connaissance des « mystères » de la nature est légitime. Sa tiare dépasse le cadre et indique bien la relation avec le « Ciel », autrement dit l'intuition qui vient d'en haut, l'illumination divine. On observe d'abord le plan vertical (du haut vers le bas) puis le plan horizontal (les Hommes), par le livre sacré des connaissances.

L'Arcane inversé indique tout ce qui est occulté, caché, secret, mensonger. Le voile bande les yeux de celui qui ne peut plus voir la vérité, la réalité des choses. La perfidie entre en scène. Les complots œuvrent en souterrain. Des sentiments malsains peuvent se développer.

Y a-t-il un message caché dans cet Arcane ?

Le message caché est très subtil, à l'image de cet Arcane, à l'image du 2 lui-même. Le 2 en tant que chiffre est inaccessible selon Gödel. La question que l'on se pose est de savoir comment on peut déduire d'un chiffre les chiffres qui le précèdent. Par exemple, on peut déduire 3 par 2 + 1. Mais, l'on ne peut déduire 2 à partir de 0 ou de 1. C'est impossible. On peut déduire 1 de 0, car 0 puissance 0 donne 1, de même la factorielle de 0 (0 !) est égale à 1. Ainsi, on sait aussi que 2 est un nombre irrationnel, car la racine carrée de 2 a un nombre infini de chiffres après la virgule. Pour aller sur un plan plus psychanalytique, dans le réel lacanien, la « jouissance féminine » est une « autre jouissance » ou une « jouissance mystique » puisqu'il n'existe qu'un seul sexe[21]. Au-delà de l'approche scientifique, le mot « mystique » est important à retenir. Il symbolise à travers cet Arcane une communication avec l'Au-delà (avec Dieu selon la doctrine religieuse). Ainsi, « La Papesse » invite à entrer en communication avec ce qui est au-delà de la réalité. Car la réalité n'est pas le réel, bien qu'on entende parfois le contraire ici et là…

---

21. Voir les écrits de Lacan à ce sujet, car le concept est lié à la psychanalyse et non à la biologie.

Dit autrement, le livre ouvert nous donne l'impression du visible, c'est-à-dire qu'on pense que les explications se trouvent là, sous nos yeux. En réalité, ce livre ouvert, qui représente pour les Alchimistes le vase de l'Art, contrairement au livre fermé, prouve que l'on ne doit pas s'arrêter à ce qu'on lit pour en tirer des conclusions hâtives et primaires. Cette réponse sera apportée par l'Arcane suivant, « L'Impératrice » qui symbolise l'intellect, les études, les écrits. « La Papesse » regarde au-delà du livre. Elle apprend à l'Arcane « Le Bateleur » qu'en tenant « l'âme » dans la main gauche et en la pointant au ciel pour en capter les vibrations, il avait raison. Le microcosme fait partie du macrocosme et la conscience n'est pas le fruit d'une simple activité chimique du cerveau. « La lumière vive » (selon les Alchimistes) qui ondulait et qui s'est cristallisée par un agent mystérieux pour créer le monde physique, « le verbe » de la religion qui est à l'origine de ce monde et de la vie, n'est autre que la conscience universelle, c'est-à-dire la voix de la Nature qui parle en nous tous. Notre cerveau est un récepteur. Comme tout récepteur, il filtre, il capte plus ou moins bien, il est plus ou moins performant. « La Papesse » indique au bateleur qu'apprendre avec « L'Impératrice » est nécessaire, mais qu'il doit aussi ouvrir son intellect à la conscience « universelle », sinon il restera dans les dogmes religieux et scientifiques. Plus il apprendra à ouvrir son esprit, plus la conscience de ce qu'il est et de ce qui l'entoure lui donnera les clés les plus inattendues pour réussir, pour trouver les solutions et les réponses.

Récapitulons

Hermétisme, alchimie (l'attraction) :

Le vide silencieux en soi amène la révélation descendante. L'âme écoute en silence. « La Papesse » sait. Elle est l'autorité légitime pour garder le Livre de la Révélation des mystères de la nature. Seuls ceux qui viennent à elle avec un esprit ouvert, ceux qui ont fait taire en eux leur égo, ceux qui font silence et le vide en eux peuvent accéder à la transcendance. Lever le voile pour aller vers la lumière est un travail sur Soi.

Carte positive, à l'endroit :

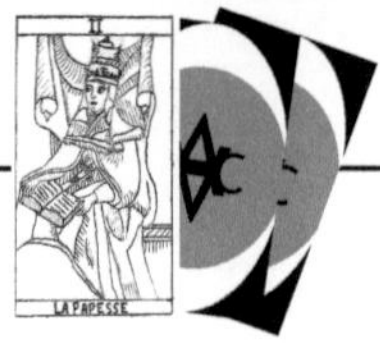

Explications traditionnellement admises :

Calme. Patient. Discret. Réservé. Timide. Silencieux. Accueillant. Pudique. Hospitalier. Humble. Honnête. Sincère. Modeste. Simple. Sagesse. Fécondante. Protège la vie. Gestation. L'intuition. L'imagination. Méditation. Pressentir. Divination. Vision. La prescience. Transcender. Les secrets. Savoir attendre avec confiance. Observer. Écouter. Elle peut annoncer une naissance à venir. Un événement positif se déroule sans que personne le sache encore. Virginité. Pureté. Éducation traditionnelle, stricte, morale.

Psychologie :

C. G. Jung créa le concept de l'inconscient collectif qui exerce une activité compensatrice au « Moi » : *« l'inconscient qui est l'ensemble de tous les archétypes est le dépôt de tout ce que l'humanité a vécu »*[22]. Ainsi, dans son aspect positif, certaines personnes qui ressentent plus volontiers cet inconscient collectif peuvent développer une faculté de prévoir les événements à venir. Ce sont des personnes ayant une certaine acuité des sens et du mental. Elles sentent le vent venir. C'est aussi la capacité d'anticiper certains événements en fonction de ses intuitions.

« La Papesse » symbolise à merveille la métacognition. Apprendre par cœur une leçon n'est pas une bonne solution pour réussir d'après les études en psychologie cognitive. Tous les élèves et étudiants qui apprennent par cœur leur leçon réussissent moins bien que ceux qui font preuve de métacognition. « La Papesse » en regardant au-delà du livre, nous apprend à penser nos pensées. Elle nous montre que rester le nez dans les livres sans voir au-delà ne sert qu'un savoir académique au sens du discours académique de Lacan. Les mots ne sont que des mots. Pour leur donner du sens, l'individu doit aller plus loin qu'une simple lecture. Il est une différence entre retenir ce qu'on lit et comprendre ce qu'on lit. Tout cela est une condition sine qua non pour pouvoir émettre des hypothèses.

22. G.G JUNG, « L'inconscient collectif, une notion clé de la pensée de Jung », Inexploré (blog)

Carte négative, à l'envers :

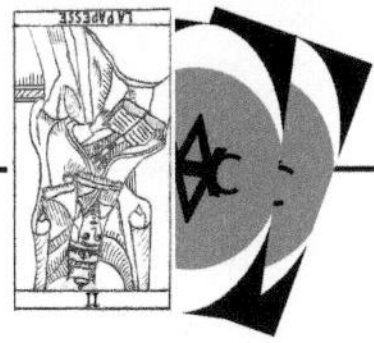

Explications traditionnellement admises :

Renfermé. S'isoler. Introverti. Timidité excessive. Indifférent. Oublier. Paresse. Faible intellect. Refouler. Muet. Secret. Dissimulateur. Sournois. Perfide. Fourbe. Faire des mystères. Occulter. Rancunier. Antipathique. Être dans l'indiscrétion permanente. Inertie. Trop rêveur. Ignorance. Rien ne se réalise. Quelque chose de négatif se trame. Une trahison. Une félonie. Une intrigue. Agir dans le dos.

Psychologie :

Le nourrisson dès la naissance manifeste de l'amour dans son regard et ses mimiques transmettent la nécessité d'attachement, de sécurité, d'affection. Sans affection et sans amour, l'enfant dépérit même s'il est nourri selon ses besoins physiologiques. Nous pouvons penser aussi à des traumatismes infantiles précoces, à un manque de relation sécure avec la figure d'attachement surtout durant les périodes de stress. Il peut alors s'en suivre une difficulté à accepter son existence, son incarnation, à se cacher comme pour prouver son inutilité. Ce qui peut amener une perturbation identitaire, un sentiment d'infériorité. La question des limites entre l'interne et l'externe se pose, l'acceptation de la perte et de la séparation a été défectueuse vers les représentations d'objets (fantasme inconscient d'avoir détruit et vider le sein maternel).

La grossesse a peut-être été difficile, non désirée. La mère est peut-être décédée après l'accouchement. L'accouchement s'est mal passé et a laissé des traces dans l'inconscient de l'enfant (voir Stanislav Grof, *Psychologie Transpersonnelle*). L'enfant grandit et peine à canaliser ses sentiments, il peut s'exalter ou ruminer et devenir de mauvaise humeur très rapidement. Une phobie sociale peut s'installer et même des conduites antisociales. Ces descriptions peuvent faire penser aux personnes diagnostiquées « états limites ».

Les problèmes relationnels avec la mère durant la petite enfance se révèlent parfois être source de pathologies par la suite.

Le concept de l'inconscient collectif développé par C.G. Jung est corroboré par Stanislav Grof lors d'une de ses expériences en thérapie avec un patient souffrant de thanatophobie qui avait rêvé d'une « divinité porcine terrifiante qui gardait l'entrée d'un souterrain sinistre »[23]. Selon Joseph Campbell, au sujet de ce rêve, il s'agissait de la « Mère Cosmique de la Nuit de la Mort ». Ainsi, les troubles du sommeil, les craintes soudaines et l'obsession peuvent se développer et engendrer la dépression chez des individus qui ont souvent la sensation malsaine que quelque chose de négatif en souterrain se passe, dans l'ombre, dans leur dos. Ces personnes ressentent souvent des sentiments malsains qu'un complot se trame contre eux, par exemple, ou que des choses négatives vont arriver sans cesse. Ces personnes peuvent avoir des pressentiments injustifiés qui déforment la réalité et qui peuvent mener à l'hystérie, à la folie.

Enfin, notre héritage phylogénique amène le cerveau à privilégier le négatif. Nous prêtons une attention particulière à ce qui nous menace. « La Papesse » symbolise cette prédisposition dans la mesure où, lors de troubles anxieux ou dépressifs ou de la personnalité, l'individu peut alors traiter l'information d'une manière erronée.

Cet Arcane nous invite aussi à penser à une pathologie comme l'anhédonie une composante émotionnelle de l'alexithymie. La personne ressent un déficit dans la capacité à éprouver du plaisir même dans les moments positifs de la vie, un symptôme qui va de concert avec l'ennui, la monotonie, la tristesse, mais aussi avec des sentiments de nullité, de fatalité, de rejet.

Enfin, nous pouvons avoir affaire à une personne qui souffre de délires persécutoires (le sujet se dit maltraité, menacé, persécuté) avec des symptômes hypocondriaques propres aux états limites, aux psychoses.

23. L'ultime voyage – La conscience et le mystère de la mort » – Stanislav Grof

Personnages

La consultante pour une femme. Pour un consultant cela peut être sa femme, sa maîtresse, une amie. Elle peut être aussi une grande sœur, la mère, la belle-mère. Un médium. Une personne dans une secte, une société secrète.

III - L'Impératrice

A noter

Le nombre 3 représente pour les chrétiens la Trinité, pour les Égyptiens c'est le cosmos (« ciel, terre et la Douat »), c'est le nombre parfait pour les Chinois. Nikola Tesla affirmait ceci : « *Si vous connaissiez la magnificence de 3, 6 et 9, vous auriez la clé de l'univers.* » Le nombre 3 représente la « Totalité », la « Puissance » suprême dans l'ésotérisme.

Ainsi, « L'Impératrice » complète par le savoir académique les deux premiers Arcanes « Le Bateleur » et « La Papesse ». L'Arcane symbolise le moment où le temps est venu de conceptualiser, de planifier, de projeter, de schématiser, d'élaborer des modèles et des systèmes, et de communiquer par les capacités cérébrales. Les écrits permettent la transmission du savoir entre les générations, les lieux, les personnes, les sociétés. « L'Impératrice » représente le charme de l'esprit, au sens intellectuel (« *mind* » en anglais). Elle séduit par son éloquence, elle est écoutée. Elle sait aussi être à l'écoute d'autrui.

« L'Impératrice » voit loin (l'aigle sur le bouclier qu'elle tient sous son bras droit), autrement dit, la Lame suggère qu'elle comprend et perce la vérité. Cette faculté lui confère le pouvoir d'anticiper et de prévoir. Mais l'aigle pour les hermétistes signifie aussi l'envol dans le Ciel, l'âme qui retourne à Dieu, l'esprit qui s'élève. Le sceptre qu'elle tient symbolise son action dominatrice sur le Monde, la perpétuité des actions sur les choses actuelles ou à venir. La croix de son sceptre symbolise en effet l'esprit qui domine la matière (la matière est ce que je désire qu'elle soit, la matière n'est pas créatrice de l'esprit). Le sceptre est penché vers sa gauche et part de son ventre afin de signifier que l'idée est féconde. L'idée créatrice d'un monde à venir, concrétisée, plus tard, par « L'Empereur ».

« L'Impératrice » a les pieds sur terre, le bout de son pied dépasse de sa robe. Son intellect est aussi concret, voire académique (diplôme), et pas uniquement un intellectualisme superfétatoire.

Son regard se tourne vers la droite (pour nous) afin de montrer qu'elle regarde non pas le passé, mais l'avenir. Et l'avenir, c'est l'Arcane suivant qui va permettre de continuer le chemin, qui va concrétiser les plans élaborés par « L'Impératrice ».

Enfin, sa couronne symbolise la légitimité et son autorité. Bien qu'étant une femme, elle présente une caractéristique masculine représentée par la glotte, une forme d'autorité paternaliste dans la voix. La pensée (intuition, réflexion) se matérialise (actif = masculin) par la voix. Le pouvoir du chakra de la gorge (le pouvoir de l'expression) est ici mis en avant par le son, la voix, le dialogue, la communication, le transfert du savoir.

Dans son aspect inversé, « L'Impératrice » représente la personne qui a des difficultés à exprimer ses pensées à autrui ou qui s'exprime de manière autoritaire et blessante. Elle a toutes les caractéristiques de l'individu qui utilise la parole pour des monologues, des discours linéaires qui n'ont de sens que pour elle. Ainsi présentée, la Lame représente la personne qui se répète sans arrêt, l'information n'existant plus. Il n'a plus que des phrases toutes faites, connues de tous. C'est parfois le propre de la personne instruite, mais qui possède une intelligence limitée, elle a un esprit (*mind*), mais elle est abêtie. Il n'y a pas que les individus diplômés qui sont intelligents, Dieu merci. Cela étant, il est bien dommage de mettre une matière noble dans un vase vil...

Quel est le message caché de l'Arcane ?

« L'Impératrice » garde en elle une certaine forme d'androgynéité. Elle hérite de l'amour de « La Papesse » pour la vie et du pôle masculin de l'Arcane « Le Bateleur » pour le potentiel matériel qu'il représente. Le masculin actif (verbe réalisateur) a rencontré le féminin passif (l'intuition, l'inconscient collectif). En effet, les symboles de la Lame expriment cette fusion. « L'Impératrice » symbolise le verbe par la glotte qui est un attribut masculin. Dieu est le verbe (*« Au commencement était le Verbe, et le Verbe était en Dieu, et le Verbe était Dieu »* – Évangile selon Saint-Jean). « L'Impératrice » exprime par la voix les plans à mettre en œuvre. Les projets naissent d'elle, et cela est symbolisé par son sceptre qui part de son ventre, dont le point de départ est l'endroit où « Le Bateleur » place le petit cercle contre son ventre de sa main droite. Tout est lié ! Les vibrations du ciel qui se sont emmagasinées au centre de la matière sortent du ventre de « L'Impératrice » (le pôle féminin par excellence, la gestion, la vie qui s'épanouit dans le « Grand Tout ») par l'expression du Verbe qui donne vie à la pensée. L'extrémité du sceptre l'exprime très bien :

- L'esprit (la croix), c'est-à-dire le subtil, est sur la matière qui est condensée et lourde afin de lui donner vie.
- Le symbole de l'antimoine (entre les métaux et les non-métaux), qui a été choisi en Occident (Occident = oxyder pour les alchimistes en opposition à l'Orient), afin d'élaborer le « Mercure Philosophe (principe) » ou « l'OR (intérieur) », c'est-à-dire la pierre philosophale. L'antimoine peut être aussi un poison (le mal contre le Mal, le serpent vert qui se mord la queue pour extraire l'antidote du poison) si on l'ingère sans précaution. Il est utilisé aussi dans les cosmétiques (le

Khôl). Sur le tableau chimique Mendeleïev, son numéro atomique est le 51, soit 6 en addition théosophique, encore le 6…

Le message caché est donc le suivant : le savoir dans nos civilisations est symbole de pouvoir (je dirige, car je sais). Et, comme l'être humain a tendance à ne pas vouloir partager son pouvoir en règle générale, il ne partage son savoir qu'avec une petite communauté d'élite appartenant à une caste (politique, financière, militaire, loge…). On voit bien la régression qui se produit dans nos sociétés par le contrôle des informations, de l'éducation, d'Internet de la part des gouvernements. Par conséquent, l'Arcane « L'Impératrice » nous enseigne à ne pas transmuer le savoir en pouvoir. C'est pourquoi, elle ne fait pas les choses, elle n'use pas d'un quelconque pouvoir pour imposer une matérialité, une réalité physique. Elle transmet ses connaissances à « L'Empereur » qui aura la charge de s'en occuper. C'est pourquoi elle est couronnée selon la volonté divine et non celle des Hommes.

Récapitulons

Hermétisme, alchimie (La calcination) :

Créer c'est vouloir ce qui est juste, au sujet de ce que Dieu a fait pour ce monde, Leibniz dit : *« Parmi tous les mondes possibles… il a créé le meilleur… »* La rectitude de l'esprit est une nécessité pour ne pas tomber dans la dégénérescence (*« […] espère le succès de tes entreprises, pourvu que tu saches unir l'activité qui féconde à la rectitude d'esprit qui fait fructifier les œuvres »*[24]).

« L'Impératrice est par le fait même, l'Arcane de la génération. Qu'il s'agisse d'une nouvelle idée, d'une œuvre d'art, de la naissance d'un enfant… c'est toujours la même loi de la génération qui opère ».[25]

24. PAPUS, *Le Tarot Divinatoire,* Éditions DANGLES.

25. Anonyme, *Méditations sur les 22 arcanes majeurs du Tarot*, éditeur Aubier.

Carte positive, à l'endroit :

Explications traditionnellement admises :

L'intelligence. Les études. Les sciences. La réflexion. L'apprentissage. Analyser. Conceptualiser. Prévoir. Savoir anticiper. La culture. La communication. S'exprimer. Éloquence. Les projets. Les plans. Les écrits (les courriers). La perspicacité. La compréhension. Être avisé. Être distingué. Être captivant. Savoir expliquer. « L'Impératrice » charme par son esprit. Une bonne nouvelle arrive par lettre, par mail. Travail intellectuel. Poste à responsabilité. Définir des normes, des politiques.

Psychologie :

S'exprimer et traduire ses pensées dans des termes appropriés est le propre d'une personne qui maîtrise ses émotions et qui est capable de prendre de la hauteur, de la distance. C'est donc un signe de bonne santé mentale, car c'est dans les discours que l'on peut cerner certaines pathologies comme la schizophrénie par exemple. La personne qui sait écouter et faire preuve d'une communication circulaire et non linéaire est le propre d'une personne intelligente qui sait adapter son discours. Prendre en considération l'autre dans ses propos c'est avoir une capacité d'analyse qui prouve des capacités cognitives saines.

Selon Lacan *« L'inconscient est structuré comme un langage »* (Position de l'inconscient). Or, les mots n'arrivent pas à recouvrir les choses, les mots eux-mêmes ne se correspondent pas à eux-mêmes. Selon René Char *« Les mots qui vont surgir savent de nous ce que nous ignorons d'eux »* (« Sept saisis par l'hiver », *in Chants de la Balandrane*, Gallimard, 1977, p. 16.) Celui qui a conscience de cela, à l'image de cette Impératrice, prendra soin de bien choisir les mots appropriés en fonctions des interlocuteurs.

Il est vain d'ordonner à un interlocuteur : « tu n'as rien entendu ». On ne peut effacer ce qui a été dit. On peut essayer de reformuler, tout au plus. C'est à celui qui parle et qui jouit de sa parole (approche psychanalytique) de mesurer les propos qu'il prononce. « L'Impératrice » symbolise parfaitement ce point dans le sens où elle analyse ses pensées. Elle prend le recul nécessaire et réalise que le message qu'elle va adresser n'est pas exactement identique à ses pensées (les mots trahissent toujours les pensées) et que ses mots, à elle, vont être interprétés par son interlocuteur d'une façon qui sera encore plus éloigné des pensées premières de l'Impératrice. C'est pourquoi elle prend en compte la sensibilité, l'histoire de la personne, mais aussi le lieu, les circonstances... pour émettre son discours. Et c'est pour cette raison que l'on dit d'elle : « Le charme de l'intellect », on pourrait même dire : « Le charme du diplomate ».

Carte négative, à l'envers :

Explications traditionnellement admises :

Surmenage intellectuel et/ou nerveux. Hautain. Condescendant. Méprisant. Prétentieux. Se surestimer. Être dédaigneux. Hurler. Parler fort sans intérêt à tout va. Tenir un discours linéaire. Discours creux. Dialogue de sourds. Monologues. Imposer sa pensée. La « masturbation » intellectuelle stérile. Les projets sont arrêtés. Une mauvaise nouvelle arrive par lettre ou par mail. Communique mal. Ne pas s'affirmer intellectuellement. Pauvreté intellectuelle. Erreur dans la faculté de juger, d'appréhender l'environnement. L'aphasie. Trouble du langage.

Psychologie :

L'« overthinking », phénomène dénommé ainsi par Susan Nolen-Hoeksema, consiste à ressasser des idées négatives. Être obsédés par certaines pensées sombres et être envahis par des « idées noires » peuvent conduire à une douleur morale. L'individu peut souffrir d'une obsession idéative comme Hercule Poirot, le personnage d'Agatha Christie, au sujet de l'ordre et de la symétrie, sans parler de sa compulsion du lavage afin de lutter contre son obsession de la saleté. Il peut alors s'agir de névroses.

On peut aussi avancer le cas des pervers narcissiques. Ce sont des êtres qui mettent leur intelligence à profit pour la destruction de la personnalité des autres, afin d'en faire leur chose. Le discours consistera à séduire l'autre, puis à le manipuler pour finir par l'anéantir.

Les discours peuvent s'avérer être le propre de personnes paranoïaques qui délirent ou qui sont mégalomaniaques. Avoir une estime de « Soi » bien trop haute peut être le signe d'un état psychotique.

Les personnes qui répètent sans arrêt les mêmes rengaines expriment sans le savoir un mal-être profond.

D'autres troubles pathologiques comme l'aphasie peuvent apparaître. Les paroles ne sont plus cohérentes avec les pensées, la perte de la capacité de parler ou de comprendre un texte écrit est souvent liée à un problème cérébral.

La logorrhée peut être un signe notoire du dysfonctionnement mental.

En psychanalyse, on parle de la jouissance du signifiant maître. Celui qui pense savoir et qui jouit de ses paroles. C'est le propre de personnes qui souvent ne supporte pas les débats de peur que leurs croyances soient remises en cause, ou qui n'ont de cesse de rabaisser les autres par des discours creux, condescendants, source de jouissance pseudo-intellectuelle. C'est souvent le cas des discours politiques, voire parfois de discours académiques sclérosés. Le vice consiste à utiliser ses propres turpitudes, ses propres tares de manière à faire croire que cela vient des autres et non de soi-même en mettant en place des stratagèmes pervers. Les capacités intellectuelles sont utilisées à mauvais escient pour tenter de manipuler, de discréditer, de détruire la réputation d'autrui.

Personnages

Une femme, un enseignant, un secrétaire, un écrivain, un journaliste, un éditeur, un chercheur, un ingénieur (mathématique, informatique, physique...), un psychanalyste. Une femme de la haute société. Une femme ayant du charisme.

IIII – L'Empereur

L'Arcane « L'Empereur » présente un homme couronné dans une position peu confortable. Il n'est ni assis, ni debout. Il se tient sur une jambe, l'autre étant repliée. Pour compléter le tableau, il a une main plus petite (celle qui tient la ceinture) que l'autre (celle qui tient le sceptre). Il porte une barbe blanche, signe de sagesse, de conscience et de pureté. Il est appuyé contre le trône au pied duquel se trouve l'aigle dont les ailes sont repliées (contrairement à l'aigle représenté dans l'Arcane de « L'Impératrice », qui lui a les ailes déployées). Sa couronne est assez étrange et ne ressemble pas vraiment à une couronne, mais davantage à un casque même si l'on y voit des pointes. Cet Arcane, comme toutes les autres, nous invite donc à la réflexion.

Pourquoi cette Lame recèle-t-elle autant de symboles énigmatiques ?

Tout d'abord, commençons par sa position. Il pourrait être assis, mais dans ce cas, il symboliserait l'immobilité. Or, l'Empereur agit. Cependant, il n'est pas tout à fait debout. Alors ? Les deux pieds au sol, on pourrait penser à une position statique. Sa position nous invite plutôt à penser qu'il est prêt à se mettre en action. Tout comme se tenaient les samouraïs qui devaient monter la garde la nuit. Cette position devait être à la fois suffisamment inconfortable pour ne pas s'endormir et être tout de même reposante, sans être trop exposé. Ils étaient assis sans l'être et pouvaient se mettre rapidement en mouvement afin d'agir aussi vite que possible, notamment pour dégainer le katana. Bref, tout un art, comme savent si bien le faire les Japonais. Cette position consiste à replier une jambe sous les fesses et s'asseoir tout en maintenant l'autre jambe, le pied bien à plat devant soi. Ainsi, le Tarot nous montre que « L'Empereur » n'est jamais tout à fait au repos. Il peut à tout moment se mettre en mouvement ! Les hermétistes expliquent que « L'Empereur » l'est parce qu'il a, entre autres, renoncé au repos, il n'est pas assis. Il a renoncé à la marche, car il est adossé au siège avec les jambes croisées. Donc, « L'Empereur » ne peut ni avancer pour attaquer ni reculer pour une retraite éventuelle. Il est là et fait autorité. Pour d'autres hermétistes, ses jambes forment un 4 afin de symboliser les 4 éléments, pour d'autres encore, comme R. FALCONNIER, elles symbolisent : *« [...] la puissance de l'esprit humain dans les trois mesures de l'infini (hauteur, largeur, profondeur »*[26].

La couronne descend sur son cou, certains y voient donc un homme qui sait protéger ses arrières. Pour les hermétistes, cette couronne indique qu'il renonce aussi à la liberté de son intellect, tout comme il renonce à sa liberté de mouvement, sans être pour autant au repos. C'est bien pour cela que « L'Empereur » arrive après « L'Impératrice ». Le mouvement, autrement dit l'action, le « Je réalise concrètement », ne peut venir que par la pensée féconde de l'Arcane précédent. « L'Empereur » prend le relais. Tout comme pour le 400 mètres relais, le coureur prend le relais du précédent par transfert du bâton. Il peut ainsi continuer la course. On peut supposer qu'il n'y a en réalité qu'un seul sceptre. En regardant l'Arcane III, on peut penser que « L'Impératrice » le tend à « L'Empereur », qui d'ailleurs regarde « son épouse » et le prend fermement de sa grosse main pour

---

26. R. FALCONNIER, *Les XXII Lames Hermétiques du Tarot Divinatoire,* Collection Belisane.

bien le maintenir, comme pour dire : « L'idée a germé dans ton intellect, l'idée est féconde, il m'appartient de la concrétiser. » C'est l'idée matérialisée.

Le fait que le sceptre soit droit démontre sa détermination et sa droiture. Pour les hermétistes, « L'Empereur » est en fait le gardien du sceptre. Ce dernier règne par le sceptre, car il n'a ni couteau, ni glaive, ni arme quelconque pour montrer une puissance guerrière. Il n'en a pas besoin. C'est le sceptre qui impose le respect. Ainsi, selon les hermétistes, ce n'est pas tant « L'Empereur » qui est important, mais davantage le sceptre et le siège. « L'Empereur » en est le gardien.

On peut en déduire qu'il est empereur uniquement parce qu'il matérialise l'idée créatrice que son épouse lui soumet avec sagesse, et qu'il renonce à toute gloire personnelle. Il n'a qu'un objectif, matérialiser pour le bien d'autrui. Il le fait avec l'autorité positive que lui confèrent le sceptre et le siège.

Quel est le message caché de l'Arcane ?

L'aigle, au sol, semble soutenir le siège de « L'Empereur ». Il n'utilise pas sa force dans les airs, mais sur terre, son regard est horizontal tout comme celui de « L'Empereur » qui ne peut regarder que droit devant lui. En effet, la forme de son casque l'empêche de regarder le ciel. Il ne peut plier le cou. « L'Impératrice » qui symbolise le verbe reçoit la bénédiction divine (la couronne), puis la transfère par le spectre à « L'Empereur ». Conséquemment, il n'est pas dans ses attributions de scruter le ciel pour y trouver l'inspiration, « l'Impératrice » l'a fait pour lui. Tout comme le Roi prie Dieu, les nobles prient le Roi. C'est par son intermédiaire qu'ils peuvent espérer la bénédiction. L'action de « L'Empereur » sera d'autant plus bénéfique et matériellement solide dans un tirage s'il est associé à « L'Impératrice » qui symbolise l'intention réfléchie. Le matériel n'est rien sans la pensée. Construire sans intelligence, c'est bâtir une maison au bord d'un cours d'eau qui inondera tout dès les premières pluies.

Récapitulons

Hermétisme, alchimie (la purification) :

« Souviens-toi, fils de la Terre, que rien ne résiste à une volonté ferme, qui a pour levier la science du vrai et du juste » (PAPUS).

Carte positive, à l'endroit :

Explications traditionnellement admises :

Être réaliste. Avoir les pieds sur terre. Être déterminé. Être volontaire. Être décidé. S'imposer. S'engager. Virilité. Sincère. Loyal. Droit. Intègre. Franc. Direct. Travailleur. Courageux. Être résolu. Courageux. Fermeté. Solide. Sécurité. Protection. Posséder une autorité naturelle juste et bénéfique. Être organisé. Être carré. Volontaire. Générosité dans l'aide apportée à autrui. Être un soutien, un pilier. De larges épaules. Savoir assumer et s'assumer. Matérialiser. Réaliser. Stabilité matérielle. Être un chef aimé et respecté, car juste. Diriger dignement. « L'Empereur » est associé aux affaires, au commerce. Responsable. Emploi stable.

Psychologie :

« L'Empereur » est un individu sur lequel on peut compter. C'est un individu stable, solide. Il entreprend ce qu'il dit. Il est organisé et actif. Il sait définir son espace vital et n'entre pas qui y veut. Il sait se faire respecter par des actes positifs et socialement admis. Il a la maîtrise de lui-même. Il a une bonne image de « Soi » et donc une bonne estime de « Soi », bien équilibrée. Il se repère sans difficulté dans l'environnement. Il a à cœur d'agir pour le bien de tous. Son « Soi » est fort, mais il réfute la mégalomanie. C'est souvent le propre d'un individu qui a reçu une éducation assez stricte, mais juste avec une figure paternelle qui a montré à ses enfants une droiture et une capacité à agir pour le bien de sa famille et qui pouvait aussi aider autrui. L'individu a pu prendre modèle sur un père qui a contribué par son travail et son courage à la sécurité de sa famille et à la réussite de ses enfants. Le père est un chef de famille qui inspirait le respect de tous par son charisme et sa qualité opérationnelle. Mais c'est aussi du ressort de la mère qui a su apporter à son enfant les soins et le sens nécessaire à la construction d'une estime de soi solide et pérenne. De la même manière, la mère a su donner à son enfant la capacité de s'éloigner d'elle en toute confiance. Celui qui incarne « L'Empereur » a eu une mère qui a su couper le lien ombilical d'une manière progressive et rassurante.

Carte négative, à l'envers :

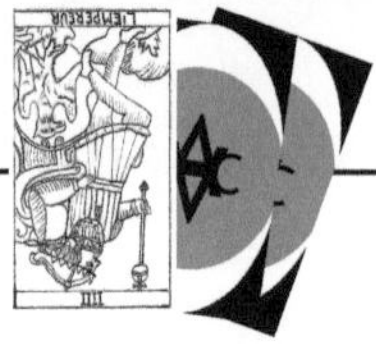

Explications traditionnellement admises :

Tyrannique. Despote. Dur. Inflexible. Irritable. Rigide. Brutal. Être intransigeant. Têtu. Obstiné. S'acharner. Avoir des partis pris. Trop attaché à la matière. Privilégie sa réussite personnelle sans considération pour les autres. La stabilité matérielle ou professionnelle est compromise. Bases et fondations déficientes, perdues ou absentes. Perdre son poste de responsable, de chef. Manquer de fermeté. Devenir fragile et ne plus pouvoir agir. Les bases s'effritent. Les fondations se fissurent. Précarité. Instabilité. Faible.

Psychologie :

Le « Surmoi » se déchaîne sur le « Moi », après un échec, par exemple, sous forme d'autocritique qui mène à une dépréciation de son image, de l'estime de « Soi. Un sentiment d'insécurité peut alors s'instaurer à cause de cette dépréciation de l'estime de « Soi », caractérisée par une carence narcissique. L'individu peut faire face à un sentiment d'incomplétude, d'insuffisance et d'impuissance. Cet état peut être le signe d'un état limite, d'une dépression, voire d'une névrose si l'angoisse de castration est présente (castration au sens de ne pouvoir choisir entre deux situations, au sens de manquer, de la limitation).

Cet Arcane à l'envers peut aussi nous faire penser à un individu qui peut être trop dur envers les autres à cause de ses propres échecs. Il peut alors projeter inconsciemment sur les autres ce qui vient de lui. Il n'a donc pas la capacité d'admettre que ce sont ses erreurs qu'il transfère à autrui. C'est une forme de défense propre à la psychose paranoïaque.

Un enfant roi devient souvent un adulte tyrannique qui ne supporte aucune frustration et qui est totalement intolérant. Le propre des psychopathes est de posséder un égo surdimensionné, d'imposer leur autorité et de rabaisser autrui par manque d'empathie.

De même, on peut évoquer l'apragmatisme, c'est-à-dire l'incapacité à entreprendre des actions. Les actions restent velléitaires. On peut se trouver confronté à de l'aboulie (diminution pathologique de la volonté, mais qui n'est pas lié à une dépression) ou à de la procrastination.

Des réactions ou attitudes qui peuvent être disproportionnées, inutiles, discordantes par rapport aux situations et contraires à l'intention supposée peuvent révéler des troubles psychiques de type psychotique, des retards mentaux sévères.

Dans les cas les plus graves, nous pourrions y voir des formes schizophréniques de type hébéphrénocatatoni, héboïdophrénie, des formes de perversions, de sadismes.

Personnages

Un patron, un chef d'entreprise, un entrepreneur, un homme d'affaires, un protecteur. Peut-être aussi le père, le beau-père, un homme mûr ou aux épaules larges.

V - Le Pape ou L'Hiérophante

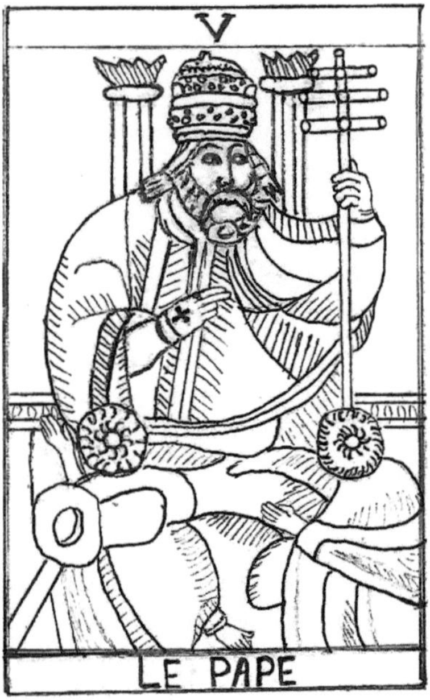

A noter

« Un hiérophante (du grec ancien ιερός / hierós, "sacré", et φαίνω / phaínô, "découvrir") est un prêtre qui explique les mystères du sacré. » (Wikipédia)

Cet Arcane apparaît tôt dans le jeu. Cependant, le 5 représente la quintessence, la présence de la Lame V est donc justifiée. L'Arcane « Le Pape » est un être physique dont le divin confère une charge (par souci d'équité, car le divin accorde le pardon, il ne conseille pas) afin de vérifier la sublimation des 4 éléments, autrement dit des quatre premières Lames. Conséquemment, au fait d'exister, de prendre conscience de soi et de sa place dans l'univers, d'utiliser ses capacités intellectuelles, et d'agir sur la matière, s'ajoute désormais la morale. La prise de conscience du bien et du mal et des limites à ne pas dépasser permet de donner un sens à son existence et de transcender l'individu à travers les pensées et les actes.

« La Papesse » sait, mais ne dit rien alors que « Le Pape » (son « époux » en quelque sorte) enseigne. Le continuum existe entre « L'Impératrice » et « L'Empereur » par le symbole du sceptre ou celui de l'aigle, tout comme il est présent entre « La Papesse » et « Le Pape » par les colonnes. En effet, elles sont désormais visibles. Il aura fallu réaliser un certain chemin indispensable pour les distinguer. Pour appréhender certaines notions comme celles du bien et du mal, les quatre premières Lames sont indispensables. Tout comme la cinquième l'est pour pouvoir continuer sur le chemin de la vie avec de bonnes bases. C'est souvent ce qui fait défaut à bon nombre d'individus qui ignorent cette étape pour bien des raisons et notamment à cause de celles vues précédemment avec les Arcanes inversés. Ainsi, le plus grand nombre d'entre nous voit une statue dans une église et ne ressent qu'un aspect esthétique par exemple, mais ne perçoit pas le message transmis par l'Artiste (l'Alchimiste). L'Arcane « Le Pape » divulgue la vérité à ceux qui l'implorent (les moines en prière) et qui le méritent.

Que signifient les colonnes ?

Selon la Bible hébraïque, les noms des deux colonnes d'airain à l'entrée du Temple de Jérusalem se nomment Jakin (droite) et Boaz (gauche). De nombreux temples maçonniques s'inspirent du modèle du Temple de Salomon, avec toutefois une inversion, due à leur orientation. Ainsi, elles symbolisent :

- La colonne de la rigueur, de la discipline.
- La colonne de la miséricorde.

Mais aussi :

- La colonne de la prière.
- La colonne de la bénédiction.

Elles symbolisent les entrées d'une porte (la pierre philosophale), les piliers qui maintiennent le plafond d'un édifice (séparent la terre du ciel). Elles sont donc le double courant spirituel de la prière et de la bénédiction. Pour entrer, sortir, traverser une pièce pour aller dans une autre, on passe par elles, tout comme la lumière entre et chasse les ténèbres. Elle symbolise « le fruit de la connaissance » et par l'intentionnalité de l'Arcane V, les limites à ne pas dépasser.

Le Pape est assis, bienveillant. Il écoute, entend. Il divulgue la vérité. Il conseille. Il reçoit les prières et donne la bénédiction. Sa tiare à trois étages touche le haut de la Lame (le ciel), ce qui lui confère l'autorité morale et civile qui vient non des Hommes, mais des puissances d'En-Haut. Si la Lame de votre jeu la représente avec des couleurs sur les pierres, on peut se reporter à l'explication sur les couleurs pour en déduire ce que l'auteur a souhaité faire passer comme message. De la main du cœur et ganté (selon les jeux, en blanc ou en jaune, mais qui symbolise la pureté du cœur), il tient la férule papale, une triple croix : « foi, espérance, amour » – « souffle, lumière, feu » – « corps, âme, esprit » – « soufre, sel, mercure » ou encore « monde archétype, macrocosme, microcosme » c'est-à-dire « Dieu, l'univers, l'homme ». Cet ensemble symbolise sa prépondérance et son autorité devant laquelle on s'agenouille. C'est une Lame protectrice.

Devant lui sont représentés deux moines dont les colonnes à leur hauteur symbolisent le savoir humain qui ne peut aller au-delà que par la spiritualité (les colonnes derrière « Le Pape » qui montent vers le ciel). L'un prie devant la colonne de la prière. Cette dernière monte et se charge d'oxygène, de vie. Le second présente sa main abaissée pour recevoir la bénédiction. C'est l'obéissance (acceptation de la hiérarchie) en l'amour reçu qui vainc la haine. C'est la primauté de l'idéal sur l'apparent (qui n'est qu'une apparence, tout comme le soleil qui semble tourner autour de la terre), la révélation, l'illumination.

Un œil exercé discerne une différence en ce qui concerne les tonsures des priants. L'une tourne à droite et l'autre à gauche. Ainsi vont les rouages d'un mécanisme, les roues crantées d'une montre par exemple. La prière entraine la bénédiction dans les rouages de la spiritualité. Elle est une forme de concentration (pensées) qui va au-delà du matériel (le corps), afin de faire le vide (forme d'hypnotisme) et recevoir la bénédiction (l'illumination), car seul celui qui sait faire le vide dans son esprit pourra la recevoir. C'est ce que les bouddhistes invitent à faire lors de la méditation des apprenants, par exemple, en focalisant son esprit sur sa seule respiration.

Le fond de la carte est blanc, nous sommes conscients de nos paroles, de nos actes.

« Le Pape » ne jouit pas de son autorité pour imposer. Il préfère enseigner. Car ce que reçoit l'individu par obligation reste, en général, un savoir sans consistance et stérile, contrairement à celui qui cherche le savoir qui engendre les connaissances sur le chemin de la vérité. Sa main droite pointe sur son cœur, geste que l'on retrouve chez les personnes de confession musulmane qui montrent ainsi leur sympathie à autrui. Il suscite le respect. L'un des élèves (moines) prouve son obéissance et l'acceptation par sa main baissée. Il attend de recevoir la parole qui professe. Cela symbolise une acceptation de l'autorité légale, légitime, juste et vraie (et non un bête état agentique qui accepte les ordres d'une autorité vile).

L'Arcane inversé présente des colonnes qui pointent vers le sol en direction d'Ahriman et de Satan, « Le Pape » se montre sous un tout autre jour. Il devient l'inquisiteur castrateur qui impose par une autorité extrémiste les dogmes de sa foi qui deviennent loi. Il sclérose l'individu dans des modes de pensées étriquées. Cela ne dure qu'un temps. On finit toujours par admettre ce qui doit l'être, comme le fait que la Terre tourne autour du soleil et non l'inverse !

Quel est le message caché de l'Arcane ?

Le secret est dévoilé. En réalité, ce n'était pas un secret, car celui-ci s'emporte toujours dans la tombe. Ce qui est dévoilé enlève le voile de « La Papesse ». Le secret de la mort est celui que chacun découvrira sans jamais pouvoir le dire à autrui.

Jung : *« Il n'y a malheureusement de "vérité" qu'à condition qu'il y ait des hommes pour la comprendre »*[27].

Toutes les vérités ne sont peut-être pas bonnes à dire, mais quand la vérité est dite, il faut l'entendre et réagir avec intelligence. Ce qui peut être perçu comme un simple caillou sans importance sur son chemin peut, en réalité, se révéler être un diamant. Méfions-nous, car nous pouvons passer à côté de la vérité par mépris ou à cause de notre égo, de nos préjugés, à cause de tout ce qui nous empêche de distinguer le diamant du caillou.

Récapitulons

Hermétisme, alchimie (la dissolution) :

« La soif de vérité est au fond une prière, l'effort véritable de la volonté, le vrai travail est lui aussi une prière… Le cœur ne vit que lorsqu'il aime. Et la chasteté est l'état de l'être humain où le cœur, devenu solaire, est le centre de gravité. Ainsi, tout fanatisme est un péché contre la chasteté, car on y est emporté par un courant ténébreux : la Révolution française, le nationalisme d'Hitler… »[28]

27. C.G. JUNG, *Psychologie et Alchimie*, éditions Buchet-Chastel

28. Anonyme, *Méditations sur les 22 arcanes majeurs du Tarot*, éditeur Aubier

Carte positive, à l'endroit :

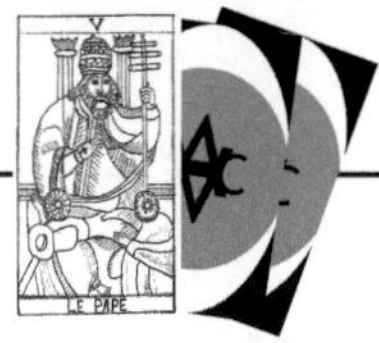

Explications traditionnellement admises :

Civil. Contrat. Union. Accord. Moral. Bon. Sagesse. Bienveillant. Clément. Savoir fixer les limites à ne pas dépasser. Révèle un secret. Enseigner. Philosophe. Profond. Montre le chemin. Respectable. Honorable. Digne. Sincère. Avoir des convictions saines. Ouverture spirituelle. Charité. Autorité bienveillante et protectrice. Idéal moral immanent et intrinsèque. Accepte l'autorité légitime et donc la hiérarchie.

Psychologie :

Une personne qui sait s'orienter dans la vie, qui sait se fixer des limites et qui ne se laisse pas emporter par ses impulsions. La raison et la morale sont au cœur de l'individu et le guide. Autrement dit, « Le Pape » représente une personne dont le « Moi » est suffisamment fort. « Le Moi » ne se plie pas devant le « Surmoi » moralisateur, ou le « Ça » qui est le réservoir des pulsions et de tout ce qui est refoulé dans l'inconscient. Cela étant, le « Surmoi » et le « Moi » semblent en harmonie pour entendre, mais limiter le « Ça ». On n'a pas affaire à une personne exubérante et impulsive. Avant de satisfaire un désir, cette personne va en passer par la morale et la raison. On a plus affaire à Kant qu'à Paul Gauguin, par exemple. Ces deux instances qui peuvent être la cause de pathologies si le « Moi » souffre d'un « Surmoi » trop inquisiteur. Une personne ayant pu se construire une représentation suffisamment stable de sa figure d'attachement (en général le père), un « modèle opérant interne » (*Internal Working Model* selon Bowlby) est une condition de l'autonomie, car elle possède les repères nécessaires.

Ne cherchons pas un psychanalyste ou un psychologue clinicien, car la religion est exclue de ces disciplines, mais plus un guide spirituel. Cela étant la psychologie transpersonnelle intègre cette dimension, tout comme C.G. Jung. Dans tous les cas, dès que la religion entre en scène, il est préférable de prendre toutes les précautions afin de se prémunir des sectes, des gourous…

Carte négative, à l'envers :

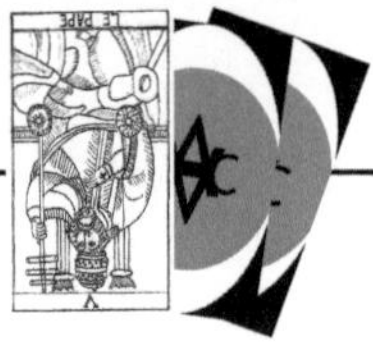

Explications traditionnellement admises :

Un mauvais guide. Moralisateur. Le procureur de la pensée. Inquisiteur. Parti pris. Entêté. Borné. Têtu. Obtus. Castrateur. Valeurs biaisées. Fanatique. Extrémiste. Sectaire. Dogmatique. Péremptoire. Esprit étriqué. Avoir des œillères. Le secret. Dissimulateur. Intransigeant. Mésentente. Divorce. Impose sa « vérité » comme étant un dogme. Ne supporte pas la contrariété ni l'autorité.

Psychologie :

Celui qui ne sait pas se fixer de limites, qui se laisse emporter par un « Surmoi » tyrannique, moralisateur et qui interdit. Ce « Surmoi » emprisonne l'individu dans des considérations disproportionnées et intolérables pour beaucoup (par exemple, un garçon se rend malade d'avoir embrassé une fille sur la joue, il entre alors dans une psychose, car il s'imagine l'embrasser sur la bouche alors que c'est, pour lui, inconcevable). Une personne qui refuse toute hiérarchie vient souvent d'un problème lié à l'enfance par une éducation trop laxiste ou par des parents qui n'ont donné à l'enfant aucune frontière, aucune limite (les enfants rois qui ne supportent aucune contrariété une fois adulte). Celui qui manque de repères n'a pas été soutenu dans l'enfance par un père qui savait déterminer les limites à ne pas dépasser tout en expliquant avec justesse les vérités inhérentes.

Enfin, une personne qui assène des paroles confuses ayant trait à des visions liées à la spiritualité peut être sujette à des délires ou à des hallucinations propres à la schizophrénie, mais aussi à des peurs et des phobies diverses.

Les délires systématisés, organisés, cohérents, solides et stables, avec une apparente cohérence sont quant à eux le propre d'une paranoïa de type psychotique. On peut alors avoir affaire à une personne qui affirme être d'origine divine.

Personnages

Un guide. Un conseiller. Un avocat. Un notaire. Un tuteur. Un initiateur. Un métaphysicien. Un théologien. Un théoricien. Un enseignant dans le supérieur. Un évêque. Un chirurgien. Un médecin spécialisé.

VI – L’Amoureux

Ce n’est qu’en sixième position, si l’on va dans l’ordre des nombres inscrits sur les Lames, que l’on aborde le domaine des sentiments. Après l’indifférenciation apparaît la différenciation ou l’individualisation ou l’individuation. Au début, « Le Bateleur » est dans la position « moi/non moi ». La confrontation avec d’autres individus permet de prendre conscience des différences. Le fait de comprendre que l’autre ne pense pas comme soi permet à l’être d’évoluer. On intègre le fait qu’il n’a pas les mêmes croyances. Cela permet à l’individu de prévoir ce que l’autre peut faire ou penser par rapport à certaines situations. La personnalité influencée par la génétique et notre environnement depuis l’enfance doit trouver sa place dans la société. Enfin, en tant qu'individu social, l'autre est essentiel à notre survie.

Dans le Tarot de Marseille, le jeune homme arbore le style très classique du XIIIe siècle et du XIVe siècle. Il a les cheveux longs et revêt une tunique mi-cuisses. Alors que les femmes portent, elles, des tenues plus longues. Nous sommes bien au moyen-âge. Si l'on s'attarde un peu sur les codes, on constate que la jeune femme de droite porte des fleurs dans les cheveux, signe de pureté et de virginité qui cache une allusion galante ou amoureuse, d'ailleurs elle pointe sa main en direction du cœur du jeune homme. La seconde femme à gauche semble plus âgée, car sa coiffe symbolise une femme chaste et mariée. Sa main sur l'épaule du galant indique un aspect plus fraternel et appelle à la raison. Bien que sa deuxième main interroge quant à sa position et que certains y ont vu une allusion à l'acte sexuel. S'agirait-il de marquer une différence entre un amour juvénile pur, de cœur, et un amour plus mature et plus physique ?

Les interprétations varient selon les auteurs. Certains voient la mère du jeune homme qui lui présente sa fiancée. Chacun pourra imaginer la scène et la faire vivre dans sa tête. Le Tarot offre ainsi un moyen de faire ressortir ses émotions, ses désirs et ses pulsions.

Le personnage de « L'Amoureux » se trouve au centre. Le centre, c'est la gravité. Est-ce pour cela que l'on dit aussi : « tomber en amour » ? Le jeune homme attire la convoitise par son charme, son charisme, sa joie de vivre, sa spontanéité... Il aime rassembler autour de lui, il apprécie l'harmonie et non les extrêmes.

On a tendance à associer cette carte à l'amour et en faire son unique apanage. Cela vient sans doute de l'image renvoyée par le petit Cupidon dans le ciel qui attend avant de décocher sa flèche. La décision n'est pas prise. Le doute subsiste encore.

En effet, cette Lame représente le choix. Adam et Eve n'avaient pas à se poser la question. Ils ne ressentaient donc aucune inquiétude, aucun remords, aucun regret. D'autant qu'Eve est une partie d'Adam, donc sa vraie moitié. Ici, ce sont bien des personnes différentes. C'est bien cette caractéristique qui amène l'homme à se poser des questions, à s'interroger. Que choisir, quoi choisir ou qui choisir ? D'ailleurs, le faut-il ? Dans ce cas, a-t-on affaire à un coureur de jupons ou à du libertinage ?

Chacun d'entre nous se retrouve inévitablement à un ou plusieurs carrefours au cours de sa vie, que ce soit en amour ou pour des raisons professionnelles, culturelles, sportives... On ne peut donc pas appréhender cette carte uniquement sous l'aspect d'un tirage concernant une question liée aux sentiments amoureux. C'est alors la question des choix du cœur qui intervient pour tout ce que l'on fait et pas seulement la raison pure, *« le cœur a ses raisons que la raison ignore »* (Pascal). Avec cet Arcane, on entre dans le domaine des émotions ressenties.

Celui qui sait choisir sa route avec un cœur pur sans douter trouvera la quiétude au cours de sa vie. *« Vous me chercherez, et vous me trouverez, si vous me cherchez de tout votre cœur »* (Jérémie 29:13). On ne peut trouver la lumière en chaque chose que par l'amour. C'est le propre du poète, du peintre, du musicien. C'est la quête de l'Alchimiste, extraire la lumière divine, obtenir la pierre philosophale.

Ainsi, cette Lame symbolise l'art, l'esthétique, la recherche du « beau » dans nos émotions, dans nos sentiments, chez ceux qui nous entourent. *« Est beau ce qui plaît universellement sans concept »* (Emmanuel Kant, *Critique de la faculté de juger*, 1790). Le cœur est universel et son concept est l'amour.

Aimer c'est aussi prendre en considération l'autre (ses sentiments, ses pensées, ses désirs), en tant qu'être différent. La fusion (indifférenciation) ne le permet pas. Nous ne sommes pas tous identiques. Les autres ressentent différemment de nous les sentiments, les doutes, les joies, les inquiétudes...

Sur certains jeux, Cupidon a les yeux bandés pour signifier que seul le cœur doit prendre la décision (décision en profondeur) et non les yeux (qui ne voient que la surface des choses).

L'Arcane inversé indique qu'une décision peut avoir lieu malgré soi, une scission peut se produire (un divorce par exemple, mais aussi une ablation). Au lieu d'avoir la totalité, on se retrouve avec une moitié. Le doute ronge et amène parfois à vivre des expériences dont on se passerait bien, cela peut aussi conduire à des psychoses comme la jalousie ou des sentiments comme l'envie.

Quel est le message caché de l'Arcane ?

Cupidon est le symbole des marqueurs somatiques sans lesquels tout devient indifférent. Sans lui, toutes nos décisions sont identiques. Il nous est alors impossible de départager les différentes options qui s'offrent à nous. C'est pourquoi il attend, avant de décocher sa flèche, que le système cognitif du jeune homme analyse ses sensations pour un comportement adapté, avant de prendre une décision cohérente. Ce que signifie l'attente de Cupidon n'est autre que la maîtrise de nos émotions. Si certains de nos comportements sont innés (fuir face à un danger), les autres sont conditionnées par les sensations et notre système nerveux évolue pour faire face aux changements de notre environnement. De plus, nous avons tendance à reproduire les sensations agréables de notre vie et à rejeter les autres. Si Cupidon décochait ses flèches à tort et à travers alors, nous ne pourrions plus faire la différence. L'incapacité de ressentir nos émotions explique les troubles des interactions sociales qui peuvent en découler. La flèche est un symbole fort, car elle perce. Elle peut tuer si nos émotions nous aveuglent. C'est pourquoi Kant invoque la raison. Mais, *le cœur a ses raisons que la raison ignore*, dit-on. C'est pourquoi cette Lame est associée à l'Art. Car rien n'est aisé et cela devient un art de devoir jongler entre la raison et son cœur afin de prendre des décisions qui apportent la paix et non la guerre en soi…

Récapitulons

Hermétisme, alchimie (l'animation) :

« Le thème central du sixième Arcane est donc celui de la pratique du vœu de Chasteté... On est chaste que lorsqu'on aime de la totalité de son être... Eve entendait donc deux voix, deux aspirations provenant de sources contraires (Dieu et le serpent). Voilà l'origine et le principe du doute. Le doute c'est l'inspiration double. »[29]

29. Anonyme, *Méditations sur les 22 arcanes majeurs du Tarot*, éditeur Aubier.

Carte positive, à l'endroit :

Explications traditionnellement admises :

Charme. Charisme. Plaisant. Doux. Beauté. Harmonie. Médiation. Aime rassembler autour de soi. Séduire. Amour. Tendre. Les sentiments. Les émotions. Un carrefour. Le choix. Attraction. La multiplicité. Libertinage. Propositions multiples. Les contacts sociaux et amicaux. Une rencontre amoureuse. Une ou plusieurs rencontres heureuses. Des négociations ou échanges qui se passent bien. Prendre une décision avec le cœur. La différenciation. Prendre en considération les sentiments d'autrui. Jeunesse (corps, esprit). Spontané. Aime la vie et les arts plastiques.

Psychologie :

Cet Arcane présente plusieurs personnages sexués, tout comme l'Arcane XX, mais qui se différencie par le personnage central d'apparence hermaphrodite. Ici, la différence est bien marquée, quand bien même le personnage central de sexe masculin nous est montré avec certains traits plutôt féminins. Tout comme le personnage féminin de gauche se démarque par une certaine masculinité par rapport à la jeune femme, sur son visage et dans son comportement. Nous sommes confrontés ici au genre, à la différence entre le masculin et le féminin. Un enfant sait qu'il appartient à un genre entre deux ans et trois ans. Cette connaissance est une étape importante dans l'évolution personnelle. Cette construction de l'identité se prolonge bien après cette période. L'individu se construit et maintient dans le temps une représentation cohérente d'elle-même.

La personne dont le « Moi » tempère le « Surmoi » pour maîtriser ses pulsions qui proviennent du « Ça », et qui canalise ses émotions sait gérer ses sentiments avec sérénité et peut ainsi les vivre sans se laisser submerger par une quantité d'énergie trop envahissante. Cette disposition permet de raisonner autant que de prendre des décisions avec son cœur. La personne qui aime la vie et qui sait partager et communiquer aux autres ce beau sentiment aura bien plus de chance d'attirer et de séduire. Il lui appartiendra d'utiliser les apports positifs des cartes précédentes afin de gérer les différentes approches possibles en fonction d'autrui tout en préservant sa personnalité. Car le « Soi » se construit aussi en fonction des interactions avec les autres, il est social. Les autres peuvent donc influencer la conscience de soi.

Avec cette Lame, nous sommes clairement dans les Thérapies Cognitivo-Comportementales où les émotions jouent un rôle central, mais où toutes les composantes interagissent entre elles. Face à un événement, les émotions surgissent, de là intervient la cognition pour comprendre ce qui se passe et aussi adapter notre comportement. Une personne qui réussit à marier avec harmonie l'ensemble est équilibrée sur le plan psychique.

Carte négative, à l'envers :

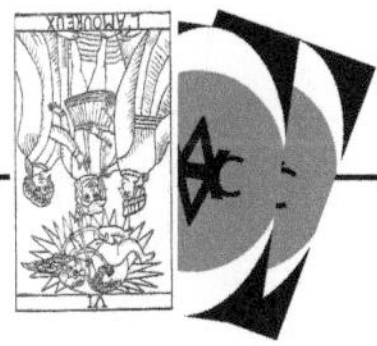

Explications traditionnellement admises :

L'envie. La jalousie. La tromperie. L'adultère. La séparation. La rupture. Une scission. La moitié d'une chose. Le doute. L'inquiétude. Hésiter. Capricieux. Le chagrin d'amour. Se perdre dans le libertinage. Séducteur invétéré. Vie sentimentale chaotique ou inexistante. Rivalité. Encore et toujours des promesses. Des rencontres négatives. Des négociations qui se passent mal. Être pris pour un enfant qui ne sait pas choisir. On fait des choix à votre place. Jouer avec les sentiments et en profiter.

Psychologie :

La personne qui se laisse envahir par ses sentiments, ses émotions peut très bien ne plus arriver à faire la part des choses et peut devenir faible et manipulable, notamment par les pervers narcissiques qui repèrent ce genre de caractère. On peut alors l'aimer par intérêt et non pas pour ce qu'elle est. Le non-contrôle des émotions peut être lié à des lésions dans le cerveau. Ne plus avoir de maîtrise sur les émotions peut entrainer des comportements antisociaux graves (devenir irrévérencieux, insultants…) et une perte des utilités (capacité à prendre des décisions rationnelles en fonction des coûts et des avantages). La personne qui a un cœur d'artichaut doit, si elle ne veut pas qu'on abuse d'elle, contrôler ses sentiments. L'amour peut aboutir à la haine, les deux sentiments sont parfois plus proches qu'on ne l'imagine. Le sentiment de jalousie peut avoir ses racines dans le passé, l'enfant ne veut pas partager le rapport amoureux qu'il entretient avec sa mère ou son père (complexe d'Œdipe). La jalousie peut devenir pathologique comme dans le cas de la névrose ou même de la psychose avec le délire de jalousie. Dans le cas de la psychose passionnelle, le délirant jaloux cherche par tous les moyens les preuves qui viendront conforter son intuition délirante de tromperie de sa compagne. En réalité, le délirant (le jaloux) projette ses propres fantasmes homosexuels sur l'amant supposé du même sexe que le jaloux.

Les personnes qui aiment, mais qui sont dans l'incapacité à exprimer leurs sentiments souffrent d'alexithymie. La vie du couple peut être en péril.

Une personne qui confond amour, confiance et fusion avec l'autre au point de l'emprisonner et de faire des crises de jalousie peut relever d'une forme de paranoïa.

Enfin, le « Soi » peut être influencé par autrui, et l'image que l'on a de soi peut être dégradée par des individus toxiques, des pervers narcissiques…

Personnages

Un peintre. Un sculpteur. Un amoureux. Un charmeur. Un(e) prostitué(e). Un linguiste.

VII – Le Chariot

Le temps de la réussite, par ses mérites se présente à nous grâce à l'affirmation de notre conduite à travers le panel des actions (« L'Empereur »), des sentiments (« L'Amoureux »), des démarches intellectuelles (« L'Impératrice »), avec probité et bonté (« Le Pape »), tout en écoutant aussi son intuition (« La Papesse ») et enfin, grâce à l'exploitation de son potentiel.

Le Tarot de Marseille nous présente en septième position un jeune homme couronné sur un char. Cette Lame présente à elle seule une myriade de détails qui interpellent l'intellect. Ainsi, on peut se poser toutes sortes de questions.

Pourquoi les chevaux sont-ils de couleurs différentes ? Ou s'ils sont de même couleur, pourquoi n'ont-ils pas le même regard ? Pourquoi semblent-ils vouloir aller dans des directions différentes ? Pourquoi les roues sont-elles perpendiculaires au char à l'arrière ? Pourquoi ne voit-on que la partie supérieure du personnage ? Pourquoi porte-t-il une couronne sous un dais ? Pourquoi y a-t-il quatre colonnes tenant le dais ? Pourquoi sont-elles de couleurs différentes ? Pourquoi porte-t-il des visages sur ses épaules ? Pourquoi adopte-t-il cette posture ? Pourquoi ne voit-on pas le haut de sa tête ? Autant d'interrogations que l'on peut se poser pour tenter de déchiffrer cette Lame.

Tâchons de répondre de manière pragmatique à ces questions, même si les réponses ici apportées vont peut-être à l'encontre d'autres explications et risquent de déranger certaines personnes.

Commençons par le char. Celui-ci symbolise le mouvement, la rapidité dans l'action pour aller d'un point à un autre. Avec lui, nous explorons l'espace terrestre, nous voyageons. Les roues symbolisent le déplacement, le dynamisme. Les roues représentent aussi l'Ancien et le Nouveau Testament (voir le Tétramorphe de Vatopédi, une mosaïque byzantine de 1213 du Monastère de Vatopedi) ; Ezekiel 10:9-17 : *« J'ai entendu qu'on appelait ces roues tourbillon ».*

Continuons par le bas de la Lame. Le Tarot de Marseille nous présente deux chevaux ayant des postures que l'on ne trouve pas systématiquement dans d'autres jeux. Ici, il n'y a point d'universalité dans les représentations, exposer des théories sur les couleurs, sur le regard, etc. mène à spécialiser un savoir sur un jeu, celui de tel ou tel auteur. En réalité, que représentent ces chevaux ? Les chevaux ne sont-ils pas représentés de manière à nous faire penser à une extension du personnage, comme des jambes ? Il s'agit ni plus ni moins que du « Surmoi » (l'inquisiteur) et le « Ça » (les affects et non les émotions seules). Évidemment, le « Ça » veut aller librement sur son chemin, le « Surmoi » le regarde sévèrement, car son souhait est d'emprunter une autre route, une route plus moralisatrice. Le « Surmoi » est féroce. Si nous optons pour une approche alchimique, nous pouvons aussi imaginer que les chevaux symbolisent le Mercure et le Soufre. Le Mercure, féminin, plus léger, est plus subtil. Le Soufre est le feu, le côté masculin, le plus autoritaire.

Sur le char se trouve un blason sur lequel des lettres, différentes selon les jeux, sont souvent gravées. On peut y lire, si tant est qu'il soit inscrit quelque chose dessus : S.M ou V.T ou P.M ou R.S... (de quoi en perdre son latin !) Conséquemment, doit-on s'y arrêter plus longuement ? D'autant que sur d'autres jeux, on peut y voir un cercle vide ailé comme forme de blason. Selon certains auteurs ces initiales ne représentent en réalité que le graveur des Lames, V.T pour Veuve Toulon (Fabrique marseillaise), P.M pour Pierre Madenié, R.S pour Rochas Schaer, certains y voient Sa Majesté (ce qui paraît moins probable, sinon pour soulever le problème de l'égo...). En alchimie, on y voit plus volontiers le Soufre et le Mercure, cela rejoint aussi l'explication concernant le symbolisme issu des chevaux. Si nous poussons encore plus loin nous pouvons y voir les deux premières lettres de « Visita Terrae » dans V.I.T.R.I.O.L ou encore *« Vehiculum* (chariot) *Terrenum* (terrain) *»*, le véhicule qui permet à l'être (l'âme) de parcourir le monde (le matériel), il est vrai que nous sommes avec la Lame VII « Le Chariot » à mi-parcours avec l'Arcane XIIII « Tempérance » (l'Ange), soit le premier parcours de l'être physique.

L'explication la plus probable et la plus logique serait de choisir celle des initiales du graveur (comme sur les pièces de monnaie par exemple), et/ou l'explication alchimique. Dans ce second cas, le personnage serait alors le Sel. De plus, cela corrobore aussi sur le fait que le personnage soutient de ses épaules deux masques, l'un représentant la féminité, autrement dit le Mercure, et l'autre le Soufre, autrement dit le pôle masculin. Selon Freud l'Homme aurait une « disposition bisexuelle originelle qui se modifie au cours de l'évolution jusqu'à devenir monosexualité [...] ». Notre personnage porte sur ses épaules la complexité de l'être dans sa faculté de n'être point tout à fait l'un ou l'autre, mais symbolise une « bisexualité universelle », concept à relier aussi avec le complexe d'Œdipe. Il incarne l'Homme avec un grand H.

Cette Lame représente un jeune homme aux cheveux dorés et longs qui volent dans le vent, on ne peut pas dire qu'il représente une masculinité exacerbée. Le côté féminin et délicat est marqué volontairement, en particulier à sa façon de tenir aussi son sceptre du bout des doigts, à la manière de « L'Impératrice » et très éloignée de celle de « L'Empereur » qui serre son sceptre d'une main puissante.

Nous arrivons au personnage lui-même et le haut de la Lame.

Certains éléments concernant le personnage ont été abordés plus haut et notamment les visages sur ses épaules et sa façon de tenir son sceptre. Arrêtons-nous un instant sur le sceptre pour y apporter un commentaire quant à sa forme. Les formes sphériques et rondes rappellent là encore le côté universel (« Moi », « Surmoi » et « Ça ») et l'aspect féminin par les courbures. Le sceptre est formé d'un bâton droit et de sphères qui semblent unir les caractéristiques du masculin et du féminin, la différence entre le divin et les hommes. La courbure est à Dieu ce que la droiture est à l'homme. De même, son autre main posée sur la hanche ne démontre pas une manière virile de se tenir. Le personnage est victorieux non par la violence, mais bien par le tact, les manières de faire et la diplomatie.

Bien des ouvrages expliquent le pourquoi du comment des quatre colonnes du char avec des explications très honorables et sans doute même véridiques (les quatre éléments, la stabilité...). Faisons simple. Qui peut être capable de faire tenir un chapiteau avec seulement deux piliers ? Même avec trois ? Sans se poser plus de questions, chacun plantera spontanément quatre poteaux pour y fixer un drap et ainsi monter un chapiteau. L'essentiel réside dans la fonction même du dais.

En effet, si le personnage est couronné ce n'est, ni plus ni moins, parce qu'il symbolise le « Moi » victorieux qui maîtrise le « Surmoi » et le « Ça ». Le personnage reste humble, car il n'a pas l'autorité conférée par le Divin comme pour « L'Impératrice » et son époux. Son autorité ne vaut que pour lui en tant qu'Homme. Le dais a donc pour fonction de ne pas commettre l'outrage qui rendrait universelle sa propre victoire sur ses pulsions et d'imposer aux autres une direction à suivre. Chacun doit réguler ce qu'il ressent afin de diriger sa vie au mieux. Le dais prouve une autorité limitée, le personnage ne peut se vanter d'une quelconque légitimité divine. Il est le seul maître de son destin. C'est à lui qu'il appartient de faire le bien ou le mal. Ce n'est pas un commandement de Dieu. La couronne symbolise le fait que celui qui maîtrise ses pulsions est victorieux, et cette victoire ne vaut que pour lui. Chacun peut porter cette couronne contrairement à celle de « L'Empereur ». C'est la réussite par ses propres mérites ! Cela est tellement flagrant, que le personnage est représenté sans le haut de son crâne (l'égo est retiré), lieu où arrive la lumière céleste comme pour « La Papesse » ou même « L'Impératrice ». Ici, on touche bien à la capacité de se prendre en main, de mener son chemin afin de suivre une voie qui mène au succès personnel sans se laisser envahir par les affects ou la mégalomanie provenant d'un égo surdimensionné (rendu impossible par le fait que le haut du crâne n'est pas représenté). C'est le couronnement du « Moi » que chacun peut porter.

Autrement dit, le personnage ne fait pas la confusion de croire que parce qu'il pense avoir surmonté certaines de ses pulsions (le « Ça ») au regard de certaines lois (le « Surmoi ») qui lui sont propres il doit en faire une religion et parler au nom de Dieu pour imposer une ligne de conduite dogmatique universelle.

Cela est tellement flagrant que notre personnage porte une armure, contrairement à « L'Empereur » qui, lui, porte la couronne symbolisant l'autorité conférée par le Divin, ce qui d'ailleurs l'oblige à renoncer à tous actes égocentriques et abus de pouvoir (contrairement à tous les dirigeants en règle générale). « L'Empereur » n'a point besoin de se protéger (son autorité est divine et inattaquable), le personnage « Le Chariot », lui, doit se protéger, car son action ne touche que son être. Son « Moi » a besoin d'une carapace pour résister aux assauts du « Surmoi » et du « Ça » et de tout ce qui vient de l'extérieur. La couronne sur la tête symbolise la noblesse des pensées.

« Le Chariot » représente donc un individu fiable sur lequel on peut compter. Inutile de vouloir l'enfermer et de le prendre en main dans ses décisions, car, tôt ou tard, sa nature reviendra au galop. De même, il aura tendance à vouloir rendre son entourage indépendant afin de pouvoir l'être également. Il aime aller lui-même sur la route de la vie, la route professionnelle, etc., sans attendre les autres pour avancer.

Enfin, les proportions du personnage nous laissent perplexes. Aussi, certains avancent qu'il souffre de nanisme, à moins qu'il soit à genoux ou que les chevaux soient l'expression d'une extension de lui-même, ce qui rétablirait alors une harmonie sur le plan purement morphologique, mais aussi psychique, et dans ce cas, ne dit-on pas que lorsqu'on n'a pas de tête, on a des jambes ?

Récapitulons

Hermétisme, alchimie (la sublimation) :

« Or le "triomphateur" de l'Arcane VII porte une cuirasse, se tient sous un dais et est couronné. C'est qu'il ne se perd pas dans la nature, qu'il ne perd pas Dieu dans l'expérience de son Moi supérieur et qu'il ne perd pas le monde dans l'expérience de l'amour de Dieu. Il tient en échec les dangers de la rage, de la mégalomanie et de l'exaltation. Il est sain. »[30]

30. Anonyme, *Méditations sur les 22 arcanes majeurs du Tarot*, Éditions Aubier.

Carte positive, à l'endroit :

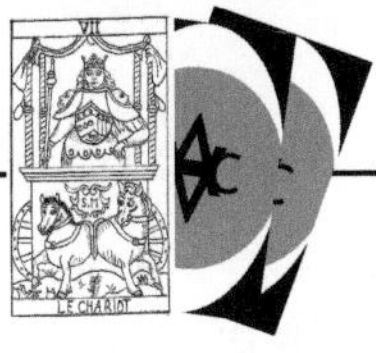

Explications traditionnellement admises :

Victorieux. Talentueux. Réussite par ses mérites. Réussir ses projets. S'affirmer. Sang-froid. Triompher avec honneur. Valeureux. Le progrès. Évolution. Maîtrise. Contrôle. Autonomie. Indépendant. Suivre son chemin. Savoir se prendre en main. Diplomate. Conciliateur. Progressiste. Tact et doigté. Habile. Le mouvement. Le déplacement. Voyager. Aller dans le bon sens.

Psychologie :

Max Ringelmann, ingénieur agronome français, s'est aperçu que les étudiants en agronomie tiraient un char avec de meilleures performances que lorsqu'ils étaient en groupe. Ce phénomène est appelé « paresse sociale » en psychologie sociale. Un individu qui réussit seul peut montrer bien plus de détermination que s'il est en groupe. Il doit sa réussite grâce à ses efforts et non en utilisant celles des autres, il prouve ses mérites sans pour autant en faire étalage aux autres, c'est en général un individu qui aime diriger sa vie et prendre les décisions qui s'imposent.

Comme nous l'avons vu, « Le Chariot » symbolise parfaitement le « Moi » victorieux face aux autres instances que sont le « Surmoi » et le « Ça ». L'estime de « Soi » est bonne et donc l'image de « Soi » l'est aussi et permet d'aller de l'avant avec quiétude. L'individu peut affronter la réalité avec un psychisme équilibré qui, par conséquent, lui fera prendre le chemin de la réussite personnelle tout en écoutant et maîtrisant ses pulsions et ses interdits.

Carte négative, à l'envers :

Explications traditionnellement admises :

Usurpateur. Fiévreux. Suractivité. Tyran. Despote. Dominer. Guerrier. Suractivité. Manque de contrôle. Retard. Errer. Échec. Ne pas avoir les moyens de ses ambitions. Opportuniste intéressé. Présomptueux. Orgueilleux. Ostentatoire. Superfétatoire. Des obstacles surviennent. Des difficultés. Ne pas savoir où aller. Être dans l'impasse. S'enliser. Mauvaise coordination.

Psychologie :

Attention aux accès maniaques de la psychose maniaco-dépressive caractérisée, entre autres, par une hyperactivité (dont une excitation motrice plus ou moins importante avec une hyperactivité souvent improductive) et l'insomnie suite à des difficultés professionnelles, des conflits affectifs ou un deuil.

Attention aussi à ne pas tomber sous le joug d'une personne qui dirige la vie d'autrui par une autorité castratrice. Les personnes qui assènent leurs opinions par des paroles telles que : « il faut écouter celui qui sait ! Moi je sais, j'ai donc le pouvoir sur toi, tu dois faire ce que je te dis… » sont des personnes qui veulent contrôler la vie des autres pour éviter qu'ils puissent réussir et s'épanouir. Beaucoup de petits chefs dans une société qui favorisent cela sont les premiers concernés. Ils poussent très souvent d'autres personnes à la dépression par une dépréciation non justifiée d'elles-mêmes. On parle aussi dans ce cas de pervers narcissiques. On rencontre ces individus dans la vie intime et sociale. Ils feront tout pour contrôler l'autre comme s'il était leur objet. La seule chose à faire selon Racamier est de fuir ces personnes pour tenter d'en sortir indemne. Le propre de ces individus est la destruction de l'estime de « Soi » d'autrui. À leurs yeux, l'autre ne peut plus être acteur de sa vie, il sera sous le joug d'un tyran qui ne sera jamais satisfait.

Personnages

Un pilote de courses. Un conducteur. Un navigateur. Un indépendant. Un artisan. Un chef d'entreprise. Un garagiste. Un diplomate. Un voyageur. Un despote.

VIII – La Justice

A noter

Sur certains jeux hermétiques, cette Lame porte le numéro XI. En effet, certains considèrent que la position des deux Arcanes serait plus logique dans cet ordre, « La Force » en VIII et « La Justice » en XI. Puisque l'âme est autorisée à passer dans une autre dimension spirituelle par le Sphinx, il est approprié de la peser afin de déterminer ce qu'elle contient de trop lourd, d'épais pour l'équilibrer avec la plume (le subtil). Ainsi, comme dans le mythe égyptien, on pourrait couper tout ce qui est vil afin de le jeter aux crocodiles ce qui permettrait à l'âme de pouvoir s'élever et réussir les étapes suivantes.

L'Arcane « La Justice » porte le nombre 8 sur les jeux de Tarot de Marseille et bien d'autres. Ce chiffre représente, entre autres, la perfection, l'infini, l'éternité immuable. En Chine, ce chiffre exprime la totalité de l'univers.

Cette brève explication de ce que représente le nombre huit suffit à elle seule de preuve. L'Arcane « La Justice » symbolise la perfection vers laquelle l'Homme ne peut que tendre, mais en aucun cas prétendre. Cette Lame ne caractérise pas notre faculté de juger, car l'être humain ne peut être aussi juste qu'il est nécessaire de l'être pour juger son semblable (Matthieu 7 : 1 *« Ne jugez point, afin que vous ne soyez point jugés »*). Seul l'éternel peut l'être. L'Homme répond aux normes (lois, règles) qu'il a érigées afin de constituer des sociétés. Ainsi, ce qui est juste pour un peuple peut ne pas l'être pour un autre. C'est pour cela que chacun se réclame de Dieu (*« gott mit uns »*), afin de faire prévaloir sa justice et massacrer l'autre impunément (*« Aussi la loi n'a point de vie, la justice n'a point de force ; Car le méchant triomphe du juste, et l'on rend des jugements iniques »* (Habacuc 1 : 4)). La justice des Hommes n'a de valeur que par des lois pensées et votées par quelques individus dans un hémicycle (que dire de la loi interdisant en France « le travestissement des femmes » de 1800, autrement dit de porter le pantalon ?). Il y a confusion entre la loi, c'est-à-dire le droit des Hommes selon leur volonté, et ce qui est juste : *« Une chose n'est pas juste parce qu'elle est loi [...], mais elle doit être loi parce qu'elle est juste »* (Montesquieu (1689-1755), *Cahiers* (posthume)). Voilà qui change tout. C'est pourquoi certains jeux représentent « La Justice » avec un bandeau afin qu'elle ne puisse être influencée par le rang social des individus jugés. La justice se doit d'être impartiale. L'homme, imparfait par nature, ne peut rendre qu'une justice perfectible (*« Pourquoi vois-tu la paille qui est dans l'œil de ton frère, et n'aperçois-tu pas la poutre qui est dans ton œil ?* » (Matthieu 7:1-5)). La Justice parfaite ne peut être l'œuvre que d'un « juste », un Archange.

Cette Lame symbolise la justice parfaite, comme celle du divin par l'Archange Michel. Il est celui qui pèse les âmes le jour du Jugement, son épée tranche pour le paradis ou l'enfer. Seul un archange a toute légitimité pour cela. C'est pourquoi l'Arcane « La Justice » porte une couronne. Dans certains jeux, elle est même représentée avec des ailes, dans d'autres, le dossier du siège sur lequel elle est assise ressemble étrangement à la forme du voile derrière l'Arcane « La Papesse ». Dans tous les cas, nous avons ici l'expression d'un acte sacré. Dans l'Égypte antique, le jugement des morts se déroule ainsi. Les défunts sont introduits par Anubis au tribunal que préside le dieu Osiris. On pèse alors les bonnes et les mauvaises actions terrestres à l'aide de la balance. Sur l'un des plateaux, on place le cœur du mort et sur l'autre plateau est mise la plume de Maât, la déesse de la justice. Alors, le monstre Ammout (déesse représentée avec un corps d'hippopotame, une tête de crocodile et des pattes avant de bouc) dévore les âmes des humains jugés indignes de continuer à vivre dans l'au-delà. Les âmes pures sont reçues par Osiris au paradis.

La balance pour les alchimistes permet de réaliser la sublimation avec d'un côté le vase de nature, et de l'autre le vase de l'Art afin d'élaborer le principe du Mercure philosophique. Ici, on sépare le pur de l'impur, le subtil de l'épais, le vrai du faux, la vérité des illusions. La quintessence montante est la plume de Maât, celle descendante est le cœur de l'individu et l'un dépend de l'autre. D'un côté est le feu et de l'autre l'eau. L'eau nous représente. Le feu constitue le soufre qui est en nous et qui sait où va notre cœur. Ainsi, si les forces qui précipitent (le cœur de l'Homme, l'eau) et qui s'élèvent (le feu, la plume) sont équilibrées alors on obtient un équilibre parfait et idéal en toute chose. Être sur terre est notre chute (les forces d'attraction), il est facile de tomber (des actions de bassesse, de violence, etc.), mais il est difficile de s'élever (des actions pures, spirituelles, empathiques, altruistes, etc.). Réussir à rendre son cœur aussi léger que la plume symbolise l'être libéré, équilibré en toute chose, qui a su faire de son état condensé une vie de lumière. La balance est l'instrument qui dissout la matière pour en extraire la lumière. L'épée tranche tout ce qui est vil. Ce qui reste peut s'élever. Autant dire que ceux qui sont attachés à la matière et dont les actes n'élèvent en rien leur âme par la lumière de leur action finiront dans le ventre de la bête sans pouvoir s'élever dans les cieux.

L'étrange coiffe du personnage qui semble « sans vie » et figé dans le marbre représente le mortier des alchimistes dans lequel on prépare les potions. Ce qu'il contient n'est autre que le cerveau, siège des pensées, là où réside l'esprit, l'âme. Jung dit à ce sujet : *« C'est pourquoi le vase alchimique doit être rond comme la tête, de façon que ce qui sort du vase soit aussi rond, c'est-à-dire simple et parfait comme l'anima mundi (âme du monde)* »[31]. La couronne d'or symbolise la lumière vive (l'OR : Eau et Air) qui en est issue après que le pilon (l'épée qui symbolise l'air) fasse son office et sépare le subtil de l'épais. Le signe solaire sur la coiffe est le soufre (le feu sacré) qui permet par son action la décomposition du péché, c'est le feu libérateur qui purifie. Le pied posé au sol, que l'on voit poindre de sa robe de couleurs égales rouge et bleu, symbolise la terre. Celui qui maîtrise tous les éléments en lui atteint l'équilibre parfait et conséquemment celui dont l'énergie est libérée de toutes imperfections émotives et cognitives voit son esprit être sublimé (l'or de la couronne = la lumière divine en soi). Alors, celui-là peut porter le collier torsadé, c'est-à-dire l'impulsion circulaire qui évoque la trace élémentaire de la nature même du principe du Mercure philosophal, d'où le terme « kyklêsis » en grec qui vaut 888.

« La Justice » est assise, car elle sait (comme « La Papesse »). Elle a le regard bien droit. Elle transperce et voit à l'intérieur de celui qui se présente devant son « propre miroir ». Certains jeux insèrent le sphinx auprès du personnage, afin de bien souligner que seul le divin lit dans les âmes et seulement lui. Le personnage de la Lame pèse, tranche avec froideur, avec alexithymie. Elle n'est pas humaine. Elle est d'essence divine et pure. Elle n'agit pas avec des sentiments, mais avec la raison pure. Elle se doit d'être aussi droite que l'angle que forme sa balance, comme une équerre. Là est la seule droiture : le Droit sublimé, et non le droit c'est-à-dire l'ensemble des lois des Hommes. Celui qui sait peser le pour et le contre avec toutes les qualités requises sait prendre les bonnes décisions.

L'Arcane inversé renverse la balance et l'épée pointe vers le sol. L'anarchie règne, car la balance ne fait plus son office et l'épée tranche n'importe comment de manière injuste et intransigeante.

Y a-t-il un message caché dans cet Arcane ?

Cet Arcane ne peut que nous suggérer, sur le plan psychologique, de nous reporter à Canguilhem, « au normal et au pathologique ». Le normal est défini par les normes d'un groupe d'individus, d'une société. Ainsi, tout être qui s'écarte

31. C. G. JUNG, *Psychologie et Alchimie*, Éditions Buchet-Chastel.

de ces normes est dit bizarre, anormal, malade. La société élabore des moules, l'éducation en est un. Pour obtenir un examen, il faut entrer dans le moule, respecter le référentiel. Celui qui s'en écarte même à bon escient prend le risque de se faire sanctionner. Ainsi, être anormal c'est être étrange, dangereux, malade. L'équilibre de la balance de l'Arcane la « Justice » représente la normalité, la moyenne. Plus on s'éloigne de cette moyenne, plus on est anormal. De fait pour certains, un individu peu intelligent est un simplet qui peut être atteint d'une pathologie, mais un surdoué, qui n'entre donc pas dans la moyenne, est parfois tout aussi stigmatisé par les autres. Ne disait-on pas d'Einstein qu'il était nul à l'école ? C'est pourquoi il ne faut jamais assimiler cette Lame comme étant la justice universelle de l'Homme. Car ce qui est juste ou normal pour une société peut très bien ne pas l'être pour une autre. Et pourtant, la définition intrinsèque de l'humain est universelle. Il est nécessaire de parler de normativité. Cette dernière est individuelle, propre à chacun, dépendante de chaque expérience. La normalité est singulière et non universelle. On peut donc affirmer que cette Lame est purement un message alchimique qui s'adresse à chaque individu en tant qu'être humain afin de trouver en lui la pierre philosophale, quelles que soient les époques, les sociétés.

Récapitulons

Hermétique, alchimie (la décomposition) :

Tout n'est qu'équilibre dans l'univers, le microcosme est comme le macrocosme, les forces contraires ne luttent point, mais agissent pour l'harmonie. Celui dont l'équilibre est contrarié tombe. Celui qui annule les forces contraires et transcende l'opposition en une convergence symbiotique devient le soleil de ses nuits. Nul autre que soi ne peut y arriver que par la force de sa propre justice en son propre sein.

Carte positive, à l'endroit :

Explications traditionnellement admises :

Ordonné. Organisé. Légal. Législateur. L'honneur. Droit. Civil. Discipliné. Honnête. Probité. Respectueux des lois. Intègre. L'administration. Conservateur. Juste. Équitable. Impartial. Équilibré. Logique. Modéré. Savoir peser le pour et le contre. Savoir être précis. Clarté de jugement. Lucide. Décider et agir avec justesse. Une décision administrative ou juridique favorable. Autoriser. Trancher le subtil de l'épais. Bilan positif. Pragmatique. Un acte juridique, civil (un contrat de mariage, un bail, une location...)

Psychologie :

Savoir prendre les décisions en étant capable de préserver en soi l'homéostasie et savoir trancher afin d'éliminer ce qui nuit à son équilibre tout en respectant autrui, tout en étant capable de chercher entre les lois, les normes, les dogmes la juste valeur des choses. C'est ce qui fait que l'Homme est homme et non un animal. C'est la capacité de chacun à nourrir un « Moi » capable de dominer le « Ça » et le « Surmoi » afin de prendre des décisions équilibrées. Par exemple : l'achat d'une voiture neuve est-il justifié? « La Justice » invite à utiliser le « Moi » comme balance et à mettre d'un côté le « Ça » qui s'enflamme et d'un autre côté le « Surmoi » qui plombe l'ambiance. Alors la personne sera en mesure de prendre la décision qui s'impose en unissant les pulsions à la raison moralisatrice. Dans notre exemple, une voiture neuve satisfait l'égo certes, mais est aussi un gage de sécurité sur le long terme par la garantie du constructeur et des matériaux plus innovants et fiables, il faut aussi que le budget familial n'en pâtisse pas dans la mesure où la dépense est parfaitement contrôlée et justifiée. Sinon, une voiture d'occasion pourra faire l'affaire et satisfaire autant que faire se peut le « Ça » et le « Surmoi ».

Comme nous l'avons vu, le danger est de sombrer dans l'état agentique qui fait que l'Homme peut embrasser ses enfants le soir chez lui et créer la journée les plus atroces crimes au nom de lois érigées par un pouvoir qui abandonne l'État de droit. Cet Arcane nous invite à sonder les principes moraux à l'origine des lois et des règles sociales. Avec cette Lame, chacun de nous se doit de prendre conscience du caractère relatif des lois, des normes. C'est théoriquement le rôle des juges dans les tribunaux. Mais c'est aussi du ressort de chacun que de ne pas juger autrui d'une manière partiale et avec préjugés. Au-delà des règles, il y a les principes éthiques vis-à-vis d'autrui et des valeurs universelles telles que le droit de respirer, d'être libre...

Carte négative, à l'envers :

Explications traditionnellement admises :

Révolution. Anarchie. Querelles. Disputes. Procédurier pour un rien. Illégal. Antisocial. Désordonné. Excès. Perturbations. Démesuré. Illogique. Déséquilibre. Brouillon. Instable. Partial. Injuste. Iniquité. Arbitraire. Froideur. Sévérité. Intransigeant. Sans pitié. Une décision administrative ou juridique défavorable. Vivre une profonde injustice. Sophisme. Dur. Froid. Insensible. Rigoriste. Technocrate. Bureaucrate. Interdire. Malhonnête. Prison. S'endetter.

Psychologie :

Le « Surmoi » envahit l'organisme et censure tout. Il castre. La peur de la castration fait entrer l'individu dans la soumission et les extrêmes ce qui provoque le refoulement au lieu d'établir l'homéostasie. La personne est déséquilibrée et peut entrer dans le pathologique, elle peut se montrer psychotique (manque d'empathie) et agir de manière injuste, l'autre est un objet à détruire et non à traiter comme son égal. Elle tranche dans la souffrance selon sa loi, ses normes, son état. Une personne qui agit de manière compulsive n'a plus la capacité mentale de trancher et de décider sans angoisse, car elle éprouve une détresse et se trouve sous l'emprise d'une obsession.

Une personne devient antisociale lorsqu'elle souffre d'une pathologie comme celle qui l'empêche de peser le pour et le contre, toutes les décisions se valent, qu'elles soient bonnes ou non.

Enfin, un individu peut tomber dans la soumission et adopter un état agentique. La responsabilité est portée sur ceux qui possèdent une autorité. L'individu peut alors agir de manière injuste, avec froideur, sans pitié en toute impunité morale.

Personnages

Un administrateur. Un gérant. Un juge. Un avocat. Un policier ou gendarme. Un détective. Un fonctionnaire. Le gouvernement. Un comptable.

VIIII – L'Hermite

Le 9 est le symbole de l'idéal. Il y a beaucoup à dire sur le nombre 9. Pour résumer, nous pourrions dire que tout nous ramène à lui avant que ne tourne la roue (Arcane X). Voici la démonstration :

9 /2 = 4,5	2,25 /3 = 1,125
4 + 5 = 9	1 + 1 + 2 + 5 =9
4,5 /2 = 2,25	9 = 4 + 5 ; 9 /2 = 4,5
2 + 2 + 5 = 9	

Ce calcul nous invite à regarder de près les Arcanes IV, V et VIIII du jeu de Tarot de Marseille. Nous voyons trois hommes qui portent une barbe et qui se ressemblent assez. Tous les trois tiennent un bâton, que ce soit un sceptre, une crosse ou une canne. L'Homme ne devient un ermite avec un « H » qu'après avoir matérialisé et entrepris la démarche spirituelle qui lui permet de méditer sur l'épais et le subtil, sur les forces de précipitations (l'incarnation) et les forces d'élévations (l'âme). « L'Hermite » est un pèlerin, tout comme « Le Fol », cet agent mystérieux, qui, après avoir évolué à travers les différentes épreuves et les différents stades de la vie que sont les autres Arcanes, va devenir l'être le plus évolué de l'évolution sur terre, c'est-à-dire « L'Hermite ». C'est là toute l'initiation nécessaire pour apprendre à se découvrir soi-même, à devenir des porteurs de lumière. En effet, Hermès (dieu des voyageurs et non pas ses autres facettes) est Saint-Christophe chez les chrétiens, le patron des voyageurs. Christophe pour Christophoros, le porteur du Christ, autrement dit, le porteur de lumière (Le Christ : « je suis la lumière »), tout comme « L'Hermite » porte la lumière.

L'ermite est un solitaire par définition. Il vit à l'écart avec peu de chose, car sa nourriture est avant tout spirituelle, sa richesse est avant tout intérieure. Pour méditer, faire le vide et rechercher l'illumination, il est parfois nécessaire de s'isoler, tout comme peuvent le faire les poètes, les écrivains. On trouve, un peu partout en France, des ermitages. Aujourd'hui, ce qu'on voit comme de simples ruines a longtemps été, jadis – il y a mille ans, deux mille ans – la résidence d'hommes qui ont décidé une vie d'ascèse. De simples pierres qui forment de vagues murs où parfois subsistent encore, la voûte d'une cave, le reste d'une pièce qui a servi pour le repos du corps la nuit. Ce sont des lieux magiques, mais qui pourtant génèrent encore une énergie vivifiante pour celui qui sait la capter. Pour les trouver, il faut aller au contact de la nature avec cette bienveillance du cœur et cet émerveillement permanent et infantile de l'intellect. Il faut avoir envie de voir l'invisible, de faire revivre en pensée le passé, de sentir les vibrations, de se laisser transporter afin d'y trouver une illumination, une transcendance. Le lieu est prédisposé à la méditation et la sublimation, en forêt, dans la campagne, entre deux villages, et proche d'une rivière et d'une source comme à Sainte Vertu ou alors en haut de la montagne surplombant le lac du Salagou. C'est un paysage divin où tendre son âme au bout de ses doigts permet de toucher le ciel et d'admirer la beauté du monde. L'ermite devient « L'Hermite », soit pour certains, Hermès, le dieu messager, celui qui est pourvu d'ailes aux chevilles, celui qui peut aller d'un monde à un autre. Mais pour d'autres, le « H » viendrait de « Hermès Trismégiste ». Nous ne prendrons pas position et cela importe peu finalement. Dans le jeu du Tarot de Marseille, il est celui qui explore le monde intérieur, le microcosme de l'individu, tout en ayant la pleine conscience de l'extérieur et du macrocosme.

« L'Hermite » embrasse la paix intérieure. Aussi il ne peut être qu'un ermite. Il ne peut prendre part aux responsabilités, aux festins, aux orgies, aux délires nationaux et nationalistes (source de conflits et de haine) ou même à l'hérésie de la mondialisation de l'économie qui génère plus de pauvres et de misère que de fortunés, il ne peut se plonger dans la collectivité afin de prendre des mesures à l'encontre des uns pour les avantages des autres. Il fuit le conflit et a déjà bien à faire avec son propre conflit psychique. Il avance seul, car nul ne peut mener à sa place cette quête de la vérité intérieure. Il va et colporte la paix, entre les opinions des uns et des autres, les croyances, les dogmes, les cultures et les politiques. Il est solitaire sur son chemin, mais s'il rencontre un autre « H », c'est-à-dire un Hermès, un « Hermite », un hermétiste (car le concept d'hermétisme dès l'Antiquité vient de Hermès, un concept difficile à comprendre comme l'oracle de Tries), mais aussi un humain en quête d'humanité (empathie, altruisme, etc.), alors il communiquera une part de sa sagesse avec plaisir.

La Lame « L'Hermite » tout en faisant référence à Hermès ou à Saint-Christophe, symbolise un vieil homme, un sage (dans ce cas plus à Trismégiste qu'au dieu Hermès) qui sait le chemin à emprunter (dieu Hermès) de manière à ce que l'on puisse mieux s'identifier à l'un ou l'autre des personnages, afin que l'archétype nous interroge de manière plus concrète que la simple représentation mentale et symbolique d'un dieu (Hermès, le dieu des chemins, qui éclaire le chemin à prendre, ou au contraire qui égare). Chacun peut porter un manteau à capuche, s'armer d'un bâton pour avancer et éclairer son chemin dans l'obscurité afin de commencer le long chemin de la transcendance de l'âme, faire preuve de profondeur, de philosophie et de psychologie.

Que représente la symbolique du bâton ?

Le bâton symbolise la réponse à l'énigme du Sphinx dont Œdipe se devait de trouver la réponse s'il ne voulait pas être dévoré comme tous les autres voyageurs : *« Quel être pourvu d'une seule voix a d'abord quatre jambes le matin, puis deux jambes le midi, et trois jambes le soir ? »* (Énigme du Sphinx). À la fin de sa vie, l'Homme s'aide d'une canne pour marcher, ses jambes n'étant plus aussi fortes qu'auparavant. Le bâton le soutient et l'aide à avancer avec prudence sur le chemin. Le mouvement est lent, presque imperceptible, mais il avance. Certains vont même jusqu'à dire qu'il marche à reculons, mais dans ce cas, pourquoi éclairer devant soi ?

Le bâton symbolise aussi l'expérience acquise durant la longue vie du personnage qui peut, par conséquent, s'appuyer dessus, afin de ne plus tomber dans les pièges de la vie, comme auparavant. Cependant, certains y voient aussi l'intuition qui le guide dans l'obscurité des desseins de la vie.

Ce bâton rappelle aussi celui d'Hermès qui sépara deux serpents en lutte et qui s'enroulèrent autour de lui. Pour les Alchimistes, ils symbolisent le mercure et le soufre philosophal autour du Sel, à des fins de médecine universelle. Hermès, dieu messager, y mit des ailes tout comme pour ses chevilles, et le bâton devint le caducée.

La lanterne, que « L'Hermite » tient devant ses yeux, diffuse la lumière, symbole de l'intelligence. Son manteau la recouvre presque ce qui signifie pour certains qu'il n'utilise pas cette lumière pour avancer dans les ténèbres, mais bien pour y voir clair en lui. D'ailleurs, le fond de la Lame est blanc pour symboliser la conscience. « L'Hermite » regarde la lumière, reflet de son intelligence afin d'éclairer ce qui se passe en lui, afin de prendre les décisions en toute conscience. Il éclaire son intuition. « L'Hermite » prend le temps de décider avec sagesse, avec recul, avec analyse, avec réflexion, de manière à avancer avec assurance. Il ne cherche point à éblouir autrui. C'est par la solitude, l'ascèse, la méditation que l'illumination, la sublimation, la révélation se révéleront au plus profond de l'être (devenir dieu dans son microcosme).

L'Arcane inversé évoque l'extrême par un repli sur soi, un mutisme, un dogmatisme ou bien au contraire, un individu qui fonce tête baissée sans aucune réflexion et qui va inévitablement, tôt ou tard, rencontrer un mur.

Y a-t-il un message caché dans cet Arcane ?

Le Tarot de Marseille nous montre une capuche qui repose dans le dos de l'ermite, mais sur d'autres jeux, elle lui couvre la tête. Alors, il est vain d'imaginer un sens si c'est pour le contredire ailleurs. En réalité, elle est à l'image de cet Homme qui sait avancer tête nue s'il ne pleut pas et tête couverte s'il pleut. Autrement dit, elle symbolise toute la sagesse de celui qui sait se protéger lorsque cela est nécessaire et se montrer lorsqu'il est opportun de le faire, contrairement à celui qui fonce tête nue, toujours, sans se soucier du danger, car il se croit bien supérieur à tout et à tous. Elle symbolise aussi le fait de savoir garder le silence et de ne parler que lorsqu'il est de bon augure de le faire (si la parole est d'argent, le silence est d'or). Pascal disait : *« Tout le malheur des hommes vient d'une seule chose, qui est de ne savoir pas demeurer en repos dans une chambre »* (Blaise Pascal, *Pensées*, 1670). Ainsi, lorsque cela est nécessaire, la capuche protège l'ermite, ce sage, des dangers du divertissement, des activités futiles (la recherche des plaisirs éphémères, de la gloire, des biens matériels), afin d'accéder à la pleine conscience, ici et maintenant, et à l'instant éternel (le passé et le futur n'existent pas, seul le présent existe, le temps est une invention de l'homme) afin d'être en paix avec sa conscience.

Récapitulons

Hermétique, alchimie (la putréfaction) :

« L'Hermite » est à la recherche du noir absolu et parfait, car c'est de là et de là seulement que jaillit la lumière divine, c'est la transcendance issue de la synthèse des antinomies.

PAPUS : *« Souviens-toi, fils de la Terre, que la Prudence est l'armure du Sage »*[32]

FALCONNIER : *« … ne montre pas la lumière aux aveugles ils ne la verraient pas »*[33]

32. PAPUS, *Le Tarot Divinatoire*, Éditions DANGLES.

33. R. FALCONNIE, *Les XXII Lames Hermétiques du Tarot Divinatoire*, Collection Belisane.

Carte positive, à l'endroit :

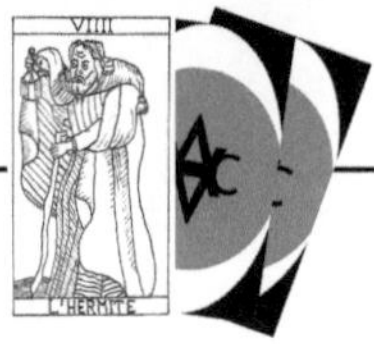

Explications traditionnellement admises :

Profond. Philosophe. Psychologue. Sage. Intelligence. Prudence. Avance doucement, mais sûrement. Prendre le temps. Persévérer. Méticuleux. Précis. Éclaire ses intuitions. Réflexion. Solitude. Le célibat. Sobriété. Méditation. La patience. Sobre. Économie. La vieillesse. La retraite. Avoir une bonne estime de soi avec un « Moi » stable, solide, sain et mesuré. Solitude. Prendre de la distance. Se retirer du monde. Intérioriser. Recherche intérieure en profondeur. Étudier. Faire silence. Ne pas tendre le bâton pour se faire battre.

Psychologie :

Le « Moi » absorbe ce qui vient de l'extérieur avec l'intensité de sa lanterne. Le « Moi » prend le temps de séparer ce qui se présente à lui grâce à son bâton afin de s'assurer qu'il ne laisse passer que ce qui est bon pour lui (le manteau de « L'Hermite » est ouvert). Sous son épais manteau, il éclaire de son intelligence les forces intérieures sur lesquelles il a l'emprise (le « Ça » et le « Surmoi »). Ainsi, ne peut s'échapper de son épais manteau que ce qui est moralement admissible pour lui. Ici, sa capuche rejetée en arrière prouve qu'il a l'esprit ouvert au monde qui l'entoure, mais qu'il sait aussi se protéger de ce qui ne lui convient pas psychologiquement parlant. Son mental contrôle le somatique, c'est ce qui fait qu'il vit vieux. Autrement dit, « L'Hermite » symbolise l'individu qui sait concilier ce qui vient de l'extérieur avec ce qu'il est, source d'une homéostasie psychique qui lui permet d'avancer avec sérénité.

Carte négative, à l’envers :

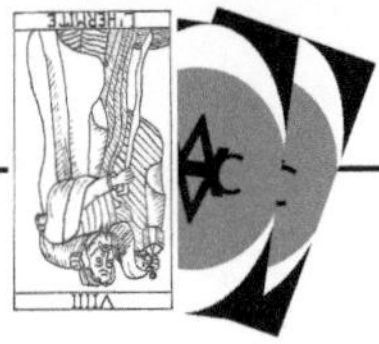

Explications traditionnellement admises :

Timide. Repli. Asocial. Secret. Craintif. Peureux. Peur du sexe opposé. Effarouché. Lent. Une lenteur excessive paralysante. Tout est figé, sclérosé. Retard. Manque de temps pour prendre des décisions éclairées. Dogmatisme. Obscurantisme. Illuminé. Austère. La récession économique. Ascétisme. La ruine. Avare. Pauvreté. Marginal. Mutisme. L’autisme. Foncer tête baissée sans se soucier du danger. Tendre le bâton pour se faire battre. Ne pas réfléchir assez est souvent l’apanage des jeunes. Impatient. Mauvaise réflexion. Entêté. Obtus. Acariâtre.

Psychologie :

La mise en place de mécanismes de défense contraignants, qui entrainent une limitation des rapports à soi et au monde, est une expression du pathologique. Le mutisme peut être une forme de schizophrénie, tout comme la tendance au symbolisme par le fait de voir des signes partout et les prendre pour soi alors que ce sont des événements externes et qui concernent d’autres personnes. On peut ajouter aussi des troubles du cours de la pensée avec des idées incohérentes, abstraites sans lien avec le réel. Avec cet Arcane, on peut penser aussi aux troubles obsessionnels compulsifs, à vouloir être trop perfectionniste ou méticuleux, on perd en efficacité et on passe son temps à vérifier, ce qui fait que le travail n’avance pas, par exemple. Enfin, cette Lame peut nous faire penser à la phobie sociale (la timidité), comme la peur de prendre la parole en public ou d’attirer l’attention sur soi. Les symptômes autistiques avec la reconstruction d’un monde hermétique à autrui, un repliement sur soi-même, une rupture avec le monde extérieur ne sont pas à exclure.

Là aussi, en raison de la symbolique de cet Arcane, on peut évoquer les névroses obsessionnelles idéatives. On peut même penser à la souffrance psychotique liée à une réalité au moins en partie annihilée avec construction d’une néoréalité provoquant des troubles graves du rapport à la réalité extérieure. En effet, cet Arcane nous invite à penser au caractère paranoïaque de par les traits qui découlent du symbolisme, c'est-à-dire, la méfiance exacerbée envers autrui qui pousse à l'isolement, la fausseté du jugement, la psychorigidité, l'inadaptation sociale, et aussi l'hypertrophie du moi dans le sens de l'obstination, de l'intolérance, du mépris d'autrui et du fanatisme. Cette Lame peut nous faire penser à de la fausse modestie, de même que l'individu peut penser juste, mais sur des prémisses fausses. « L'Hermite » inversé symbolise ce caractère paranoïaque également par l'autoritarisme et la rigidité mentale dont il fait preuve.

Pour exprimer un cas concret dans notre réalité, nous pourrions penser à des politiques animés par des pulsions de mort et paranoïaques qui, au nom d'une néoréalité qu'ils tentent de faire admettre à tous, veulent enfermer les citoyens, les isoler à tout prix. Nous retrouvons chez eux tous les traits caractéristiques des psychoses et délires paranoïaques. Ces politiques transfèrent sur les autres, qu'ils tiennent pour responsables leurs propres haines, leur propre rancœur et hostilité. Le monde de la politique attire ces individus qui veulent imposer leurs délires comme étant le réel. Ils font une réalité qui n'est pas le réel, ils ne peuvent pas réussir, car le vide qui est en eux est abyssal et ils ne seront jamais satisfaits.

Personnages

Un sage. Un retraité. Un doyen. Un vieillard. Un veuf. Un médecin. Un spéléologue. Un psychologue. Un philosophe. Un moine. Un pharmacien. Un chercheur. Un paranoïaque psychopathe.

X - La Roue de Fortune

Dans le concept du Tarot de l'Âme, l'Arcane « La Roue de Fortune » symbolise le passage, ou non, vers un nouveau cycle, celui que va poursuivre l'individu libéré de son enveloppe corporelle afin d'atteindre les dimensions supérieures. L'Âme entreprend son voyage dans le subtil, sauf si, bien sûr, elle se réincarne pour recommencer un nouveau cycle, depuis « Le Bateleur » jusqu'au vieil homme « L'Hermite ».

Le nom de cette Lame comporte deux concepts « La Roue » et « Fortune » reliés entre eux par la préposition « de » et non « de la », ce qui aurait donné à cet Arcane un tout autre sens.

Pourquoi « La Roue » ?

Une roue est un : *« Disque plein ou évidé tournant sur un axe et utilisé comme organe de déplacement [...] Supplice qui consistait à attacher le condamné sur une roue et à lui rompre les membres (rouer). »*[34]

Sur le plan historique, on ne peut dater l'invention de la roue qu'à partir des découvertes archéologiques. Il est donc dangereux d'affirmer avec exactitude d'où provient l'origine de l'invention tout comme de déterminer une époque. On retrouve des vestiges, des artefacts et notamment un pictogramme découvert en Pologne qui montre un chariot à 4 roues, datant du troisième millénaire avant J-C. Longtemps, on a attribué l'invention au Sumérien, tout comme on le fait pour l'écriture, même si aujourd'hui de nombreux chercheurs s'accordent à penser que l'invention nous vient de temps encore plus lointains. En tout état de cause, l'invention de la roue prouve l'inventivité de l'homme, son esprit créateur. La roue permet des activités différentes (moudre le grain, se déplacer, transporter des personnes, des marchandises...). Elle symbolise la polyvalence, le mouvement, l'évolution, les cycles.

La roue est une figure géométrique universelle qui se rapproche le mieux du cercle parfait, celui que l'on peut créer de manière éphémère (car la surface tendra à revenir à son état initial, son homéostasie) en jetant une pierre dans l'eau calme d'une marre par exemple. La perfection vient du fait que la circonférence n'a ni début ni fin (au contraire d'un cercle réalisé avec un compas), elle est née du centre et s'en éloigne inexorablement pour finir par disparaître.

La roue tourne et fait avancer le char sur le chemin, elle est le mouvement. Le véhicule passe d'un point A à un point B. A est le présent, puis le passé, alors que B est le futur, puis le présent. Ainsi, la notion de devenir entre en scène. D'ailleurs, alors que la terre n'est pas parfaitement ronde, tout comme les autres astres, on la symbolise par un rond, un cercle, une roue. On parle alors de cycles lunaire, solaire ou cosmique (la cyclologie dans l'ésotérisme).

Cette roue qui tourne symbolise aussi le temps, le temps que met la terre à tourner autour du soleil. C'est alors l'éternel passage du soleil d'est en ouest. Et

34. Dictionnaire Le Robert.

les saisons passent. Nous voilà donc dans le recommencement (le printemps après l'hiver où la nature s'éveille de son long sommeil), le renouvellement (le zodiaque ou la « roue de la vie »). C'est la vie en perpétuel mouvement.

La roue est constituée de rayons, plus ils sont longs et plus la périphérie s'éloigne du centre qui est stable, immobile en apparence. Le centre symbolise le Tout, le noyau sans lequel rien ne saurait être (l'atome, le noyau de la Terre, le nombril de l'Homme, etc.). Tout comme l'onde est née de l'impulsion, de l'action (la main qui projette la pierre dans la marre), l'univers est né d'une explosion (le Big-Bang ?), d'une impulsion créatrice (Dieu ?), sous l'action d'un agent mystérieux pour les alchimistes (« Le Fol » ?). Ici, point de roue sans rayons, donc d'un axe central qui supporte le cercle (le noyau central démultiplié). Plus on s'éloigne du centre et plus on est balloté, instable. L'individu qui perd son centre est déséquilibré et peut tomber. Le centre c'est la paix, la tranquillité. L'entrée principale des cathédrales ne se fait-elle pas en passant sous ou par (sur le plan spirituel) la rosace ? Le sacré est là, omniscient, y compris la ronde autour du feu de la Saint-Jean, y compris les chevaliers autour de la table ronde, etc.

La roue qui a 4 rayons symbolise le monde qui se développe dans les directions, ce qui évoque aussi les saisons et les cycles de la lune (montante, pleine, descendante, noire). Mais dans le Tarot de Marseille, « La Roue de Fortune » possède 6 rayons et nous renvoie au Bouddhisme avec la roue de l'Existence (le samsāra « ensemble de ce qui circule » se catégorise en 6 mondes : 3 mondes inférieurs et 3 mondes supérieurs).

Par conséquent, « La Roue de Fortune » nous renvoie immanquablement au Karma, au mandala (schéma géométrique symbolisant l'univers divin). Cela nous permet la transition vers une autre question.

Pourquoi « de Fortune » ?

Ne dit-on pas « Faire contre mauvaise fortune, bon cœur » ?

Nous devons entendre ici « fortune » par chance dans le sens où la Création nous a donné la conscience de notre destinée et conséquemment de pouvoir prendre sa vie en main et non d'agir par instinct. Certains associent aussi cette Lame à la déesse Fortuna *« Fortuna ou Fortune (Fortuna, ae en latin), est une divinité italique allégorique de la chance. Son nom dérive du latin "fors" qui signifie "sort" »* (Wikipédia). Le mot « Fortune » ne signifie donc en rien les comptes bancaires bien remplis, mais fait allusion à l'idée que ce qui importe n'est pas tant d'être riche d'argent, mais riche de cœur. Faire face aux aléas de la vie ou de ce que certains nomment le hasard et en sortir vainqueur donne du baume au cœur. Ne dit-on pas aussi « À cœur vaillant rien d'impossible » ?

L'Arcane du Tarot nous invite surtout à nous prévenir sur les aspects matériels éphémères que l'on peut acquérir, accumuler et chérir au détriment du spirituel. Il s'agit de méditer sur le fait que nul ne peut emporter avec lui, après la mort, tous les biens matériels auxquels on a donné parfois ou souvent même plus d'importance qu'aux êtres qui nous entourent. La richesse matérielle est éphémère et sera tôt ou tard perdue (ou même de son vivant, c'est la roue qui tourne), alors que la richesse du cœur qui élève l'âme sera acquise pour l'éternité. Afin de ne pas sombrer dans la folie, le « Moi » repousse cette idée au quotidien. Cela permet à l'Homme de vivre malgré tout en société et de jouir du confort matériel. Cela est bien. L'ascèse n'est pas la solution. Mais, repousser ne veut pas dire oublier pour autant. Afin que nous puissions élever nos âmes, la raison doit admettre que la « chute » est nécessaire. Autrement dit, « La Roue de Fortune » nous rappelle à l'ordre quand bien même le passage par « L'Hermite » n'aurait pas suffi à nous y préparer (on peut vieillir tout en restant avare, vil, méchant, méprisant, vaniteux, égoïste...). La fortune n'est pas seulement synonyme d'argent, on peut être riche de cœur. C'est l'étoile (« Seulle* », la devise de Nicolas Rolin inscrite partout dans les Hospices de Beaune) qui, seule, indique si l'on est sur la voie du centre, là où réside la lumière vive (la pierre philosophale). Nicolas Rolin, ce noble seigneur et son épouse, Guigone de Salins ont mis leur fortune au service des pauvres et des miséreux afin qu'ils puissent se soigner gratuitement. La seule et vraie richesse qu'ils ont emportée avec eux est le bien qu'ils ont fait et non les pièces d'or de leurs coffres.

Venons-en plus précisément à la signification de l'Arcane X.

Le paradis terrestre (le noyau de la Terre) est symbolisé par le centre, par le « roi couronné » ou plus exactement le Sphinx (c'est ce qui donne matière à certains de penser que le Tarot nous vient de l'antique Égypte et nous ramène à l'esprit des bâtisseurs du Sphinx sur le plateau de Gizeh, centre de toutes les terres du globe ! Et si l'on suit les études purement géologiques, le Sphinx est daté d'au moins dix à douze mille ans av. J.-C. à cause des traces sur la roche laissées par les pluies abondantes, donc le Tarot aurait des origines bien plus anciennes en réalité).

Les rayons symbolisent la « Chute », c'est le singe (souvent associé au démon) qui tombe. Le sens de la roue va de la droite vers la gauche, des forces du Bien vers les forces du Mal. Ainsi, à gauche, tombe l'Homme qui nous montre l'animalité qui était en lui et qui a vaincu l'humanité à cause de sa divination pour le « Veau d'or », le matériel, les activités profanes, dégradantes et destructrices. À droite remonte l'Homme qui tend vers l'humanité afin d'annihiler le plus possible son animalité en lui. Il veut se libérer de sa bestialité et ne doit pour cela qu'écouter son cœur (d'où les oreilles bouchées par un bandeau) et non le tumulte assourdissant de l'extérieur (et ses richesses éphémères) qui peut le corrompre dans sa volonté de gagner les faveurs de Celui qui voit tout, qui est Tout. Ainsi, il peut espérer reconquérir l'état primordial d'avant la Chute (Symbolisé par l'Arcane XXI), ou alors recommencer un nouveau cycle avec le risque de devoir de nouveau chuter. C'est le karma (voulu ou non par ailleurs, car certains peuvent souhaiter continuer une œuvre inachevée pour le bien de l'humanité comme le dalaï-lama par exemple).

Pourquoi un Sphinx et non l'Archange Michel ?

Le sphinx symbolise l'animalité humanisée. Il est couronné, car d'essence divine, son autorité est indiscutable, immuable. Il est ailé, car il évolue de manière verticale (du Ciel vers la Terre) et non de manière horizontale comme les Hommes. Sa couronne (jaune, en or) symbolise les rayons de la lumière divine par opposition aux rayons physiques de la roue. Son épée rappelle l'Arcane « La

Justice ». Si du temps de l'incarnation la leçon de la Lame VIII n'a pas eu l'effet escompté, alors l'épée tranchera de nouveau, mais cette fois, la « chute » est réelle et douloureuse. Les instincts bas et pulsionnels de l'Homme vont le dévorer. Le Sphinx n'est pas Dieu ni l'Archange Michel, il est là, au centre, pour marquer la perfection de l'équilibre parfait en toute chose (sur la cathédrale d'Amiens, le sphinx est remplacé par un roi couronné pour coller à une symbolique chrétienne). Si l'Homme prouve qu'il a su trouver le parfait équilibre entre le matériel et le spirituel, autrement dit, si l'animalité n'a pas dévoré l'humanité qui est en lui, qu'il ne s'est pas laissé balloter par les aléas de la vie, s'il a su prendre en main sa destinée pour en faire quelque chose de bien, alors seulement il pourra échapper à son « mauvais » karma et aller vers un nouveau cycle.

L'Arcane inversé nous offre une roue qui tourne à l'envers. Il n'est donc pas illogique de voir les événements aller à contresens, à contre-courant de ce que l'on espère. On avance à reculons. On est balloté, on ne maîtrise pas son centre et on est alors déstabilisé, ce qui est source d'inquiétude. Les choses semblent se répéter, c'est le cercle dessiné par le démon d'où on n'arrive pas à sortir. On réitère les erreurs du passé. On invoque le mauvais karma. On a parfois la désagréable sensation d'un déjà-vu.

Y a-t-il un message caché dans cet Arcane ?

Le Sphinx pose « La question », avec un « L » majuscule, car il s'agit d'une question existentielle pour Œdipe qui trouve « La » réponse exacte, la solution du problème. C'est le triomphe de l'intelligence d'Œdipe et la prise en main de son destin. Ainsi, l'Arcane nous signifie que la vie nous mettra face à des situations pour lesquelles il faudra se poser les bonnes questions et trouver les bonnes réponses si on ne veut pas être vaincu, mais au contraire sortir vainqueur des épreuves imposées.

Récapitulons

Hermétique, alchimie (la régénération) :

Philosophe Boèce (480-524) : *« Notre nature, la voici, le jeu interminable auquel nous jouons, le voici : tourner la Roue inlassablement, prendre plaisir à faire descendre ce qui est en haut et à faire monter ce qui est en bas. »*

Table d'émeraude : *« … Ce qui est en bas est comme ce qui est en haut ; et ce qui est en haut est comme ce qui est en bas… Tu sépareras la terre du feu, le subtil de l'épais doucement, avec grande industrie… »*

La roue est le symbole de la circulation pour les Alchimistes, la révolution de l'univers qui sert de modèle à l'Œuvre.

Carte positive, à l'endroit :

Explications traditionnellement admises :

Inventif. Créatif. Ingénieux. Polyvalent. Aventurier. Dynamique. Spontané. La chance. Le jeu. Le karma. La destinée. Changement de cycle favorable. Hardi. Audacieux. Enjoué. Spontané. Jovial. Clairvoyant. Opportuniste. Prendre sa vie en main. Évolution. Rapidité. Trouver sa bonne fortune. Déplacement. Être au centre. L'équilibre. Des signes avertissent que des situations qui ressemblent à celle du passé peuvent se reproduire.

Psychologie :

Le « Moi » est au centre et ne se laisse pas balloter, entre le « Surmoi » (le chien qui monte) et le « Ça » (le singe qui descend, le singe est souvent associé au démon). Il sait gérer les affects ainsi que la voix moraliste. Il sait donc se poser les bonnes questions, au bon moment et par conséquent trouver les bonnes réponses, là où il faut. Ce « Moi » protège l'individu de ce qui vient aussi de l'extérieur, car il est comme le Sphinx. Il ne garde que ce qui lui convient et laisse « tomber » ce qui ne lui convient pas. Ce « Moi » est comme l'œil du cyclone, là où tout est calme alors que la tempête fait rage à l'extérieur. Jung place la conscience au centre et l'inconscient à la périphérie. Être au centre c'est agir avec conscience. Être à la périphérie c'est se laisser guider par l'inconscient d'où le sentiment d'inquiétude et d'incertitude lié aux ballotements.

Carte négative, à l'envers :

Explications traditionnellement admises :

Joueur invétéré. Être balloté. Instable. Nonchalant. Futile. Inquiétudes. Angoisses. S'affoler. Manque de raison. Instable. Puéril. Spéculateur. Casse-cou. Téméraire. Agité. Inconstant. Négligent. Sans souci. Changement de cycle défavorable. Les choses se répètent. Radoter. Phase descendante. Creux de la vague. Fuite en avant. Renouveler les erreurs d'antan. Tout est égal, toutes les décisions se valent y compris les plus désastreuses. Énigmes. Fatalités. Découragement. Relations sociales détériorées. Sensation désagréable du déjà-vu. Avancer à reculons. Aller à contre sens, à contre-courant. Choc. Accident de la route.

Psychologie :

Être capable de gérer au mieux ses affects (représentation des pulsions), être capable de maîtriser ses émotions, permet de prendre des décisions rationnelles et d'éviter les pensées inhibitrices ou destructrices qui peuvent détériorer les relations sociales (le psychisme ne bascule pas, comme le montre l'Arcane, dans l'animalité, mais demeure dans le raisonnable, l'homéostasie). Le fait de ruminer ou de ressasser toujours les mêmes idées pose des œillères là où il faudrait, au contraire, ouvrir son esprit et voir les choses différemment. Porter systématiquement tous les problèmes sur le karma sans chercher à remédier à ses soucis est souvent signe d'une personne qui abandonne à l'inconscient sa raison. C'est aussi le cas des patients qui résistent aux traitements pour demeurer volontairement ou non dans leur état pour des raisons variables (phénomène de résistance bien connu des psychologues).

La sensation désagréable du déjà-vu est ce que Freud analyse comme un souvenir refoulé qui revient incomplet et qui cache un traumatisme ou un désir inacceptable pour le « Surmoi ». Selon Jung, il s'agirait plutôt du réveil d'un archétype. Dans tous les cas, un message semble parvenir à la conscience. Néanmoins, le déjà-vu serait, selon les neurologues, dû à la fatigue ou au stress dans le SNC (Système Nerveux Central). Il peut être aussi le signe avant-coureur des crises d'épilepsie. Donc, ce serait plutôt le cerveau qui nous alerterait d'un dysfonctionnement dont il faut se préoccuper.

Personnages

Un travailleur saisonnier. Un aventurier. Un joueur. Un spéculateur. Un cycliste. Un motard. Un bohémien. Un clochard. Un voyageur. Un inventeur. Une personne ingénieuse. Un horloger. Un astrologue.

XI – La Force

A noter

Définition du mot « force »[35] :

- « Faculté naturelle d'agir vigoureusement, en particulier en parlant de l'homme et des animaux.
- (Figuré) Aptitude à réfléchir, à concevoir, à produire, en parlant de l'esprit, de l'imagination, du génie, etc. Énergie vitale ; vigueur. Énergie, activité, intensité d'action. »

35. Le Dictionnaire (en ligne)

À première vue, l'Arcane « La Force », par son nom et aussi par l'image qu'elle revêt dans le Tarot de Marseille, est trompeur. Qui oserait ouvrir la gueule d'un lion ? Il faudrait le courage et la force d'Hercule pour penser y arriver. D'autant, que le personnage ne montre aucune tension liée à un quelconque effort, son visage est même sans expression, le regard un peu ailleurs, tout comme « Le Bateleur » peut l'avoir. Le concept de la concentration sans effort nous est de nouveau présenté. L'idée de force induite par une action physique pour contraindre un animal de cette puissance à ouvrir la gueule est à écarter. Le lion s'attaque à des buffles puissants. Aussi, la morphologie d'un homme ne résisterait pas à l'emprise de la mâchoire si celle-ci venait à se refermer sur les doigts. Donc, nous devons exclure toute intervention d'une tension musculaire pour contraindre l'animal à s'opposer à notre résistance. Quand bien même le personnage s'affuble de bracelets de force (on voit aisément que c'est un ajout sur ses manches et non les manches elles-mêmes), il s'agit d'un leurre. Ils signifient autre chose[36]. Les bracelets symbolisent la force énergétique de la volonté du cœur et de l'esprit qui rend vertueux les actes. Le soufre maîtrisé (les affects ?) donne à l'être la capacité d'atteindre des niveaux de conscience afin d'échapper à sa nature inférieure et de pouvoir accéder aux plus hauts niveaux. Être un dieu dans son microcosme, c'est avoir la capacité d'éveiller en soi cette énergie, de la canaliser (les bracelets de force) afin que la lumière monte le long de la colonne vertébrale et illumine l'esprit. C'est la vision intérieure qui s'ouvre au macrocosme, l'infinie beauté, la seule et vraie richesse.

Tout (le détachement du personnage vis-à-vis du danger, la position souple et non crispée par l'effort, le regard ailleurs, etc.) nous invite à réfléchir sur l'emploi du mot « force » ici.

Le Tarot de l'Âme nous donne un élément de réponse. Après le passage terrestre, dans la matière et avec le matériel, nous voilà, dans le monde spirituel. N'oublions pas que si nous en sommes là, c'est que « La Roue de Fortune » a

---

36. Aussi, décrire les cartes sur un mode purement intuitif au sujet des couleurs ou à nos représentations mentales ou à nos convictions personnelles sans références solides afin d'analyser une situation peut mener au charlatanisme. Ce personnage n'évoque en rien un personnage du Moyen-Âge en train d'illusionner une foule sur la place du marché du village avec un animal dompté aussi dangereux qu'un lion. De même, ce n'est pas parce qu'il a des bracelets jaunes et que l'Arcane s'appelle « La Force » qu'on doit l'associé à un quelconque mouvement social, car leurs couelurs varient et est même inexistante dans certains cas.

autorisé le passage de notre âme vers les dimensions supérieures, subtiles, et non le retour à l'épais, à la matière. Or, nous savons, désormais, que « La Roue de Fortune » ne laisse pas passer la richesse, les biens acquis et si précieusement accumulés tout au long de notre vie. Nous emportons que ce qu'il y a dans notre cœur, en tout cas, tout ce qui n'a pas été coupé et jeté aux crocodiles par Annubis. L'énergie divine de notre microcosme est tout ce que nous avons réalisé avec amour, avec empathie, avec le cœur. Après les difficiles épreuves des Arcanes de « La Justice », de « L'Hermite » et de « La Roue de Fortune », le Tarot nous propose ici de ramener l'énergie en notre centre, toute celle que nous avons pu accumuler des Arcanes « Le Bateleur » jusqu'à « L'Hermite ». Elle nous sera précieuse pour faire face aux épreuves à venir qui seront bien plus difficiles encore que celles que nous avons vécues lors de l'incarnation, sauf, peut-être, pour celles et ceux qui s'y sont préparés comme les religieux, les moines bouddhistes, etc. Leurs âmes sont plus légères et pures (sauf pour ceux qui ont commis de mauvais actes), elles pourront s'affranchir de bien des épreuves contrairement à une autre âme non préparée.

Sur le plan alchimique, le lion symbolise le soufre. On pourrait traduire ce symbolisme par : « Trop de soufre et l'on souffre, pas assez de soufre et on n'a pas l'énergie nécessaire pour avancer ». L'Arcane par l'attitude du personnage nous donne la clé. C'est le juste équilibre entre la volonté et l'action, entre l'esprit et le corps. Plus on s'approche du point le plus central des forces opposées et plus on a peu à faire pour agir beaucoup. Le personnage est une femme, emblème de la féminité dont la force ne réside point dans les muscles, mais dans le mental. Ce pôle féminin symbolise le « Mercure philosophal ». Ainsi, le mariage parfait du Soufre et du Mercure libère l'énergie accumulée en lumière divine. Les dents de couleur jaune (pour l'OR) sur le haut du chapeau symbolisent la lumière divine qui jaillit. « Le Bateleur » portait le même chapeau, mais sans les dents couleur or. Le message alchimique de la Lame est renforcé par les lacets entrecroisés (au niveau du cœur) qui maintiennent le corset du personnage, à la poitrine peu développée. Voici, à ce propos, ce que Fulcanelli écrit : « *La ceinture d'Offerus est piquée de lignes entrecroisées semblables à celles que présente la surface du dissolvant lorsqu'il a été canoniquement préparé. Tel est le Signe, que tous les Philosophes reconnaissent pour marquer, extérieurement, la vertu, la perfection, l'extrême pureté intrinsèque de leur substance mercurielle.* » (Fulcanelli, *Le Mystère des Cathédrales*).

Sur le plan physiologique et psychologique, nous pouvons y voir le complexe de castration surpassé par l'attraction magnétique du vagin qui peut donner la vie tout autant que la retirer (la naissance est un moment prodigieux, mais la contrainte biomécanique du bassin de la femme peut aussi être un étau mortel pour le bébé à naître). La gueule du lion est la représentation externe du sexe féminin qui prouve que le sexe fort n'est peut-être pas celui qu'on a l'habitude de citer. L'allusion sexuelle est ici renforcée par l'emplacement même de la tête de l'animal (sans parler de sa crinière, la toison pubienne), entre les jambes du personnage. Aussi, le lion ouvre la gueule de lui-même, sous l'effet hypnotique du psychisme. C'est pourquoi il n'y a aucune « force » à mettre ici. Les doigts indiquent le chemin de la vie (quand le magnétisme appelle l'électricité pour devenir l'électromagnétisme). Alors, l'énergie mystérieuse, « La Kudalini », s'éveille et monte le long de la colonne vertébrale, si les chakras sont alignés et si le cœur est digne, le corps resplendit. L'esprit se libère de ses carcans et rayonne (la couronne).

C'est bien lorsque l'énergie ne peut plus circuler librement dans le corps que les pathologies surviennent. Tout comme l'électricité qui ne peut aller librement dans un fil de cuivre va finir par le chauffer et le brûler. Le feu s'échappe et détruit. Il en est de même pour l'être humain. Si l'énergie est bloquée quelque part parce qu'il n'y a plus l'unité, parce que la personne n'est pas alignée, parce que des conflits règnent en elle, alors la maladie va s'installer. Elle va brûler en elle. La volonté se soumet, les actes sont imprévisibles. L'énergie qui donne la vie à toute chose devient violente et destructrice. Les forces opposées ne sont pas maîtrisées, dominées, domptées. L'énergie s'accumule dans les niveaux inférieurs et libère les bas instincts. C'est ce que décrit, entre autres, la Lame inversée.

Le lion est l'énergie, sans énergie, il ne peut y avoir de vie. Cet Arcane symbolise la continuelle renaissance de l'individu, chaque jour. Lorsque son énergie est mal contrôlée ou bloquée, alors l'homéostasie disparaît et la pathologie apparaît, voire la mort elle-même. L'énergie, c'est l'échange entre l'intérieur et l'extérieur (la gueule ouverte), sans échange il n'y a plus de vie. Cet échange se matérialise ici, au niveau du bas ventre, car elle symbolise l'énergie vitale et sexuelle qui pulse à l'intérieur de l'individu. Libérer cette énergie, par l'alignement parfait de son corps et la rectitude de son cœur et de son esprit, transcende l'être. Le pied qui dépasse de la robe prouve la stabilité du personnage et la droiture de sa posture (être droit et digne est le contraire de courbé et fourbe).

Y a-t-il un message caché dans cet Arcane ?

Le personnage regarde au loin d'une manière détachée et pose ses doigts sur la gueule ouverte du lion qui symbolise l'énergie. « La Force » maîtrise avec intelligence ses émotions, donc l'énergie qui circule en elle. C'est une condition sine qua non afin d'interagir harmonieusement avec l'environnement, car les émotions véhiculent l'information vers notre système cognitif qui nous permet de prendre des décisions rationnelles, ce qui n'est pas le cas pour les personnes cérébrolésées incapables d'apprendre les « utilités » (bénéfices et coûts) et pour lesquelles tout devient indifférent, car tout a la même valeur. De plus, les personnes qui ne peuvent comprendre et réguler leurs émotions ont des relations sociales détériorées, elles sont instables, grossières, irrévérencieuses, voire blasphématoires, elles prennent des décisions insensées. On parle de troubles des interactions sociales et de prises de décisions. Ainsi, le personnage de cet Arcane nous invite à considérer le rapport que l'on entretient avec son corps et celui de l'autre. Maîtriser ses émotions et donc gérer au mieux les aspects somatiques qui sont liés permettent de contrôler le lion qui est en nous. C'est pourquoi l'Arcane XI est appelé « La Force », car maîtriser ses propres émotions revient à intégrer le modèle de Mayer et Salovey (« le modèle à quatre branches de l'intelligence émotionnelle ») et cela demande à l'être humain un travail sur soi en profondeur.

Récapitulons

Hermétique, alchimie (l'ablution) :

« On dit : "l'unité est la force", parce qu'on est fort qu'en tant qu'il y a unité de l'Esprit, de l'Âme et du Corps, c'est-à-dire en tant qu'il y a de la Virginité. Ce qui nous rend faibles, c'est la division intérieure, le fait que nous servons deux ou même trois maîtres à la fois. »[37]

37. Anonyme, *Méditations sur les 22 arcanes majeurs du Tarot*, Éditions Aubier.

Carte positive, à l'endroit :

Explications traditionnellement admises :

Maîtrise. Contrôle. L'énergie positive par le contrôle et/ou la maîtrise des émotions, des affects. Courageux. Assurance. Dompter. Tact et doigté. Sexuel. Magnétique. Calme. Serein. Brave. La force tranquille sans effort physique. Énergie. Actif. Aligner. L'énergie circule correctement, signe de bonne santé. Pleine possession de ses moyens. Réussite des projets. Décision rationnelle et énergique. Détermination. Domine la situation. Héroïque. L'indépendance. Être droit et digne.

Psychologie :

La maîtrise et le contrôle de ses émotions libèrent l'être, il peut avancer et aller loin sans être entravé par une énergie qui pourrait le dévorer, le ronger de l'intérieur. D'après Mayer et Salovey (1990), il est bien de :

- Percevoir ses émotions,
- Utiliser les émotions pour faciliter la pensée,
- Comprendre ses émotions,
- Réguler ses émotions.

De nouveau, nous retrouvons les Thérapies Cognitivo-Comportementales (TCC). Mais cet Arcane symbolise la pulsion qui fait partie des quatre concepts fondamentaux de la psychanalyse. Elle nous montre combien la différence existe entre la pulsion et la représentation de la pulsion, d'où des conflits et des refoulements.

Enfin, on sait également que l'émotion va conditionner l'intensité de la trace mnésique. L'on mémorise plus facilement et longuement ce qui est chargé en émotion. Certaines émotions peuvent facilement, sans qu'on le désire pour autant, faire remonter en nous des souvenirs oubliés, refoulés, sources de plaisir ou de souffrance.

Carte négative, à l’envers :

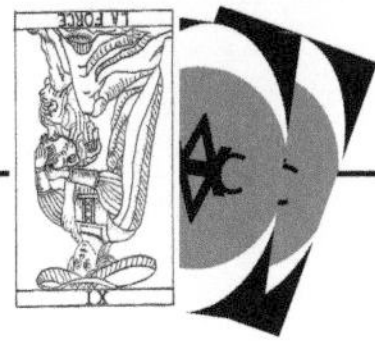

Explications traditionnellement admises :

Explosion. Incendie. Énergie bloquée. Tension excessive. Fatigue. Fragilité. Impossibilité d’agir. Soumission. Colère. Bouillant. Impatient. Brutal. Violent. Cruel. Incontrôlable. Aucune diplomatie. Manque de contrôle et d’assurance. Efforts vains. Déclarer la guerre. Émotions et/ou affects non maîtrisés. Décision irrationnelle. Des relations sociales dégradées. Irrévérencieux. Insultant.

Psychologie :

Le fait de ne pas maîtriser ses émotions peut avoir des conséquences sur sa vie et aussi sur les autres, on parle de troubles des interactions sociales et de prises de décisions (des dépenses inconsidérées, des relations sociales détériorées...) La bête a le dessus sur nous, elle nous dévore bien plus que nous la maîtrisons (comme ce qui est figuré sur l’Arcane). Alors l’énergie devient le feu qui nous détruit nous-même et les autres. Les personnes présentant une pathologie auront le plus souvent une perception faussée de l’événement ou même d’elles-mêmes.

Le quantum d’affect comme nous le présente l’Arcane XI peut être très important, voire traumatisant. L’émotion qui fait partie des affects est une réponse de l’organisme. Le lion symbolise l’excitation physique, pulsionnelle, sexuelle. Cette quantité, mais aussi la qualité du ressenti émotionnel, peut générer une souffrance importante pour l’individu et même pour son entourage.

En effet, selon Stanley Schachter l’émotion repose sur la notion de l’arousal, c’est-à-dire l’excitation, la stimulation, donc l’activation physiologique et sur l’appraisal, c’est-à-dire l’évaluation, l’appréciation de la situation. Or, chaque personne vit à sa manière les émotions qu’il ressent. Si la personne est fragile ou présente une pathologie, ses réactions peuvent être dangereuses sur le plan psychique et physique. Des réactions qui dépendent bien plus d’une interprétation personnelle que de l’événement lui-même. Bon nombre de troubles psychiatriques sont décrits par référence à des dysfonctionnements émotionnels.

Personnages

Sportif. Dompteur. Cracheur de feu. Les métiers dangereux. Un pompier. Un pyromane. Un artificier. Une personne à son compte.

XII – Le Pendu

Pour certains, cette Lame effraie, pour d'autres, elle représente une mort violente. Un pendu n'augure jamais quelque chose de bon. Combien de maisons restent abandonnées après qu'une personne s'y soit donné la mort de cette façon ? Bien des gens pensent que l'endroit reste hanté à cause d'une pendaison volontaire ou non. Mourir suffoqué est une vision insupportable pour beaucoup d'entre nous. Donc, cette Lame impressionne et fait remonter de l'inconscient des émotions liées aux peurs ancestrales qui nous ont été léguées génétiquement par nos ascendants, ou, peut-être, liées à une réminiscence d'une mort par pendaison lors d'une vie précédente.

Souvent, après les explications sur la manière d'interpréter cet Arcane, la frayeur laisse la place à l'étonnement. Notre pendu, ici, ne s'est pas passé la corde au cou pour empêcher l'air d'entrer dans ses poumons ou pour se briser la nuque. Non, il s'est attaché par un pied ! Drôle de manière de se pendre. Spontanément, certains s'interrogent sur la raison de sa tête posée à même le sol. Or non, il a la tête suspendue dans le vide. Sous lui, le néant, siège des ténèbres, s'ouvre.

Que signifie donc cet Arcane ?

Comme on vient de le voir, il existe une autre manière de se pendre pour s'ôter la vie. Ici, « Le Pendu » trépasse, c'est-à-dire qu'il passe au-delà et non comme on l'emploie ordinairement à tort : « passer dans l'au-delà ». Il ne meurt pas tout à fait. Cette distinction est primordiale. Il se pend à une poutre par un pied à l'aide d'une corde qui n'est autre que l'extension de son tendon d'Achille, le tendon le plus gros du corps (en alchimie, le plomb). Auparavant, ce métal lourd le maintenait au sol, là il est contraint à se transformer, à s'alléger. L'Homme est la créature qui donne le sens à l'univers par la conscience. Il est bipède. Les pieds au sol et la tête en haut pour que son esprit soit plus proche du ciel. Son esprit est destiné à s'élever. Cependant, il passe toute sa vie à regarder le sol et non le ciel. Certains enfants des grandes villes n'ont même jamais vu les étoiles ! Voilà qui est paradoxal, car l'Homme qui aspire à élever son âme regarde la terre. Il n'est pas étonnant de voir l'être humain aussi lourd, pesant et aussi matérialiste, dans sa grande majorité. Dans cette position, notre personnage, « Le Pendu » a décidé de voir enfin le ciel. Et pour cela, paradoxalement là aussi, il a les pieds au ciel ! On connaît tous un pendu bien célèbre (Bible, Actes 5 : 30 : « Le Dieu de nos pères a ressuscité Jésus, que vous avez tué, en le pendant au bois »). Cette allusion biblique n'est pas abusive ici, car si le pendu est à l'envers, c'est parce que le Tarot avec subtilité nous guide vers le spirituel. L'Arcane porte le nombre 12, et 12 à l'envers donne 21 ! C'est dans cette condition que notre personnage peut voir sa destinée : « Le Monde », le « Grand Tout ». La Table d'Émeraude nous donne aussi une réponse : *« Tout ce qui est en haut est comme ce qui est en bas, et tout ce qui est en bas est comme ce qui est en haut. »* Mais, à l'envers, semble-t-il ! Le microcosme est comme le macrocosme, inversement proportionnel.

De notre vivant, dans la matière, nous avons les pieds au sol, « Le Pendu » est une Lame du cycle spirituel, le personnage n'a donc plus logiquement les pieds sur Terre, mais au ciel, sans pour autant être « dans le ciel », c'est pourquoi il est attaché pour le moment.

Cet Arcane nous donne une leçon. C'est en regardant la vie sous un autre angle que l'on perçoit ce que l'on n'a jamais pu percevoir autrement. Il ne s'agit pas de « marcher sur la tête » (qui a une connotation négative), mais de marcher au ciel ! Autrement dit, tant que nous ne regardons pas, n'analysons pas, ne concevons pas les choses sous un autre angle, nous voyons toujours et encore les choses de la même façon, et nous faisons sans cesse les mêmes erreurs. Ainsi, il en va de beaucoup d'entre nous. Que nous soyons croyants ou non, scientifiques ou non, instruits ou non, nous nous complaisons dans notre façon de voir la vie avec des œillères. Qui ne connaît pas, dans son entourage, au moins une personne qui sait tout, qui a déjà tout vu et tout fait ? Cet Arcane nous explique la différence entre « instruction » et « intelligence ». L'être instruit sait, il possède un pouvoir, il marche les pieds au sol afin de mieux écraser les autres. L'être intelligent sait qu'il ne sait rien ou si peu, et ce qu'il sait, il l'a déjà transmis à autrui. C'est bien là ce que fait l'Arcane « Le Pendu ». Il accepte de perdre son savoir pour mieux accéder à la connaissance. Souvent, le scientifique devient alors philosophe, le croyant devient aussi scientifique et le scientifique admet que le croyant n'est peut-être pas qu'un illuminé. Le croyant voit dans la science non pas un antéchrist, mais un antidogme fanatique, une façon de chercher le Divin par des équations. « Le Pendu » met à l'épreuve son égo. Pour accéder à ce qui le dépasse, il doit lui-même se dépasser. Ainsi, arbore-t-il la position des jambes du personnage de l'Arcane « L'Empereur », afin de montrer que l'ancrage dans la matière est désormais un ancrage au vide. La tête dans son inconscient, il scrute sa conscience différemment. Sans doute perd-il un peu de raison ? Cette raison cartésienne, empirique, académique, qui laisse place à l'illumination, tout comme Odin a laissé un œil dans la fontaine de Mimir, afin d'acquérir la sagesse. Cette sagesse que « Le Pendu » acquiert par l'abandon de son être. Cette sagesse que les non-initiés ne peuvent pas comprendre et assimilent parfois à de la folie.

« Le Pendu » l'est ainsi par sa volonté après le passage par l'Arcane XI « La Force ». Ses mains sont dans le dos, afin de marquer l'inaction, afin de laisser passer l'énergie en lui. Il s'abandonne enfin, ne regardant que le ciel. Il médite à son devenir, car l'étape suivante sera tranchante et radicale, alors mieux vaut s'y préparer !

« Le Pendu » par son sacrifice rédempteur (le don de soi) nous ouvre les yeux, c'est pourquoi il est généreux, altruiste, empathique, serviable. Cet Arcane symbolise les liens consentis ou non.

De chaque côté, les piliers sont des branches coupées et le bout rouge symbolise le sang, la vie. On a coutume de dire que rien ne meurt jamais vraiment, que tout revit. Le corps s'atomise et se fond dans la matérialité du monde pour continuer la création, l'âme accède au « Grand Tout » de l'univers, à la lumière vive et éternelle. Certains pensent que les branches coupées symbolisent le zodiaque, pour d'autres ce sont les 12 diapasons de l'arbre de la vie Kabbale Sephirot dont le 12e diapason est le « Flash de Lumière ». À moins, que l'on trouve symbolisé ici les douze opérations alchimiques de Josephus Quercetanus (alchimiste, médecin et diplomate) dont la douzième opération est la projection. Or, qu'est-ce que la projection du nombre 12 sinon le 21 ? Il est intéressant, à ce sujet, de constater que le douzième tableau du Via crucis est justement la mort du Christ sur la croix. La résurrection symbolise la foi des chrétiens et l'espérance de la vie éternelle dans l'au-delà.

Conséquemment, « Le Pendu » inversé n'augure rien de bon. La vision d'un pendu au sol pour éviter qu'il ne s'envole frise le dérèglement psychique. Il y a anguille sous roche.

Y a-t-il un message caché dans cet Arcane ?

Celui-ci se tient les jambes croisées, position commune dans trois Arcanes « L'Empereur », « Le Pendu », « Le Monde ». L'empereur ne peut bouger, car il symbolise l'ancrage dans la matière. Il a accepté de perdre son autonomie pour pouvoir porter le sceptre. Le personnage de « L'Empereur » regarde horizontalement, droit devant lui, il symbolise l'horizontalité. Ici, « Le Pendu » est pendu dans le vide, il symbolise la verticalité, il se détache de la matière en s'attachant volontairement une jambe au ciel. Il accepte de perdre ce qui doit être perdu, contrairement à « L'Empereur » qui lui, veille au grain. « Le Pendu » nous invite à nous tenir à l'endroit. C'est-à-dire « dans » pour « en », et « verticalité » pour « droit », donc d'admettre la verticalité de notre être, autrement dit d'être sur le droit chemin, tout en considérant que ce qui se trouve être à l'endroit est aussi à l'envers, de haut en bas et de bas en haut. Le ciel entoure le Monde, il est donc aussi bien en haut qu'en bas, mais de l'autre côté de la matière ! Le verre est-il à moitié vide ou à moitié plein ?

Un homme pendu par un pied est de ce fait à l'envers. « Le Pendu » peut donc aussi se lire « Pendu Le », autrement dit « pendule ». Le pendule est un objet utilisé par les voyants pour connaître l'avenir. Or, comme nous l'avons dit, le nombre 12 inversé donne 21. Est-ce une coïncidence ? On peut parier que non. Le message est ici très clair. Pour voir son avenir lorsqu'on est dans un endroit, le mieux est de regarder à l'envers. C'est ainsi que l'on passe du microcosme au macrocosme.

Enfin, à l'heure où ces lignes sont écrites, des scientifiques pensent avoir trouvé des particules d'un univers parallèle au nôtre, mais à l'envers du nôtre...

Récapitulons

Herméticque, alchimie (la végétation) :

« L'autre trait caractéristique de l'homme spirituel, c'est qu'il est renversé »[38]

38. Anonyme, *Méditations sur les 22 arcanes majeurs du Tarot*, Éditions Aubier.

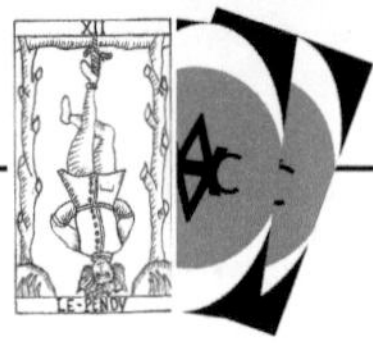

Carte positive, à l'endroit :

Explications traditionnellement admises :

Don de soi. Bénévole. Désintéressé. Généreux. Serviable. Empathie. Altruiste. Humaniste. Les liens. Voir différemment, sous un autre angle. Laisser passer l'énergie. Accepter. Lâcher prise. Libérer son esprit. Réflexion. Élévation spirituelle. Faire preuve d'abnégation. Accepte de perdre quelque chose. S'attacher volontairement (contrat, mission, entrer dans les ordres…)

Psychologie :

L'énergie psychique circule librement et évite de somatiser. L'état du Pendu nous invite à penser que la personne possède un « Soi » suffisamment stable et solide pour s'accepter dans l'état où elle se trouve dans son présent. L'attachement entre le bébé et ses parents s'est construit de manière réactionnelle positive. Bowlby et Mary Ainsworth ont démontré dans leurs travaux l'importance de l'attachement pour le développement positif et favorable du nourrisson. Grâce à cet attachement, le bébé peut explorer le monde avec confiance et ainsi ouvrir son intellect et son psychisme avec beaucoup plus de facilité en grandissant.

Sur le plan psychanalytique, nous sommes ici dans le Réel, L'imaginaire et de Symbolique de Lacan. Comme nous l'avons dit plus haut, nous avons tendance à nous répéter et nous restons dans les mêmes schémas. Or, si l'on veut changer, évoluer, il nous faut casser les chaînes signifiantes. Sans aller trop loin, car l'enseignement de Lacan n'est pas aisé à comprendre, nous pouvons parler un peu du réel. La réalité n'est pas le réel. En effet, nous avons tous notre réalité, nous nous représentons tous les objets à notre manière. Le réel, lui, est indicible, irreprésentable. Mais parfois le réel fait irruption dans nos vies et peut dissoudre notre réalité. Le réel possède la particularité d'être évanescent. Or, la seule façon d'accéder au réel c'est de le délimiter grâce au symbolique pour en percer les possibilités d'irruption. C'est ce que fait « Le Pendu ». L'individu ne peut pas avoir une vision neutre et objective du monde dans lequel il vit, puisqu'il est dedans. Aussi, le pendu cherche à percevoir ce qu'il ne peut pas à cause de sa condition originelle. La tête dans le vide il essaie de toucher le réel. C'est en se mettant dans une position impossible qu'il désire voir le réel, car comme Lacan l'explique : « L'impossible, c'est le réel, tout simplement » (Conférence de presse du docteur Jacques Lacan au Centre culturel français, Rome, le 29 octobre 1974 ou séance du 10 mai 1967 du séminaire *La logique du fantasme).* Ces notions sont compliquées. Pour emprunter des raccourcis abrupts, nous pouvons dire que « Le Pendu » ne peut percevoir le réel qu'en étant autre que ce qu'il est. Il nous donne une leçon, la réalité que l'on a est différente d'un individu à l'autre. Il est donc important de le savoir afin de ne pas faire de sa réalité une généralité. Ce qui souvent génère de l'incompréhension, des malaises, des conflits.

Carte négative, à l'envers :

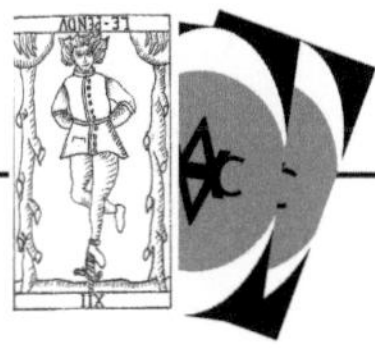

Explications traditionnellement admises :

Dissimulateur. Cacher ses actions. Anguille sous roche. Fourbe. Mesquin. Esclave. Victime. Asservi. Soumission. Liens non consentis. Ennui. Paresse. Punition. Absence de liberté. S'étouffer. Blocage. Entrave. Se sacrifier. Être renversé. Impuissant. Aveugle. Résigné. Illusion. Angoisses. Frayeur. N'arrive pas à couper des liens avec une personne, une situation. La personne reste attachée malgré tout et contre tous. Marcher sur la tête. Le psychisme est renversé.

Psychologie :

Le manque d'altruisme est un des aspects de la psychopathie. La personne dont l'énergie psychique est bloquée va somatiser. Le « Soi » est perturbé et l'individu peut avoir des difficultés à s'assumer dans l'état où il se trouve dans son présent. Être esclave du « Surmoi » ou du « Ça » est souvent source de négativité et de pathologies psychiques importantes. Enfin, la personne peut souffrir de troubles de l'attachement et elle peut être plus sensible à ce qui se passe dans son environnement qu'en elle-même. Cela peut provenir de changements fréquents des personnes prenant soin de l'enfant, d'un désintéressement manifeste des parents, d'un manque de confort, d'affection, de négligence en ce qui concerne les besoins physiques du nourrisson. Les liens d'attachement ne sont pas stables. L'enfant peut alors être indifférent, pleurer avec rage, geindre, ne plus reconnaître ses parents. Cela peut amener à un retard du développement psychomoteur.

Le « Pendu » nous apprend que ceux qui ont un rapport dégradé avec la réalité et qui ont tendance à se créer une néoréalité souffrent d'une psychose. Ces personnes sont sujettes à des délires ou des hallucinations.

Le « Pendu » nous montre combien nous aimons être attachés aux objets, aux individus. Néanmoins, il est parfois nécessaire de couper les liens, il est important de savoir perdre quelque chose pour aller mieux ensuite. C'est bien là le souci de ceux qui ne savent pas le faire, car cela engendre de la souffrance. Ainsi, un homme se sépare de sa compagne de route, mais il laisse toujours des affaires chez elle. C'est un moyen de garder un lien. C'est une manière de garder un peu la jouissance d'une relation qui ne peut plus être, mais dont on a du mal à faire le deuil. En faisant cela, l'un et l'autre s'empêchent de prendre un nouveau départ en étant libres psychiquement. Certaines personnes veulent garder à tout prix un héritage sans grande valeur et en souffrent... Perdre quelque chose, c'est aussi alléger le ballon gonflable qui permet de prendre de la hauteur, c'est laisser choir un poids qui parfois nous pèse et nous fait souffrir.

Personnages

Un yoguiste. Un médium. Un mystique. Un illuminé. Un serviteur. Un prisonnier. Un prêtre. Une sœur. Un philanthrope.

XIII – L'Arcane sans nom

L'apparition de cette Lame dans un tirage génère, généralement, un frisson qui parcourt l'échine. « La mort est passée par là », disent certains. Pour d'autres, il s'agit d'un frisson spirituel en réponse à une énergie que nous envoie notre ange gardien afin de nous prévenir. D'ailleurs, au XVIe siècle, on utilisait l'expression de « petite mort » en réponse aux frissons et parfois aux courts évanouissements ou étourdissements que l'individu peut somatiser lors de l'orgasme. Cette Lame est la source de bien des émotions, car elle s'adresse directement à l'angoisse de mort qui fait remonter des sensations (corporelles) que notre conscient tente de comprendre (mental). Cela peut raviver la réminiscence en nous de notre propre mort à l'origine de notre naissance. Paradoxal ? Pour les hermétistes, nous sommes sur la terre des morts (Genèse 2 : *« L'Éternel Dieu donna cet ordre à l'homme : Tu pourras manger de tous les arbres du jardin, mais tu ne mangeras pas de*

l'arbre de la connaissance du bien et du mal, car le jour où tu en mangeras, tu mourras »). Le fœtus ne doit-il pas passer par la mort de sa vie idyllique où la satisfaction de ses besoins est immédiate sans qu'il ait à demander et à attendre ? Ne sommes-nous pas passés d'un monde à un autre ? Ne sommes-nous pas passés d'un monde liquide sécurisant, où l'homéostasie était parfaite, où le temps n'existait pas, à un monde d'air, où la température change tout le temps, dans lequel on a besoin de réclamer sa nourriture et où l'insécurité règne ? Savions-nous alors que nous allions quitter ce « Grand Tout » pour intégrer un Monde difficile et compliqué ? Ressentions-nous cette angoisse qui nous habite aujourd'hui parce que nous avons conscience de nous-mêmes ? Le temps nous rappelle toujours que notre prochaine mort arrivera, d'une manière ou d'une autre. Bien des questions métaphysiques surgissent et nous pourrions alors digresser et rebondir de questions possibles en réponses impossibles. Certains n'ont pas peur de la mort physique, car ils ont la foi. La vie en ce monde n'est qu'un passage qui nous prépare pour l'au-delà. Nous passerions d'un Monde épais, à un Monde subtil. Sauf, pour ceux dont l'âme ne pourra s'élever (ou ne voudra pas) et se réincarnera.

Que serait notre Monde sans la mort ? Déjà, notre monde agonise par trop d'êtres humains qui ne savent ni vivre en paix ni protéger leur habitat naturel. Alors, que serait-il, ce Monde, si personne ne mourait physiquement ? La vie n'est possible que par la régénération. Les gènes se transmettent de génération en génération comme l'unique possibilité d'éternité. En nous, nous portons les peurs ancestrales de nos ancêtres comme des avertissements pour les vies futures. Il faut laisser la place, c'est ainsi. Même la nature se régénère, d'une manière ou d'une autre. C'est l'hiver qui fait tomber les feuilles, les fruits, c'est le feu dans la savane qui brûle pour mieux faire renaître la nature (*« … Il est, paraît-il – Des terres brûlées – Donnant plus de blé – Qu'un meilleur avril… »*[39]). Sinon, ce sont les insectes, comme la chenille rasta, tellement gloutonne, qui dévore en un rien de temps toutes les feuilles de l'arbre qui ne peut perdre ses feuilles, faute d'hiver sous les tropiques. La mort s'impose comme une nécessité à la vie. D'ailleurs, cet Arcane par son symbolisme (le reste des corps, les pousses) nous rappelle le mythe de Déméter, sœur de Zeus et mère de Perséphone (Coré) qui passe un

39. Jacques Brel – Ne me quitte pas.

tiers de l'année auprès d'Hadès, son époux (c'est le temps de l'hiver pour les hommes). À Athènes, les morts étaient appelés « les gens de Déméter », car ils reposent sous terre tout comme les graines. À ce titre, ils leur revenaient de faire pousser les plantes symbolisant ainsi le cycle de la mort et de la renaissance. Cette Lame, nous enseigne donc de faire mourir ce qui doit l'être pour ensemencer (les couronnes symbolisent la richesse, la terre fertile) notre présent afin que, demain, les germes du renouveau puissent croître. Cela s'applique au monde du travail ou aux liaisons sentimentales actuelles, par exemple, qui nous empêchent d'en envisager de nouvelles et pourtant qui seraient bien plus bénéfiques que celles existantes actuellement. Nous pouvons aussi évoquer tout ce que nous ne voulons pas délaisser définitivement par cupidité, par culpabilité, par crainte ou par manque de courage...

De même, nous pouvons rapprocher cette Lame des rites initiatiques présents dans de nombreuses peuplades. Ainsi, un jeune doit mourir pour devenir un adulte, un homme (c'est-à-dire celui dont la croissance est finie) en réalisant des épreuves qui vont pourvoir à une renaissance. On abandonne définitivement l'enfance et ses caractéristiques intrinsèques (dépendance avec les parents, attitudes juvéniles...) pour épouser de nouvelles responsabilités (sociale, familiale, éducative...).

Ici, nous pouvons aussi faire un lien avec les animaux et la croissance. Ainsi certains animaux, insectes (comme les araignées) ou reptiles (serpents et lézards) doivent subir la mue pour grandir. La peau actuelle ne convient pas au corps qui croît, il faut s'en défaire définitivement.

Pourquoi cet Arcane ne porte-t-il pas de nom ? N'aurait-il pas été plus simple de le nommer « La Mort » ? En fait, rien n'est simple dans le Tarot. Le nommer c'est comme attribuer un nombre à l'Arcane « Le Fol » pour satisfaire sans cesse notre esprit cartésien désireux de classer et de hiérarchiser. Si « Le Fol » n'a pas de numéro, c'est bien parce qu'il est chacune des cartes du Tarot, il est le « Grand Œuvre » à lui tout seul. Si l'Arcane XIII n'a pas de nom, c'est parce qu'il ne symbolise pas uniquement cette mort physique à laquelle nous pensons en premier. Notre esprit se contenterait de qualifier la Lame ainsi, afin de transmuer l'angoisse par une simple peur d'une inévitable issue. Le sommeil n'est-il pas lui-même une petite mort ? S'endormir c'est accepter de voir mourir le jour, pour renaître le lendemain et se lever d'un pied nouveau. Celui qui ne peut s'endormir n'arrive pas à s'oublier et à revenir, par ses propres rituels habituels, il n'arrive pas à retourner dans le bien-être de l'état originel « *in utero* ». Celui qui ne dort pas finit par somatiser et la pathologie se réveille en lui (troubles de l'humeur, instabilité psychomotrice, troubles somesthésiques...).

Ainsi, l'Arcane sans nom fauche, le personnage coupe et regarde droit devant lui (la tête et la majeure partie du corps dans le fond blanc de la carte signifient qu'il agit en pleine conscience de ce qu'il fait), il scrute le futur que nous ne pouvons encore percevoir. Signe d'une autre vie à venir. Et pour cela, il n'y a pas d'autres moyens que de supprimer ce qui existe déjà. Recommencer tout en gardant ce qui était dans le passé, c'est vivre le présent avec ce qui est vieux. Seule la jeunesse est porteuse de spontanéité, de vitalité. C'est pourquoi cette Lame symbolise le renouveau, tout ce qui doit disparaître, que ce soit le corps pour enfin libérer l'esprit, que ce soit l'égo pour enfin libérer la pensée et ne plus se croire le centre du monde, que ce soit un travail, une relation, etc. Les têtes au sol représentent la manière de penser. Les mains symbolisent nos façons de faire, nos manies, les pieds, notre ou nos démarches stériles, puériles, dépassées, bancales, etc., les os, représentent ces structures qui nous enferment, nous isolent du monde extérieur. Mais, l'égo refuse de mourir et résiste. C'est de là que viennent nos angoisses et nos peurs. Alors la peur nous fait faire des choses que bien souvent on regrette par la suite. Nos sociétés modernes, occidentales, dites civilisées cultivent cette peur (les attentats, les conflits, les guerres, etc.) pour que subsiste l'égo de certaines élites qui veulent garder un pouvoir.

Et pourtant, il n'y a pas d'autres Arcanes qui pourraient mieux nous enseigner que quoique l'on fasse, quelle que soit notre position sociale, quelles que soient les richesses matérielles et financières que l'on amasse, tout, absolument tout sera perdu avec la mort (symbolisé par les têtes couronnées au sol, les mains, les pieds, les os...).

Cet Arcane nous invite à méditer sur le caractère grotesque de notre existence.

Sur une tombe à venir, il est écrit : « Vous pouvez être tout ce que vous voulez aujourd'hui, demain, vous serez comme moi ».

Pour l'Alchimiste, cet Arcane symbolise la dissolution. La mort est le dissolvant universel qui touche tout le monde, quelle que soit sa condition. La mort ouvre les portes et libère la lumière emprisonnée en chaque chose. Cette lumière divine qui est à l'origine de notre monde. Cette lumière éternelle qui vit au cœur de la matière. C'est l'œuvre au noir, l'éveil du feu sacré des sages, que l'on voit parfois dans des représentations, par le corbeau noir à la tête coupée (alors son plumage redeviendra blanc). Le sol est noir, c'est le domaine de l'inconscient, des abimes, des ténèbres. Lorsque le noir devient le noir absolu alors, il laisse la place au vert. Le vert c'est la vie. C'est pourquoi, sur certains jeux, l'on peut y voir des pousses bleues et jaunes. L'alchimie nous apprend à voir l'invisible à travers le visible, à lire entre les lignes. Le bleu et le jaune réuni forment le vert. Du noir parfait, la lumière vive d'où naît la vie pourra être extraite. C'est la dissolution qu'il faut faire et refaire, encore et encore, jusqu'à obtenir l'ouverture tant attendue (*« Hâtez-vous lentement ; et, sans perdre courage, vingt fois sur le métier remettez votre ouvrage : polissez-le sans cesse et le repolissez ; ajoutez quelquefois, et souvent effacez. »*[40])

« L'Arcane sans nom » porte le nom de tout ce que l'on voudrait bien trancher de manière radicale, définitive afin d'aller de l'avant, sans remords ni regret. Cela est parfois douloureux, mais nécessaire et même salvateur. Heureux celui qui se moque du vieil adage : *« On sait ce qu'on perd, on ne sait pas ce qu'on va trouver »* (Jean Dutourd, *Le fond et la forme*, 1965). Car, comme disait le grand Jacques : *« Le plus dur, ce n'est pas de partir, c'est de prendre la décision de partir ».*

Sénèque : « Méditer la mort, c'est méditer la liberté ; celui qui sait mourir ne sait plus être esclave. »

Il ne sert à rien de laisser vieillir ce qui ne doit pas l'être en nous, car sinon, cela finit toujours par pourrir et nous pourrir par la même occasion, pour finir par nous faire mourir (le « p » à la place du « m »).

40. Nicolas BOILEAU, *L'Art poétique*, 1674.

Y a-t-il un message caché dans cet Arcane ?

Pourquoi représenter la mort par un personnage avec une faux ? La réponse réside dans le fait que nous n'avons pas demandé (jusqu'à preuve du contraire) à naître. Or, même si nous refusons de mourir, nous mourons néanmoins et sans savoir quand. Pour certaines personnes, cela peut engendrer des angoisses et même aller jusqu'à la thanatophobie. Ainsi, l'Arcane XIII symbolise un être inquiétant qui fauche comme s'il était quelqu'un qui venait nous retirer la vie contre notre volonté. C'est une façon de matérialiser la mort en quelque chose de compréhensible pour notre psychisme afin de remplacer l'angoisse par la peur. La peur peut se dominer alors que l'angoisse peut générer des phobies handicapantes. Finalement, que l'on ait peur ou non, la mort viendra. L'Arcane nous apprend à ne pas avoir peur d'elle, car elle est inévitable et fait partie d'une nécessité universelle immuable. Sans la mort la vie ne peut être.

Récapitulons

Hermétique, alchimie (la floraison) :

« Elle agit en chirurgien plutôt qu'en exterminateur. Or la Mort en général n'est-elle pas le principe de chirurgie dans le monde? Est-elle appelée à tuer, à détruire, ou n'a-t-elle pas la mission de guérir par la chirurgie? […] La Mort correspond à la chirurgie dans l'hôpital cosmique. Elle est le dernier recours pour sauver la vie. »[41]

41. *Méditations sur les 22 arcanes majeurs du Tarot*, Éditions Aubier.

Carte positive, à l'endroit :

Explications traditionnellement admises :

Tranchant. Radical. Déterminé. Intention intangible. Sans remords. Sans regret. Définitif. Le passage. Se libérer sans revenir en arrière. Savoir se séparer de ce qui est nécessaire pour s'affranchir. Ne pas laisser pourrir. Se nourrir de bonnes choses pour ne pas mourir (tant physique que moral et spirituel). Tuer son égo. Faire une moisson. Un changement radical positif. Renouvellement total. Fin d'une situation pourrissante. Un héritage.

Psychologie :

« … la peur de la mort et de mourir est identique à l'orgasme inconscient, à l'angoisse et au supposé instinct de mort. Le désir de dissolution, de néant est en fait un désir inconscient de libération orgasmique »[42]. L'individu qui sait prendre les décisions nécessaires à son bien-être, à son équilibre – même si elles entrainent un changement radical dans la vie professionnelle, relationnelle ou amoureuse – peut envisager un avenir sur de nouvelles bases bénéfiques pour son psychisme et donc aussi son physique dans le sens il ne somatisera pas à cause de symptômes dont il ne sait comment guérir.

Paradoxalement, nous sommes ici dans la pulsion de vie au sens où cette mort porte en elle la vie. La refuser, c'est au contraire privilégier la pulsion de mort. Cet Arcane nous démontre au contraire, par son action que la vie à l'état pur est ce qui ne peut mourir, mais qui doit se régénérer.

42. Stanislav Grof, *Psychologie transpersonnelle*, Éditions du Rocher

Carte négative, à l'envers :

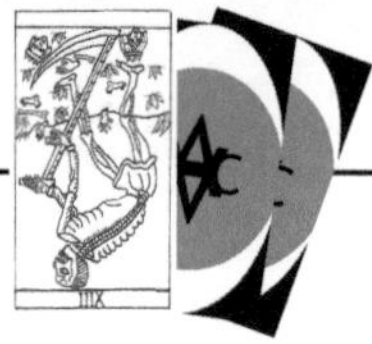

Explications traditionnellement admises :

Douleur. Regret. Remords. Mélancolie. Le deuil. La mort non voulue de « quelque chose » (le corps, l'égo, un travail, une relation, etc.). Une fin définitive et douloureuse. La corruption. Climat morbide. L'inéluctable. Le Drame. Défaitiste. Intransigeant. Décrépitude. Découragement. Échec définitif. Perte d'un acquis. Éliminer. Détruire. Disparition. Laisser pourrir.

Psychologie :

Ne pas pouvoir prendre les mesures parfois radicales nécessaires à son bien-être génère des énergies négatives qui peuvent s'accumuler et engendrer des problèmes pathologiques aussi bien psychologiques que physiques pouvant aller jusqu'à des pulsions de mort. La mort de quelque chose (travail, relation, liaison...) peut être vue comme la seule issue possible. Il est difficile d'envisager l'avenir et de se projeter pour certaines personnes qui préfèrent rester malheureuses dans l'état dans lequel elle se trouve par peur du changement.

La peur de la mort exagérée devient une phobie appelée : la thanatophobie. La personne ressent alors une peur intense et durable quand elle est confrontée à des objets ou des situations liées à la mort. D'autres phobies peuvent cacher cette peur handicapante comme l'hypocondrie, l'agoraphobie ou même la claustrophobie, etc. Les personnes hypersensibles ou très anxieuses peuvent être plus exposées à ces phobies et angoissent souvent à l'idée de ne pas pouvoir contrôler les choses. Les insomnies peuvent s'expliquer par la peur de mourir dans son sommeil, mais ne pas dormir entraine la mort aussi.

Une personne en proie avec des angoisses massives qui se caractérisent par des impressions de mort psychique peut souffrir d'une psychose.

Une angoisse majeure vécue par une personne avec des idées de dévalorisation, de mort peut-être le signe d'une mélancolie d'angoisse liée à la névrose.

Les pensées de mort récurrente peuvent aussi être le fait d'une dépression. La personne idéalise la mort dans une période de dépréciation importante d'elle-même.

L'idée de donner à un enfant le prénom d'un parent défunt comme un frère par exemple, n'est peut-être pas une bonne idée. L'enfant peut porter le poids psychique de ce deuil que la mère ne peut admettre. Racamier écrit ceci *« l'enfant conçu à seule fin d'occlure le vide laissé chez les parents par la mort d'un enfant précédent, cet enfant que j'appelle un "paradeuil" est paradoxal en ce qu'il n'existe qu'au lieu d'un autre : il n'est lui qu'en n'étant pas lui ; et s'il n'est pas un autre que lui, alors il fait mourir à nouveau et plutôt fait mourir en vérité celui qu'il remplace et de qui son existence sert surtout à nier la non-existence de l'autre »* (P.-C. Racamier, *Dans Le génie des origines*, 1992).

Personnages

Un fossoyeur. Un médecin légiste. Un radiologue. Un chimiste. Un bourreau. Un huissier. Un cultivateur. Un éboueur. Un balayeur. Un travailleur dans les mines.

XIIII – Tempérance

Après les épreuves oppressantes et déstructurantes des Arcanes XII et XIII, l'ange, qui rétablit les fluides vitaux, symbolise le miracle, celui qui allie parfaitement les métaux précieux, celui qui rééquilibre le tout. Les hermétistes l'assimilent au principe féminin générateur du monde. Le vase de l'Art et le vase de la nature se mélangent. L'égalité entre les forces de précipitations et de sublimations, de coagulations et de dissolutions se produit. Il aura fallu du temps pour arriver à ce que le Ciel envoie un ange. C'est la voie longue de l'alchimiste, celle qui s'acquiert après un long travail sur la matière, sur soi. Le « Moi », le « Surmoi » et le « Ça » ont été pendus à une corde par les pieds afin de vibrer à l'unisson, afin de nous accorder sur les mêmes harmoniques, puis ces instances ont été découpées en petits morceaux pour en extraire la substantifique moelle, *« C'est pourquoi (il) faut ouvrir le livre et soigneusement peser ce que y est déduit [...] puis, par curieuse leçon et méditation fréquente, rompre l'os et*

sucer la substantifique moelle. » (Rabelais). Ces instances de l'être renaissent dans la « Tempérance » sous le signe de la réunion des opposés (le vase bleu côté de la partie rouge du manteau, le vase rouge côté bleu du manteau). Le renouveau s'installe sous le règne de l'équilibre des forces.

Bien souvent, on néglige notre ange gardien. On l'oublie, on l'abandonne. On pense que si les choses négatives se produisent pour nous, c'est parce qu'il répond aux abonnés absents. En réalité, on ignore le fait que c'est en s'impliquant activement dans nos décisions d'agir et en l'invoquant qu'il nous soutiendra. En effet, il ne peut rien, si l'on ne fait rien (en disant cela, nous avons conscience de la dimension psychologique dans la capacité psychique à prendre des initiatives, tout autant que la dimension spirituelle, chacun gardera pour lui l'un ou l'autre). Car, il n'a ni le droit de nous influencer par des conseils ou des actions, ni même le droit de nous épargner la tentation. De plus, on ne peut s'élever soi-même qu'en répondant adéquatement aux tentations : *« Heureux l'homme qui endure la tentation ; car après avoir été mis à l'épreuve, il recevra la couronne de vie »* (Jacques 1.9-15). Les tentations sont de ce monde, elles nous permettent de grandir spirituellement. Vivre dans l'ascèse, loin de toute tentation, n'est pas la solution, car c'est opter pour un extrême. Or, la « Tempérance » ne supporte pas les extrêmes, au contraire, elle équilibre, elle concilie. Elle ne divise pas, elle marie. Tout dans cette Lame invite à l'harmonie, les couleurs, les cruches, la fleur au centre du front, etc. L'ange assure le fonctionnement du système de circulation entre l'esprit, l'âme et le corps, et donc la santé. Le fluide qui passe d'un vase à l'autre est comme le liquide amniotique, parfait, sans lequel le miracle de la vie ne peut se réaliser. Si les anges n'ont pas de sexe, ici, le Tarot de Marseille nous présente une femme. Ce que nous pourrions penser comme un paradoxe souligne, en fait, un débat qui anime les passions : Dieu est-il sexué ?

C'est une question débattue au Vatican et les avis divergent. La Bible affirme cependant que tous les anges sont de sexe masculin, tout comme Adam, créé à l'image de Dieu et dont le nom signifie « fait en terre rouge ». Les textes sacrés nous apprennent aussi que le Tout-Puissant a créé Ève, dont le nom signifie « source de vie », à partir d'un côté d'Adam parce qu'il n'était pas bon que ce dernier s'aime lui-même. Dès lors, peut-on conclure à une forme d'androgynie ou d'hermaphrodisme puisque du masculin, le divin extirpe le féminin ?

Sur le plan psychologique, nous pouvons faire référence à l'individuation, la différenciation, le moi/non-moi. La fusion empêche l'amour de l'autre comme individu distinct de soi. Il y a alors confusion tel que les psychopathes peuvent ressentir. Une défaillance dans l'acceptation et la perception des caractères sexuels amène à un déséquilibre psychologique qui entraine des névroses.

Sur le plan alchimique, nous abordons la conciliation des opposés afin de trouver l'équilibre en toute chose. Ainsi, il y a ce qui pénètre et ce qui est pénétré, le yin et le yang dans le sens de la complémentarité. L'opposition est source de tension, de rupture, de guerre, mais la réunion des opposés engendre une énergie synonyme de « source de vie », d'où le nom d'Ève.

Sur un plan biologique, la séparation opérée par Dieu, ouvre la voie à l'éternité par la transmission des gènes à travers d'êtres différents dont l'objectif est de produire une vie nouvelle avec ses propres gènes en plus de ceux des parents. Une notion que l'on retrouve avec l'Arcane XX.

Sur le plan psychanalytique, Lacan dit « La femme n'existe pas ». Ce que veut dire Lacan, c'est que les femmes peuvent s'extraire de la jouissance phallique. Dans le rapport des sexes, il y a toujours une incomplétude, il n'y a pas de complémentarité entre les deux sexes.

En réalité, la femme existe, mais c'est le « la » qui n'existe pas. Le « la » symbolise ce qui ne peut être et qui se matérialise par la Vierge Marie, car, elle seule peut-être à la fois vierge, épouse et enceinte de Jésus.

Conséquemment, la question de savoir si Dieu n'est pas lui-même hermaphrodite n'est pas dénuée de sens. Le Tarot lui-même contient dans ses spécificités intrinsèques la réponse à cette question.

Le Tarot révèle à notre conscience par « Le Bateleur » et « Le Chariot » cette proximité des sexes qui ne peuvent pas faire l'unité même s'ils sont réunis. C'est d'ailleurs ce que nous démontre l'Arcane « Le diable » qui additionne les deux sexes tout en montrant un résultat différent de cette somme. Sur le plan purement mathématique, nous savons qu'on ne peut obtenir 2 à partir des chiffres précédents. Il y a toujours une différence.

Ainsi, on a pour habitude de représenter les anges sans sexe, cela ne veut pas dire qu'ils sont asexués, mais qu'on ne peut définir leur sexe. Il n'y a donc pas d'opposition à évoquer « une ange gardienne ». Cet Arcane rétablit l'équilibre puisqu'il n'y a pas qu'un seul élément, mais deux qui ne sont pas tout à fait différents, mais pas tout à fait similaires pour autant. C'est pourquoi l'enseignement de cet Arcane est le suivant : seul le mariage des opposés en un équilibre parfait permet la vie, autrement dit la pierre philosophale des Alchimistes.

Ainsi, la « Tempérance » arbore dans sa coiffure la fleur d'or des Alchimistes, fruit du mélange des fluides opposés dans divers stades du processus de préparation (Planche 6 du *Mutus Liber*).

L'ange gardienne irradie par son amour maternel, car les anges gardiens défendent les Hommes devant la Justice divine comme leurs propres enfants. Chacun de ses protégés est un enfant à l'école terrestre. Et c'est pourquoi l'ange gardienne rappelle parfois certaines bribes de souvenirs de vies antérieures, afin de permettre à l'âme une continuité et ainsi de pouvoir s'améliorer, en tout cas, pour ceux qui s'en inquiètent, car pour ceux qui restent dans la torpeur, l'ange dort aussi. Ce sont les réminiscences, les flashs, les illuminations dont nous devons tenir compte, même si ceux-ci nous paraissent parfois presque imperceptibles (en disant cela, nous faisons aussi référence au fonctionnement de l'Inconscient). Il faut alors nous rappeler des enseignements de « La Papesse » pour ne pas passer à côté d'une intuition qui pourrait nous guider sur la voie ! La « Tempérance » est souvent le propre d'une personne sensible et ayant des capacités de prémonition.

L'Arcane nous enseigne ceci : « À un extrême répond toujours un extrême ». À un Hitler, il y aura toujours un Staline, à un empire de kamikazes, il y aura toujours un « Enola Gay », à une royauté décadente, il y aura toujours une révolution (la couleur bleue avec la couleur rouge systématiquement associée). La « Tempérance » nous montre par un signe divin (puisqu'elle est un ange) que seul l'équilibre parfait, c'est-à-dire le point central entre les oppositions, permet la libre circulation des fluides générateurs pour une énergie fécondante. En l'Homme se trouve le centre de toutes les harmonies, celui qui relie le microcosme au macrocosme. Trouver ce centre c'est libérer les fluides qui, d'un univers à l'autre, ouvrent les portes de tous les possibles, y compris d'avoir des ailes (puisqu'elles sont de couleur chair, elles s'adressent aux Hommes).

L'Arcane « Tempérance » nous ramène à la « Roue de Fortune » avec le centre et à « La Force » avec l'énergie maîtrisée (énergie donnant la vie à tous les projets).

C'est lorsque le masculin retrouve le féminin (les deux vases) que « l'explosion » de la vie a lieu, que la lumière jaillit des ténèbres !

Enfin, le sol est jaune (tout comme le bas de sa robe) représente l'or alchimique, quant à sa large ceinture et son large col ils symbolisent la générosité. L'ange par sa venue transforme la matière vile en matière noble et la terre devient lumière, la matière est spiritualisée. Sans le spirituel et le verbe, la matière n'a aucune raison d'être. L'univers n'existe que par la conscience, le souffle, le verbe.

Y a-t-il un message caché dans cet Arcane ?

La langue des oiseaux nous donne la solution. À l'endroit, la « Tempérance » est le miracle. Mais on peut lire « Tempérance » en deux mots « Temps » et « errance », c'est alors le temps de l'errance, c'est l'objet de la Lame qui se présente à l'envers. Dans ce cas, elle représente une personne superficielle, sans personnalité qui se comporte comme une girouette, qui erre dans ce monde et réalise des dépenses inutiles et futiles par exemple. La « Tempérance » représente la spiritualité en soi et non un phénomène extérieur sur lequel on doit se reposer, car dans ce cas, c'est le « temps de l'errance ». Il y a alors séparation entre son « Soi » avec le divin et le démon qui, eux, sont toujours extérieurs. La faute sera toujours une conséquence de l'autre et non de ce que l'on fait soi-même. Ce qui n'est pas le cas avec la « Tempérance », car le divin tout comme le démon sont en chacun de nous.

Certains jeux représentent les ailes de l'Arcane de couleur chair. Comme on le sait, cette couleur renvoie à l'Homme. Or, les Hommes ne sont pas des anges. Et pourtant, c'est bien là le secret de cet Arcane. En effet, la « Tempérance » est un ange. Dans le mot « ange », on entend « en » et « je ». Ce qui signifie que l'ange est en nous. Il nous appartient de faire vivre cette part « d'ange » en nous pour être équilibrés et sains, pour pouvoir nous élever et non pour rester ancré au sol comme une enclume, pour sentir les fluides vitaux circuler dans notre corps pour une meilleure santé tant psychique que spirituelle et physique. Dès que l'on prend de la hauteur, on arrive à voir le monde dans sa totalité et non d'une manière parcellaire. On ne peut qu'aller du général au détail, mais du détail on ne peut jamais remonter au général, il manquera toujours un élément, un détail. L'Ange symbolise le Tout, et la somme des parties n'est pas le Tout.

Récapitulons

Hermétique, alchimie (la fructification) :

« L'Ange dépend de l'homme dans son activité créatrice. Si l'homme ne le demande pas, s'il se détourne de lui, l'Ange n'a aucune raison d'avoir une activité créatrice. »[43]

43. Anonyme, *Méditations sur les 22 arcanes majeurs du Tarot*, éditeur Aubier.

Carte positive, à l'endroit :

Explications traditionnellement admises :

Arrangeant. Compromis. Conciliant. Soutenir. Médiation. Défendre. Bon. Bienveillant. Généreux. Souple. La danse. Le miracle. La santé. La guérison. Apaisement. Réconciliation. Les fluides vitaux. L'acuponcture. Les loisirs. Humeur égale. Protecteur. Mélanger. Mettre de l'eau dans son vin. Pondérer. Renouveau. Renouvellement. Rêves prémonitoires. Être à l'écoute de tous les pans de son être. Osmose. Communication positive. Harmonie. Déteste les extrêmes. Bon entourage. Don de prémonition. Carte protectrice.

Psychologie :

Il n'y a pas de rupture entre le normal et l'anormal (maladie), mais une continuité. La normativité est l'équilibre. C'est pourquoi l'ange gardienne ne peut avoir qu'un effet particulier, singulier pour chaque individu.

Celui qui réussit à établir l'homéostasie dans son psychisme peut faire disparaître les pathologies psychosomatiques par l'amour et par la libre circulation en toute harmonie des fluides vitaux. Breuer, par exemple, évoque l'homéostase comme une énergie tonique, cinétique qui règle les relations à l'extérieur d'un organisme viable.

Un individu qui est à l'écoute de tout son corps et pas seulement d'une partie va œuvrer pour son bien général. Il ne mettra pas en danger des pans entiers de sa personne pour satisfaire un désir isolé et égoïste d'une partie de lui-même. Par exemple, une personne qui ressent une grande fatigue, mais qui refuse de l'écouter, ignore le message émis par son corps. Ainsi, elle peut engendrer un accident physique (cardiaque, neurologique, musculaire comme la rupture du tendon d'Achille par exemple) si elle décide tout de même de réaliser des activités physiques (sport, travail de force, voyage fatigant…).

Carte négative, à l'envers :

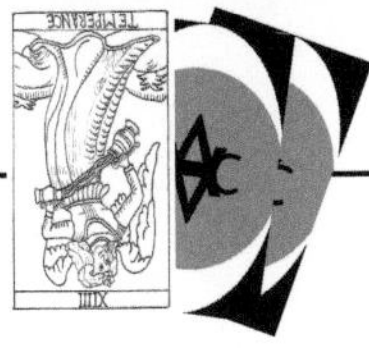

Explications traditionnellement admises :

Soumis. Sans personnalité. Perte d'identité. Futile. Inconstant. Prodigue. Imprévoyant. Dépensier. Soumis à la mode, à l'éphémère. Inconstant. Insouciant. Indifférent. Bancal. Girouette. Manipulable. Ne vivre que sur un côté de sa personnalité. Ambivalence. Opposition. Privilégier les extrêmes. Conflit. Mauvaise circulation des énergies. Mauvais alignement de la personne. Tensions.

Psychologie :

« Le temps de l'errance » nous dirige sur l'ambivalence dans le sens où la personne ressent et/ou manifeste une contradiction ou même une opposition dans ses goûts, ses comportements pour un même objet, un même événement. Ainsi, elle peut à la fois aimer et détester voire haïr un individu. Elle peut être tout autant attachée que ressentir de la peur à l'égard d'une situation ou d'une autre personne. Elle peut passer de la colère à l'euphorie, car ces affects sont présents de manière identique pour un même objet par exemple. Elle a des attitudes contradictoires qui mènent à des conflits psychiques. Pour E. Bleuler, l'ambivalence était une forme caractéristique de la schizophrénie.

Pour Freud, le trouble a commencé avant que les symptômes n'apparaissent. C'est l'échec de l'équilibre pathologique antérieur qui entraine l'apparition des aspects spectaculaires de la maladie. Il est nécessaire de remonter loin dans l'histoire de la personne.

Ainsi, une rupture de l'équilibre peut expliquer le sentiment de la perte de l'identité ou d'une discontinuité entre le corps et le psychisme. Cette personne peut fonctionner qu'avec un pan d'elle-même et être déséquilibrée en tout. Elle peut arriver à des extrêmes à cause de ce manque d'équilibre.

On peut aussi envisager une lésion de l'hémisphère droit entrainant une agnosie spatiale par exemple, et plus particulièrement une héminégligence. La personne ne perçoit pas la partie gauche.

Personnages

L'ange gardienne. Une marraine. Un diplomate. Un interprète. Un électricien. Un plombier. Un acuponcteur. Un magnétiseur. Un guérisseur. Un danseur. Un employé dans le domaine des loisirs, du tourisme. Un prescripteur de médecine douce.

XV – Le Diable

Après l'ange gardienne venu du ciel, la « Tempérance », un autre ange entre en scène, « Le Diable », l'ange déchu, l'ange des ténèbres. Ou plus exactement, devrait-on dire, de nos ténèbres !

En effet, jusqu'à preuve du contraire, qui tue, assassine, viole, torture ? La réponse est l'Homme et non le diable, car lui, c'est l'ange de la tentation. Le diable se doit de respecter la parole de Dieu, il n'a pas le choix (*« L'Éternel dit à Satan : As-tu remarqué mon serviteur Job ? Il n'y a personne comme lui sur la terre ; c'est un homme intègre et droit, craignant Dieu, et se détournant du mal. Et Satan répondit à l'Éternel : Est-ce d'une manière désintéressée que Job craint Dieu ? Ne l'as-tu pas protégé, lui, sa maison, et tout ce qui est à lui ? Tu as béni l'œuvre de ses mains, et ses troupeaux couvrent le pays. Mais étends ta main, touche à tout ce qui lui appartient, et je suis sûr qu'il te maudit en face. L'Éternel dit à Satan : Voici, tout ce qui lui appartient, je te le livre ;*

seulement, ne porte pas la main sur lui. Et Satan se retira de devant la face de l'Éternel – La Bible – Job »). Ainsi, le diable ne puise pas l'eau du puits, il tente l'Homme qui ressent la soif. Il appartient à l'être humain de faire ou de ne pas faire. Certes, les pensées peuvent être maléfiques, mais tant qu'elles ne sont pas suivies des actes, elles ne restent qu'une pathologie qui ne nuit qu'à celui qui les somatise par des pulsions autodestructives. Celui qui est contaminé par ces pensées sataniques perverses et cruelles doit les admettre, les comprendre, les combattre, il ne doit pas les refouler. Il est alors du ressort du professionnel (psychologue et/ou psychiatre) d'aider celui qui souffre. Si le malade agit et porte atteinte à autrui, il devient le Mal incarné qui cause des préjudices. Ce mal existe à tous les niveaux de la société. Un mal que chacun peut faire consciemment ou non avec parfois même l'appui de la justice des Hommes. Par exemple, celui qui condamne un innocent sans prendre en compte les preuves de son innocence, alors qu'il les a en sa possession, personnifie le Mal. Combien d'innocents ont été condamnés pour des fautes, des crimes, qu'ils n'ont pas commis ? À chaque fois qu'une injustice est rendue dans le monde, c'est le Mal qui gagne. Ce Mal enfle de partout. Si on prend le temps de s'interroger sur le monde qui se meurt par l'action de l'Homme, on peut se demander si c'est le Bien qui a gagné la guerre du bien et du mal. Et que peut-il y avoir de plus jubilatoire pour le Mal que de se faire passer pour le Bien (ne dit-on pas : « l'habit ne fait pas le moine ») ?

Le Malin est universel et chaque être porte en lui ses cellules souches. Il incombe à chacun d'entre nous, par nos actions, de le laisser dormir dans les profondeurs de notre être ou de lui donner vie de manière à ce qu'il se répande un peu plus sur cette terre, tel un virus.

N'y a-t-il rien de plus aisé et de plus simple que de se dédouaner en invoquant le diable ? Puisqu'il est le Mal, il endosse tout. Mais, en réalité, ce n'est pas son âme qui sera jugée, mais bien la nôtre !

On doit faire la différence entre Lucifer (l'ange le plus aimé de Dieu et déchu), Satan et les démons des puissances de la « gauche », et les démons créés par les Hommes (les égrégores). L'Arcane XV représente les trois que nous devons dissociés au moment de l'analyse d'un tirage avec le consultant.

À la vue de ces explications, y a-t-il un message caché dans cet Arcane ?

La réponse est négative dans la mesure où Lucifer est le porteur de lumière, celui qui éclaire les (nos) ténèbres. S'il y a une chose cachée, alors on peut compter sur lui pour nous éclairer. C'est ce qu'il fit d'ailleurs, dès l'origine. Cependant, il n'a pas forcé par la contrainte physique Adam et Eve à goûter au fruit défendu, qui d'ailleurs n'était pas une pomme, mais le fruit de la connaissance : Genèse 2 : *« [...],mais tu ne mangeras pas de l'arbre de la connaissance du bien et du mal, car le jour où tu en mangeras, tu mourras. »* C'est ainsi qu'eut lieu la chute. Lucifer tomba lui aussi avec un tiers des étoiles (Apocalypse 12 : *« Sa queue entrainait le tiers des étoiles du ciel, et les jetait sur la terre »*), autrement dit, un tiers des anges ! Dieu prit soin d'envoyer le plus beau, le plus sage de tous les anges avec l'Homme sur terre (Ézéchiel 28:12,15 : *« Tu mettais le sceau à la perfection, Tu étais plein de sagesse, parfait en beauté »*).

Il est peut-être là le message caché par le Divin. Il est facile de chuter et l'on n'a aucun mérite à naître « saint ». Par contre, maîtriser ses pulsions, prendre conscience de la tentation du Mal (Satan) et agir par amour, faire le bien autour de soi sans violence est le seul moyen de prouver sa valeur, celle que l'on emportera avec soi après la vie dans l'au-delà.

Ainsi, l'Arcane XV devient Lucifer si l'être humain utilise son pouvoir pour l'éclairer dans sa nature la plus profonde et ainsi utiliser l'antidote afin de contrecarrer le poison. C'est en mettant en lumière nos envies, nos désirs, notre violence que nous pouvons éviter la pathologie. C'est la « médecine universelle » des alchimistes, c'est-à-dire d'être capable d'utiliser son diable intérieur (Lucifer) pour combattre ses démons (Satan), utiliser le mal au mal, afin d'obtenir la guérison. Les pulsions sont nécessaires à l'être humain pour aller de l'avant, pour créer, pour se réaliser et porter tant soi-même que les autres vers le haut comme le font les artistes, les écrivains, les poètes, les aventuriers, etc. Nous n'avons pas le choix, car les pulsions sont en nous, nous devons y faire face. L'espoir d'échapper au Mal par la fuite est vain. Le rejet sur autrui, à l'extérieur, de ses propres peurs, attire le dragon qui brûle et consume tout (les discordes, les conflits dans le monde, les guerres, le malheur). Le diable est celui qui divise, tout comme Jésus par ailleurs *« Jésus dit : Ne croyez pas que je sois venu apporter la paix sur la terre ; je ne suis pas venu apporter la paix, mais l'épée. Car je suis venu mettre la division entre l'homme et son père, entre la fille et sa mère, entre la belle-fille et sa belle-mère et l'homme aura pour ennemis les gens de sa maison.* (Matthieu 10:34-36) *».* Ainsi, cette division est en nous, tout comme le dit Saint Augustin : *« Et je n'étais pas pleinement à vouloir ni pleinement à ne pas vouloir. C'est pourquoi j'étais en lutte avec moi-même et dissocié d'avec moi-même… »* (Saint Augustin, *Les Confessions*, Livre 8.) Le chaos naît du manque d'unité et de l'égo qui avilit le « Moi ».

L'enclume sur laquelle se tient le diable symbolise la matière lourde. Elle ne risque pas de s'envoler. L'enclume c'est aussi là où l'on forge l'acier, à coup de marteau. Ainsi, forge-t-on ici au fer rouge les personnalités. Ce sont les passions, l'égo, la rage, la violence, la haine, les envies, la jalousie, etc. qui nous assaillent. Lucifer éclaire ce qui caractérise l'être humain et le rend si unique sur cette planète. Quand bien même nous ne pouvons y échapper, nous pouvons faire face à ses sentiments et réagir le mieux possible. Le diable teste notre aptitude à sortir de la boucle infernale, sans fin, par notre raison et notre cœur. C'est au prix de l'assimilation et la dissolution des tourments par l'amour que l'on peut transformer la boucle en spiral qui élève l'âme.

Le diable, c'est le serpent qui se mord la queue sur les représentations liées à l'alchimie. Car, si le poison est en lui (Satan et nos démons), l'antidote l'est aussi (Lucifer). Il est à l'origine de la « chute », mais il est aussi celui qui nous sauvera. C'est pour cela que l'on trouve dans certaines gravures ou peintures le serpent crucifié.

Il reste encore deux facettes attachées à cette Lame.

Le diable enchaîne-t-il les deux êtres ayant des cornes de cerf ou est-ce le contraire ? Comment le savoir ? Est-ce l'Homme qui crée son propre démon ou est-ce le diable qui nous garrotte ?

Les cornes de cerf des deux personnages, masculin et féminin, symbolisent l'animalité, tout comme leurs pieds à trois doigts bien ancrés dans le sol noir (les ténèbres, l'inconscient), leurs oreilles longues et pointues, leur queue dans le prolongement de la colonne vertébrale (certains petits humains naissent avec une queue de quelques centimètres, un jeune garçon en Indochine avait même une queue de 22,9 cm). Leurs mains cachées dans le dos sont un symbole fort. Ils ne cherchent pas à fuir. Ils sont impassibles, statiques, passifs. Les mains cachées représentent aussi la perfidie, le complot, la dissimulation, le mensonge, tout ce qui est caché, fourbe, voire occulte, satanique. Que manigancent-ils dans leur dos ? À moins qu'ils portent des menottes, mais dans ce cas-là, le Tarot les aurait montrées afin que nous puissions en déduire la raison. Ce n'est pas le cas et tout pousse à penser que les deux personnages, enchaînés par le cou comme des chiens obéissants, se laissent faire. Ils sont sous la domination du pouvoir, tenus en esclave. Pour nous, les Occidentaux, l'emprise porte un nom : « Ahriman », car il est le père de la création matériel. Toute la technologie et plus sûrement la radio et la télévision sont les moyens privilégiés des démons « ahrimaniques » pour annihiler notre esprit, notre volonté (*« on diffusera massivement, via la télévision, des informations et des divertissements flattant toujours l'émotionnel ou l'instinctif. On occupera les esprits avec ce qui est futile et ludique. Il est bon, dans un bavardage et une musique incessante, d'empêcher l'esprit de penser. On mettra la sexualité au premier rang des intérêts humains »*[44]). Les Hommes ont créé leur propre démon : l'argent ! L'argent rend cupide, avide, idiot, meurtrier. Plus on a d'argent, plus on en veut. C'est une drogue. L'argent pourrit l'être humain et est toujours associé au pouvoir. Il flatte l'égo. Les Hommes créent alors les égrégores (qui sont toujours mauvais) qui sèment la guerre, la haine, la violence, la mort. Il semble même qu'il y ait dans l'être humain un plaisir d'ordre sexuel à cela comme le soutien Grof : *« L'omniprésence de la mort qui règne lors de combats sanglants tend aussi à induire une excitation sexuelle chez de nombreux soldats »*[45]. C'est pourquoi ce démon est bien représenté dans le Tarot sous forme d'un être androgyne, car le Mal est aussi bien installé chez l'homme que chez la femme, même s'il ne s'exprime pas toujours de la même façon (l'un pénètre : le pénis ; l'autre enserre : le vagin – l'un transperce, l'autre étouffe). Nous sommes alors en présence de Satan et des démons qui sont en nous et que nous libérons avec complaisance.

---

44. Serge CARFANTAN, *Philosophie et spiritualité*, Leçon 163 : Sagesse et révolte, 2007.
45. Stanislav GROF, *Psychologie transpersonnelle*, Éditions du Rocher.

« Le Diable » possède des ailes de chauves-souris, car il est l'ange des ténèbres, de ce qui est caché, de l'occulte, de l'inconscient personnel et collectif. Même s'il est posé sur l'enclume (la matière lourde), lui est subtil (les ailes, volatiles). Par conséquent, l'Arcane est double, elle indique que l'on doit agir avec subtilité sur ce qu'il y a de plus lourd en nous (les pulsions, l'égo), afin de trouver la lumière, la paix. Chacun doit trouver la manière de relâcher la tension (souvent lié aux pulsions d'ordre sexuel) interne tant psychique que physique, le mieux possible, afin de ne pas engendrer de pathologie.

Selon les Alchimistes, seul celui qui a fait peut défaire. Du pire on extrait le meilleur tout comme la lumière des ténèbres, c'est la médecine universelle. La maladie est vivante et c'est par l'amour qu'on guérit. Car s'il n'y a pas d'Homme, il n'y a pas de religions, de sectes, de dogmes, d'églises, de mosquées, de temples, il n'y a ni Dieu ni Lucifer. Dieu et Lucifer sont, en quelque sorte, le normal et le pathologique. Il n'y a pas de rupture, il y a une continuité. C'est la normativité. Ce qui peut être normal ou malsain, voire anormal pour un peuple ne l'est pas forcément pour un autre. Le Bien et le Mal existent tant que l'Homme existe. Il lui appartient de trouver l'homéostasie, l'équilibre. C'est une quête interne, la quête du Graal de chacun d'entre nous. Certains prétendent qu'il fut le « Baphomet » des Templiers. Si tel est le cas, les Templiers auraient beaucoup à nous apprendre à son sujet...

Enfin, le diable est associé aux cinq sens, aux ardeurs, au plaisir de la vie, à la jouissance. Si le fœtus avait dans son univers l'entière satisfaction de ses besoins à l'instant « T » sans le demander, pour celui qui est né, les choses sont différentes. Et c'est bien là que réside toute la difficulté. Comment satisfaire nos envies, nos besoins, obtenir le plaisir, voire la jouissance (qui peut être physique ou spirituelle), tout en maintenant une homéostasie bienfaisante ?

« La roue de Fortune » nous avait donné la possibilité de quitter le Monde horizontal, de nous faire sortir du cercle du serpent, pour transcender le corps et laisser l'âme atteindre les dimensions supérieures de l'esprit. Mais, le Tarot de l'âme nous indique que le diable a le pouvoir de nous faire retourner dans le monde matériel si on le désire. Dans ce cas, on aura tout oublié, car on est passé par l'Arcane sans nom qui symbolise la nouvelle graine pour la prochaine récolte (si l'on devait renaître avec tout ce que l'on a accumulé comme émotions, sentiments, culpabilité, etc., des vies précédentes, ce serait l'enfer. On ne peut renaître que lavé de tout, sinon le bébé humain ne serait pas innocent). Le diable garde la dernière porte, celle derrière laquelle le retour est impossible puisque la vraie mort adviendra, la mort de l'égo.

Récapitulons

Hermétique, alchimie (la préparation du ferment) :

« Servir le mal c'est servir la mort. Une volonté perverse est un commencement de suicide, la raison est le principe de l'ordre. L'ignorance et l'erreur n'enfantent que le désordre dans la nuit du chaos. Oriente ta vie si tu veux être maître de ta destinée, sinon la barque sacrée chavirera et tu seras la proie de la Dévorante. »[46]

46. R. FALCONNIER, *Les XXII Lames Hermétiques du Tarot Divinatoire*, Collection BELISANE.

Carte positive, à l'endroit :

Explications traditionnellement admises :

Envoûter (discours envoutant, par exemple). Attirer. Séduire. Charmer. Captivant. Sexuel. Sexualité débordante. Attraction sexuelle. Énergique. Ardent. Fougueux. Charisme. Les zones érogènes. Les plaisirs. Plaisirs des sens. La jouissance. Les désirs. Aimer les bonnes choses (le bon vin, la bonne cuisine...). Vivre avec la maîtrise de ses émotions et de ses pulsions. Bonne représentation des affects. Argent. Pouvoir. La tentation. Passionné. Lucifer.

Psychologie :

L'être qui sait gérer ses pulsions transforme en positif l'énergie qui circule entre sa psyché et son corps. Celui qui refuse à l'égo l'emprise de sa personnalité est une personne dont l'estime de « Soi » est un exemple d'équilibre. Éclairer ce qu'il y a d'obscur en soi et mettre des mots dessus permet déjà de soulager voire de guérir les maux. Avoir conscience de ses pulsions et se remettre en question permet à l'individu d'être soulagé psychologiquement, car il peut vivre ce qu'il ressent en éprouvant du plaisir et de la jouissance, même sur un plan purement spirituel. Lucifer est le diable, car il éclaire ce que l'on aimerait garder refoulé au plus profond de « Soi ». Et ce qui est refoulé finit toujours par déborder, par frapper à la porte, par se faire connaître, plus ou moins intensément selon le quantum d'affects. Cet Arcane peut représenter ce qui remonte de l'inconscient par la fente éphémère qui s'ouvre comme une lumière dans les ténèbres. Ce qui se fait reconnaître peut permettre de casser la chaîne des signifiants dans laquelle on est pris et qui nous fait souffrir. Ainsi, un individu peut se poser la question de savoir pourquoi il est confronté à des situations qui paraissent similaires, pourquoi il a l'impression d'être dans l'échec, pourquoi il n'arrive pas à évoluer au-delà d'un stade... et la solution peut surgir à un moment donné de l'inconscient. Car il peut mettre des mots sur ses maux, sur sa souffrance. Si l'individu prend conscience de cela pour réaliser une mise au point et casser cette chaîne des signifiants, alors il brise le cercle infernal. Si ce qui rejaillit est intolérable, il se peut que l'individu refoule de nouveau et reste enfermé dans ce cercle sans issues.

Cet Arcane symbolise à merveille le symptôme. Ce symptôme qui veut dire ce qu'on ne sait pas et qui peut s'exprimer à travers les réminiscences de l'inconscient ou par une aide extérieure comme celle d'un psychanalyste. Ce symptôme source de jouissance du sens qui nourrit l'individu peut se vider et ainsi déterminer le réel indicible de jouissance, qui représente un frein dans la cure. Le symptôme est souvent considéré comme une défense.

En psychopathologie clinique, le symptôme est ce qui éclaire le clinicien sur les modalités du lien du patient à l'objet. Il est la mémoire traumatique du sujet. Il est le témoin d'un conflit dans le psychique. Il vise à dire quelque chose. Cet Arcane nous informe de cela. Ainsi, lorsqu'une personne consulte, elle expose son symptôme. Si elle ne le fait pas, par pudeur, par peur ou pour une tout autre raison, cet Arcane peut nous éclairer. Souvent, cette Lame se suffit à elle-même pour libérer la parole à ce sujet.

Cet Arcane nous révèle que quelque chose en souterrain ne va pas ou peut être problématique. Il se peut qu'un individu cache quelque chose de sournois en lui qui ne se montre pas d'emblée.

Au-delà de tout ce qui a été vu, cet Arcane expose aussi ses aspects bénéfiques, car il symbolise le « Ça », siège des pulsions. Or, il peut aussi démontrer notre passion à réaliser une tâche, un travail. Cette Lame habite les artistes, les écrivains, les peintres, les poètes, mais aussi les scientifiques qui font preuve de curiosité et qui sont prêts à mettre toute leur énergie pour découvrir ce qui doit ou peut l'être. Les pulsions peuvent être bien entendu positives et sont même nécessaires pour avoir l'envie, le désir d'entreprendre. Celui qui reprend ses études à 50 ans suit cette énergie qui l'envahit et lui donne la force d'aller jusqu'au bout de ses rêves. C'est un exemple parmi tant d'autres, nous ne pourrions en donner une liste exhaustive. Ce qui importe c'est que cette Lame doit être lue avec celles qui l'entourent pour mieux cerner de quoi il en retourne. Mais surtout, cela démontre que le « Moi » de l'individu maîtrise la situation. Car si nous n'avons parlé que du « Ça », nous pourrions dire que le « Surmoi » serait un pape à l'endroit qui veille à ce que les limites ne soient pas dépassées.

Carte négative, à l'envers :

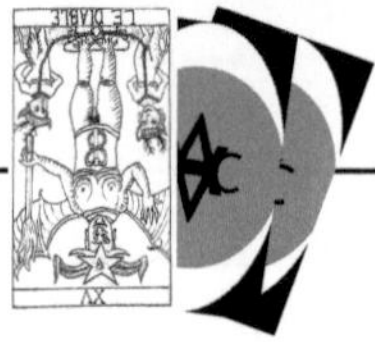

Explications traditionnellement admises :

Avide. Avare. Cupide. L'envie. La jalousie. Violent. Impétueux. Méchant. Vil. Satyre. Satanique. Le vice. Occulte. Magie noire. Possession. Bouillant. Voleur. Meurtrier. Viol. Menaces. Chantages. Torture morale ou physique. Alcool. Drogue. Prostitution. Sadomasochiste. Impudique. Scatologie. Ondinisme. Impudique. Immoral, Pervers. Nécrophage. Pourrissement. Frustration. Perte d'argent. Danger. Les émotions et les pulsions non maîtrisées. Les sentiments sont analysés par un mental corrompu. Le désordre. Furieux. L'hystérie. Satan.

Psychologie :

Attention aux délires paranoïaques passionnels, la jalousie et l'érotomanie. *« Dieu est la représentation des forces vitales naturelles, celle de la bioénergie de l'homme et il n'est nulle part mieux exprimé que dans l'orgasme sexuel. Le diable est donc la représentation de l'armure qui mène à la perversion et à la déformation de ces forces vitales. »* (Stanislav Grof, *Psychologie transpersonnelle*, Éditions du Rocher.)

Cet Arcane peut représenter l'obsédé sexuel qui ne sera jamais satisfait, rassasié. Un individu qui se livre à toutes les débauches sexuelles les plus dégradantes. On peut être confronté à un individu qui se laisse emporter par ses affects, c'est le « Ça » qui veut tout, tout de suite. La personne, dont le « Moi » est anéanti par cette énergie brûlante qui circule sans rencontrer de résistance peut tout faire pour arriver à ses fins. Elle peut usurper l'identité d'autrui, elle peut mentir sans arrêt, elle peut convoiter sans cesse les biens d'autrui, elle peut voler, elle peut séduire dans l'unique but d'obtenir ce qu'elle désire... la liste est longue. Nous pouvons fort bien être dans les griffes d'un pervers narcissique aussi. L'individu peut avoir des troubles narcissiques, des troubles sévères du comportement. Nous pouvons avoir affaire à une personne antisociale. Nous avons aussi l'addiction, la personne ne porte son plaisir que sur un seul objet comme le sexe, l'argent, le jeu ou l'alcool, ce qui génère très souvent de l'insatisfaction et une dépendance. Les achats compulsifs génèrent souvent une frustration et de gros soucis financiers (la compulsion répond à une obsession, c'est un trouble psychique qu'il faut soigner). Au contraire, perdre toute envie, ne pas savoir ce que l'on désire est souvent le signe d'une dépression, d'une mélancolie.

Le symbolisme de cet Arcane nous fait aussi penser aux Bouffées Délirantes Aigües (BDA) qui peuvent survenir après un événement traumatique ou la prise de stupéfiants (Bad Trip). Cet état apparaît de manière brutale. L'individu est sous l'emprise de délires et d'hallucinations qui, pour lui, sont réelles. Selon les cultures, on évoque aussi la possession de l'individu par de mauvais esprits, par des démons (les personnages enchaînés qui se transforment peuvent être traduits par une forme de délire). L'individu devient l'intermédiaire entre les Hommes et le monde divin. Des phénomènes de transe sont aussi constatés. L'hospitalisation est souvent nécessaire. L'accident peut n'être qu'un accident unique, mais il peut être une entrée dans la schizophrénie.

Derrière des symptômes se cachent les causes les plus brutales, les plus douloureuses, les plus inacceptables. On peut avoir affaire à des personnes présentant des pathologies les plus sévères, comme le vice, la paranoïa, la schizophrénie et notamment celle dite héboïdophrénie, la démence, la folie meurtrière.

Si cet Arcane symbolise le « Ça », son effet est égal à un « Le Pape » inversé avec son « Surmoi » qui devient extrémiste, intolérant, inquisiteur. L'un comme l'autre se fera un plaisir de tirailler le pauvre « Moi » qui risque de capituler. Alors, si l'un et l'autre sont présents dans la position inversée et proche, dans un même tirage, cela n'augure rien de bon.

Personnages

Un voleur. Un banquier. Un tueur à gages. Un politicien. Un sorcier. Un souteneur. Un comédien. Un restaurateur.

XVI – La Maison Dieu

En aucun cas, il ne s'agit de la maison de Dieu qui est alors l'église. L'hôtel-Dieu représente à l'origine un établissement charitable, prêt de la cathédrale et administré par l'Église où on recevait les infortunés comme les pèlerins, les mendiants, les pauvres, les vieillards impotents et les malades. Puis, ces lieux se spécialisèrent afin de n'accueillir que les malades de la fin du moyen-âge au XXe siècle, comme le sublime Hôtel-Dieu de Beaune en Bourgogne. Le nom de l'Arcane XVI interroge donc. On peut légitimement se questionner sur le nom de l'Arcane. Le Tarot n'était déjà pas bien vu par l'Église, alors exposer à tous une église foudroyée aurait relevé d'un crime aux yeux du clergé. En réalité, cette construction qui domine la nature symbolise l'être humain. Le mur en pierre de la tour représente le corps et à l'intérieur on y trouve l'esprit, l'âme. Ici, la comparaison est subtile. Tout comme la cathédrale est une construction admirable, par son architecture, ses dimensions, ses formes, sa position, sa résonnance, ses sculptures, etc. le corps est un miracle de complexité qui allie harmonie et stabilité. L'Homme si faible en apparence possède l'arme la plus puissante qui soit donnée à tous les êtres vivants : sa main. Le corps humain présente toutes les caractéristiques qui lui permettent de dominer la nature, d'accéder à toutes les régions de la planète et de supporter tous les climats, contrairement aux animaux. Ainsi, l'Homme est un être à part et sans doute le plus évolué, faute de pouvoir le comparer dans l'univers à d'autres espèces exogènes pour le moment, en tout cas d'une manière certaine, car les momies de Nasca ayant 3 doigts sont pour le moment une énigme. Donc, le mot « Dieu » est employé davantage comme un qualificatif pour représenter la perfection de notre corps, cette maison dans laquelle habite notre âme.

Le corps humain, à l'image du macrocosme, est un miracle, étant le microcosme, il est « La Maison Dieu ». Dieu est parfait en toute chose. Cependant, l'âme qui habite ce corps « parfait » peut-elle en dire autant ? Ses principes moraux sont-ils aussi admirables que le corps peut l'être ? Il est une chose de parcourir le monde, cela en est une autre de le pourrir et de le détruire. L'argent est un démon pour l'Homme et le pousse à torturer, à tuer, à massacrer pour le pouvoir. L'âme peut être belle ou elle peut être pourrie par un égo surdimensionné qui, s'il était matérialisable, ne pourrait pas entrer ni dans la tête ni même dans le corps tout entier !

Cette tour nous rappelle la Tour de Babel, symbole de l'orgueil de l'Homme. Dieu en punition foudroya la tour, c'est-à-dire l'Homme et non la construction elle-même. Il mit en eux l'incompréhension par des langues différentes et les dispersa sur la Terre. Les Hommes se brouillèrent et arrêtèrent leur projet de construire un édifice qui touche le ciel. C'est bien le symbole de « La Maison Dieu ». La foudre ou les langues de feu qui viennent du ciel soulèvent le chapiteau de la tour pour y faire le ménage. Alors, l'énergie s'éparpille, tout comme les Hommes qui construisaient la Tour de Babel.

Il est vain de penser que l'on peut bâtir un édifice qui fera de nous un dieu. La mégalomanie, dans toute sa splendeur, est l'une des expressions de l'égo humain. Toucher à l'égo c'est agir comme l'Arcane sans nom. Tuer l'égo d'une personne, c'est provoquer sa mort presque assurément. C'est ce que symbolisent les personnages qui tombent à terre dans cet Arcane.

C'est pourquoi le diable de l'Arcane XV nous proposait de pouvoir faire marche arrière et de renaître par la réincarnation, il était là pour nous tenter encore une dernière fois.

Passer l'Arcane XVI, c'est définitivement oublier son égo (les corps qui tombent) pour enfin libérer l'esprit.

Cette Lame symbolise à la perfection (d'où le qualificatif de « Dieu ») la mort. Seule l'âme accède au plan supérieur que sera l'Arcane suivant, avec son personnage tout nu, qui n'a rien emporté de matériel, mais qui n'a que son âme, pure et belle. Tous ceux qui ne vivent que pour les biens matériels, qui encensent la technologie, qui se droguent de télévision, qui amassent des richesses dans des comptes bancaires, qui adorent Ahriman seront comme ces personnages qui tombent de la tour pour tenter de récupérer les pépites au sol. Les langues de feu du ciel brûleront leur âme. Leur énergie, au lieu de s'élever, s'éparpillera.

Cette Lame nous invite à sortir de nos tours d'ivoire afin de percevoir le monde tel qu'il est, et non tel qu'on désire qu'il soit, sans nos préjugés, sans nos dogmes en tout genre, scientifiques ou religieux. Elle symbolise l'illumination qui survient brusquement comme un accident et qui balaie tout. Ceux qui ont eu un jour une illumination peuvent dire combien leur vie a pu changer, comment ont pu évoluer leurs idées. Cela remet bien des choses en cause et peut bouleverser une vie, une carrière. Un scientifique peut être banni par ses pairs parce qu'il décide de ne plus mettre un artefact aux oubliettes ou une découverte au fin fond d'un tiroir d'un laboratoire parce que cela remet en cause le savoir académique, donc le pouvoir de ceux qui en sont les gardiens. Combien d'entre nous refusent l'évidence pour satisfaire notre égo et protéger notre position sociale ? Combien d'entre nous acceptent d'être dans l'erreur ? Combien d'entre nous sont prêts à dire non à leur égo ?

En tout cas, cette Lame nous montre que ceux qui y parviennent pourront alors éviter la chute et la dispersion pour s'élever vers d'autres cieux !

Cet Arcane symbolise à la fois le fait d'affronter l'adversité et la destruction. Aussi, on peut combattre le mal en réalisant le bien autour de soi et pour autant voir sa maison être détruite. Le Mal est insidieux, il peut s'attaquer au matériel, mais pas directement à l'individu sinon par la tentation. De fait, admettre que l'on peut tout perdre, sa maison, sa voiture, ses biens, et ne pas en souffrir c'est montrer son désintérêt pour le matériel et donc, éloigner le Mal qui n'a plus d'emprise sur l'individu.

Cette Lame nous enseigne que l'on peut équilibrer tout ce que l'on fait, entre le spirituel et le matériel. Tout l'art de l'Alchimiste réside dans cet équilibre, c'est sa pierre philosophale. C'est pourquoi l'Alchimiste est appelé l'Artiste. Il cherche la lumière vive dans la matière, tout comme ici l'Arcane nous montre l'âme (si tant est qu'elle ne soit pas pourrie), cette pure lumière, enfermée dans notre corps et qui se libère. C'est l'éclair qui frappe, tout comme le Monde a été créé en un éclair, tout comme la lumière éternelle s'est cristallisée en un instant. Cette Lame exprime donc la rapidité d'un événement, voire sa soudaineté immédiate.

L'Arcane « La Maison Dieu » nous enseigne que le subtil en nous est l'esprit, l'âme, et que le corps est la partie lourde de notre être. C'est cette lumière que nous devons préserver en nous. Car contrairement au caillou qui contient la même quantité de lumière pure pour l'éternité, nous, nous avons le pouvoir d'augmenter sa puissance ou au contraire de la diminuer jusqu'à ce qu'elle ne soit plus rien qu'une étincelle perdue dans les méandres de notre corps devenu alors les ténèbres où prennent vie les démons (les fenêtres ouvertes sur l'intérieur de la tour ne montrent que le noir).

Par conséquent, cette Lame symbolise les défis que nous pouvons relever, quels qu'ils soient. Nous pouvons, grâce à elle, atteindre les plus hauts sommets, mais aussi tomber dans le vide (Arcane inversé). C'est pourquoi nulle ascension d'une montagne ne se réalise sans prévoir la descente. Rester en haut de l'Everest, si tant est qu'on puisse monter là-haut, revient à programmer son suicide. Ainsi, toute ascension sociale doit se faire non pour nourrir son seul égo, remplir ses poches et abuser du pouvoir (autrement dit, laisser la porte ouverte aux démons), mais faire profiter à ses semblables les bienfaits de leurs actions et partager les richesses entre tous (répandre le bien, donc la lumière). Une personne influente d'une religion qui nourrit la peur par des autodafés afin d'enraciner son autorité est un antéchrist. Agir de cette façon est une hérésie que nous devons tous combattre, car, en nous, sommeille le meilleur comme le pire.

Y a-t-il un message caché dans cet Arcane ?

« La Maison Dieu » peut se lire aussi « L'âme est son dieu ». Ou bien notre âme est pourrie et nous sommes les corps qui tombent lourdement, ou bien notre âme est belle et elle s'envole vers la lumière divine. Cet Arcane symbolise le libre arbitre. À ce propos, Jung dit : *« L'homme vaut la peine qu'il se soucie de lui-même, et il a dans son âme propre quelque chose qui peut croître. »*[47]

Cette Lame nous invite à prendre garde à nos fréquentations pour nous entourer de personnes dignes et honnêtes, car sinon, elles peuvent nous faire tomber de haut. Et se remettre de cette chute peut-être bien difficile, voire impossible.

Cette tour est notre corps, l'esprit qui s'en libère est l'âme. Nul doute, aucun retour en arrière dans la matière n'est possible. L'épais tombe, le subtil s'envole.

Récapitulons

Hermétique, alchimie (la fermentation) :

« Mais à vrai dire, la chair aurait plus de raison d'avoir honte de l'âme qui l'habite que celle-ci de la chair. Car la chair est un miracle de sagesse, d'harmonie et de stabilité qui mérite, non pas le mépris, mais l'admiration de l'âme. L'âme peut-elle se vanter de principes moraux aussi stables que l'est, par exemple, le squelette du corps ? »[48]

47. C. G. JUNG, *Psychologie et Alchimie*, Éditions Buchet-Chastel.

48. Anonyme, *Méditations sur les 22 arcanes majeurs du Tarot*, éditeur Aubier.

Carte positive, à l'endroit :

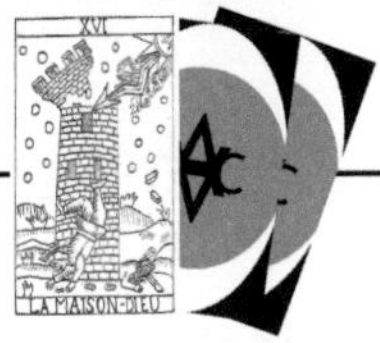

Explications traditionnellement admises :

Conquérant. Affronter l'adversité. Le défi à relever. Les plus hauts sommets à gravir. La réussite. Audacieux. Intrépide. Sortir de sa tour d'ivoire. Libérer son esprit. Vaincre l'égo. Sortir des préjugés. Admettre la vérité. Explosion de joie. Libération positive de l'énergie. Équilibre entre le spirituel et le matériel. Une destruction bénéfique pour l'être. Ouvert d'esprit. Esprit constructif. S'entourer de bonnes personnes. Illumination. Le coup de foudre. Découverte soudaine. Déménagement rapide. Un événement va se produire de façon imminente. Le corps. L'esprit ou l'âme. Le « Soi ».

Psychologie :

La personne qui accepte de sortir de sa tour d'ivoire, qui retire ses œillères pour accepter de voir la réalité et non ce qu'il a envie de voir est une personne ouverte d'esprit qui va privilégier sa relation à autrui plutôt que de nourrir son égocentrisme. La personne, qui s'ouvre aux autres et ne se referme pas sur elle, est plus à même d'évoluer sur le plan social et personnel. L'être humain est un être social qui a besoin des autres pour survivre et pour s'élever intellectuellement (il est compliqué d'apprendre à lire et écrire tout seul…). Cet état d'esprit permet d'avoir une meilleure connaissance de soi (le soi se construit avec autrui), de trouver un équilibre psychique bénéfique pour le corps.

Cet Arcane symbolise l'énergie en nous qui ne stagne pas comme l'eau qui croupit et qui favorise le développement de bactéries, mais qui se libère d'une manière positive pour le psychisme. L'individu sait maintenir en harmonie le psychisme et le corps par des activités valorisantes pour lui et pour autrui. Il laisse choir ce qui peut déstabiliser son homéostasie tant psychique que physique. L'individu ne somatise pas. Bien des symptômes corporels disparaissent lorsque l'énergie circule de manière positive, avec bienveillance, avec amour en soi.

Carte négative, à l'envers :

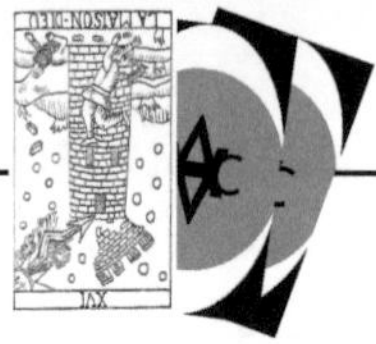

Explications traditionnellement admises :

La foudre. Le feu. L'explosion. Une catastrophe. Effondrement. Un accident. Une (la) ruine. Une destruction. Une faillite. Égo démesuré. Orgueilleux. La mégalomanie. Le dogmatisme étroit. Folie des grandeurs. Présomptueux. Pédant. Prétentieux. Méprisant. Destructeur. Excessif. Obtus. Mise à pied. Licenciement. Tomber de son piédestal. Tomber de haut. Se laisser mener à la chute par de mauvaises personnes. Ne pas savoir choisir ses partenaires. Éjaculation précoce.

Psychologie :

Attention au délire paranoïde qui amène, entre autres, à la mégalomanie, c'est-à-dire à l'omnipotence. Des états maniaques peuvent en découler avec des idées délirantes, des projets grandioses, des sentiments de grandeur, de richesse, des intuitions prophétiques. La mégalomanie est aussi le propre des personnes psychopathes qui n'éprouvent pas de sentiments à l'égard des autres.

Les idées sombres et aliénantes peuvent avoir des répercussions sur le corps, tout comme les angoisses et le stress (rougeurs, démangeaisons, psoriasis…). La personne dont l'esprit est torturé peut somatiser et entrainer son corps dans la maladie (la chute).

Cet Arcane symbolise aussi la problématique de la pénétration, révélateur d'un trouble dissociatif de la personnalité, d'un clivage. Ainsi, nous pouvons nous trouver face à une psychose hystérique liée à l'angoisse de la concavité, c'est-à-dire le fait d'être pénétré même par quelque chose de désincarné (comme du gaz par exemple). La personne qui s'imagine que des inconnus l'espionnent par des caméras chez elle peut être symbolisée par l'éclair qui pénètre et vient voir ce qui se passe à l'intérieur de la tour. De même, une personne qui souffre de fibromyalgie peut se plaindre de sentir les esprits, comme du vent, pénétrer dans son lit pour l'envelopper, ce qui la fait souffrir de partout. Le déchirement, le feu (par l'éclair) que l'on voit ici peuvent nous faire penser à des manifestations pathologies féminines converties sur le corps : les vulvodynies.

Enfin cet Arcane nous invite à évoquer la mythomanie, la fabulation. Nous pourrions nous questionner sur le cas de certains individus dont l'esprit est pénétré par des anges, des démons, des entités qui viennent leur révéler des informations sur elle-même ou sur autrui ou sur des situations. Il y a un désordre psychique lié au sexuel, à un délire mystico-érotique. Le psychique de ces individus est pénétré par des entités d'une autre dimension ou de l'au-delà, mais en réalité ce sont leur propre voix que ces personnes entendent. Elles ne peuvent en convenir, car elles souffrent de pathologies psychiques.

Personnages

Un maçon. Un architecte. Un entrepreneur de travaux. Un agent immobilier. Un concierge. Un Psychanalyste. Un artificier. Un terroriste. Un révolutionnaire.

XVII – L'Estoille ou l'Étoile

L'Arcane XVII nous présente une femme nue, car il ne pouvait en être autrement après l'Arcane « La Maison Dieu ». Seul l'esprit, lavé de toute impureté et enfin libéré de son carcan, a pu atteindre « L'Estoille ». L'esprit n'étant pas visible, il est matérialisé par un corps parfait et pur (prendre soin de son corps, le respecter). Cette Lame nous présente la noblesse de l'esprit, la « belle nature » de l'âme matérialisée. Ce que dit Kant au sujet de la beauté s'applique à merveille ici : *« Est beau ce qui plaît universellement sans concept »*. La beauté de l'âme est universelle quand elle apparaît sous « l'étoile de l'espérance », elle est Marie, elle est l'Épiphanie, la manifestation du divin, de la vérité.

Cet Arcane XVII nous rappelle le poème « L'invitation au voyage » de Charles Baudelaire : *« [...] Là, tout n'est qu'ordre et beauté, Luxe, calme et volupté. [...] »* (*Les Fleurs du mal*, Section « Spleen et idéal », LIII)... C'est l'Arcane du rêve, des artistes (poètes, peintres et musiciens) qui prouvent combien l'Homme a la capacité de transcender ce qu'il voit, ce qu'il ressent par des mots, des couleurs, des notes de musique.

L'Arcane XVII montre une « belle nature », vraie, bienveillante, nourricière, protectrice, amicale, bonne, généreuse... C'est l'amour maternel, majestueux qui donne la vie, celui qui coule dans les arbres de nos forêts et non dans les tours en pierre construites par les Hommes. C'est cette vie qui coule comme l'eau du fleuve nourricier, le Nil qui inonde la vallée et apporte à la terre son terreau pour la future récolte. Cette eau qui vient du ciel, des étoiles, cette eau si pure qui nourrit autant les eaux d'en bas que la terre. Nés sous le signe de l'étoile de l'Espérance, les esprits de l'évolution, de la bonté, de la charité et de la thérapie naturelle symbolisent la sève qui coule dans toute vie.

L'Arcane XIIII, symbole des fluides vitaux de l'être humain et l'Arcane XVII, symbole de l'eau céleste qui permet la vie et la croissance, encadrent le feu représenté par les Arcanes XV et XVI. Le Tarot est un miracle d'harmonie et d'équilibre. Le feu encadré par l'eau, ces deux opposés peuvent être tout aussi agréables et bénéfiques que destructeurs. Voilà le rôle de l'Artiste qu'est l'Alchimiste. Unir les opposés et les forces contradictoires afin de les fusionner pour trouver l'équilibre parfait, l'harmonie d'où naît la lumière, la quintessence de toute chose, concept très bien représenté sur les cartouches de la maison en face de la cathédrale de Chartres. La « tempérance » a uni les contenus des vases de nature et de l'Art, le feu a purifié l'ensemble, l'Arcane XVII fait don du liquide amniotique pour tous les êtres à venir (Arcane de la génération). Le feu et l'eau, le pôle masculin et le pôle féminin réunis pour donner la vie.

Dans les Hospices de Beaune (1443), l'Hôtel-Dieu, se trouve la devise de Nicolas Rolin et Guigone de Salins : « Seulle* » avec une tourterelle. Seule l'étoile peut indiquer à l'Alchimiste, mais aussi aux pauvres, l'Espérance d'être sur la bonne voie. Les uns et les autres n'ont plus que cela pour les guider. La tourterelle est elle-même associée à l'étoile Vénus. Le matin Vénus est Lucifer, l'étoile du matin. Elle est l'émeraude qui symbolise le début, la maturité en devenir (le fruit vert attend de murir pour être cueilli), le vert représente la jeunesse, alors que l'étoile du soir, l'étoile du berger (Hermès est le patron des bergers, nous l'avons aussi associé à l'Hermite au sujet du « H », cet homme qui symbolise la fin de vie) – toujours Vénus – symbolise la fin de la journée.

Ainsi, les sept étoiles symbolisent les sept planètes, les sept étapes de l'alchimiste, les sept sceaux de l'Apocalypse, les sept coupes. L'étoile au centre symbolise pour FALCONNIER : *« double symbole l'Univers et de la triade divine »* et pour PAPUS : *« l'Apocalypse des Destins »* ; elle est le symbole des astres en règle générale.

La femme nue représente « la vérité toute nue, sortie du puits » (cela fait référence à une peinture sur huile de Jean-Léon Gérôme 1896) et symbolise une personne qui se montre telle qu'elle est, sans far, sans masque, sans déguisement trompeur, sans armure. Elle ne se cache pas. Elle se livre telle qu'elle est. Elle exprime le romantisme, le naturisme, la simplicité, la douceur, la joie de vivre, le rapport harmonieux avec la nature, le charme, l'épanouissement, la paix et l'harmonie. Au fond, sur un arbre, un oiseau noir se pose ou prend son envol. Il symbolise l'inconscient libéré, dissocié de l'individu, subtil et occulte à la fois. Il ne fait plus partie du personnage dont le « Moi », magnifique, est seul à œuvrer. L'eau que verse le personnage transporte la vie dans les eaux et dans la terre. C'est la carte de l'éternité et des générations futures.

Enfin, cette Lame nous amène à voir au-delà et non dans l'au-delà, autrement dit, par une vision à l'intérieur de soi, comme le fœtus peut avoir. En nous focalisant sur notre perception interne, notre microcosme, on peut accéder à la lumière de l'étoile qui est en nous. Celle-ci peut alors nous éclairer sur ce qui peut se produire par l'intuition, l'illumination, la réflexion pure, sans concept. Cette clairvoyance est possible à tous ceux qui savent écouter en eux, ressentir au plus profond d'eux les vibrations du cosmos. C'est le don de prémonition dû à une grande sensibilité et à une profondeur d'âme.

Y a-t-il un message caché dans cet Arcane ?

Cet Arcane nous apprend que ce n'est pas notre patrimoine biologique qui nous permet de percevoir le monde. Il nous permet de le voir. Pour percer et voir, il est nécessaire d'avoir une conscience. Cette Lame nous prouve que l'univers ne peut avoir son véritable reflet que dans l'œil de l'Homme qui observe la nature avec son cœur et son âme. Sinon, ce sont seulement des instincts primaires qui agissent comme les animaux. Voir l'étoile et s'en émouvoir, ressentir au fond de soi les vibrations du cosmos, et s'émerveiller devant une fleur, un écureuil, un insecte, une pierre, etc. Celui qui vit en mettant au second plan son égo et les richesses matérielles, celui qui se montre tel qu'il est, sans artifice, celui-là peut voir la nature en toute conscience et pas simplement par l'instinct. Voir les merveilles du monde et les aimer, les protéger c'est entrevoir « L'Estoille » sur son chemin. C'est accepter d'entrer dans son inconscient en toute conscience. C'est l'oiseau noir sur le fond de l'Arcane (il peut être bleu sur certains jeux, mais dans ce cas, la couleur de l'eau de « La Lune » doit être bleue). Il fait le lien avec le prochain Arcane « La Lune ». « L'Estoille » laisse s'envoler l'inconscient afin que dans la prochaine étape, on puisse entrer au plus profond de soi, et que les parties les plus sombres et inaccessibles ne soient plus refoulées et néfastes, mais qu'elles soient éclairées, comprises et lénifiées. Seul celui qui accepte de se montrer tel qu'il est réellement, donc qui accepte sa vraie nature, peut se confronter à la réalité de son inconscient le plus profond. Il est là le secret de cet Arcane.

Récapitulons

Hermétique, alchimie (la libation) :

« Quoi qu'il advienne en ta vie, ne brise donc jamais les fleurs de l'Espérance et tu cueilleras les fruits de la Foi. » (PAPUS)

« Dépouille-toi de tes vices et de tes erreurs, tu connaîtras la vraie science et la clé t'en sera donnée. » (FALCONNIER)

Carte positive, à l'endroit :

Explications traditionnellement admises :

Le romantisme. Le naturisme. La simplicité. La modestie. La douceur. La bonne humeur. La joie de vivre. La grâce. Le rapport harmonieux avec la nature. Le charme. L'épanouissement. La paix. L'harmonie. L'évolution. La bonté. La charité. La thérapie naturelle. La paix intérieure. La noblesse. La vérité. La beauté. La nudité. Les arts (poésie, musique, peinture). La sensibilité. L'amitié. La génération future. L'avenir. Claire voyance. Prémonition. Grande sensibilité. Profondeur d'âme. L'inspiration. La chance. L'espérance. Écologie. La symbiose. Une source naturelle. Purifier. Suivre son étoile. Carte protectrice.

Psychologie :

Une personne en harmonie avec elle-même, sereine, en paix. Une personne équilibrée qui vit en osmose avec son environnement. L'homéostasie est signe de santé (*« La santé c'est la vie dans le silence des organes »* – René Leriche, 1936). Celui qui accepte son « Soi » et donc son corps tel qu'il est, avec amour, cultive le positif et chasse la dépression.

Avec la psychologie du développement, nous savons que le corps a une importance pour les individus qui sont influençables par les pairs ou les stéréotypes véhiculés par les médias. Il est bien de faire partie de la norme. Les enfants qui ont un physique avantageux sont considérés comme plus doués et plus aimables que les moins beaux par leurs pairs, y compris par les parents selon la norme APA Patzer. Ainsi, l'image, donc le corps, joue sur la popularité et la condition sociale dans les relations interpersonnelles. Les transformations pubertaires, d'ordre biologique ont des répercussions sur l'image de soi. Le corps se transforme.

Cet Arcane nous invite à accepter son corps même s'il ne rentre pas dans les normes véhiculées par des stéréotypes. Se sentir bien même avec des rondeurs ou une silhouette très fine donne une autre image aux autres de son corps. La perfection est assujettie à notre subjectivité. Être en harmonie avec soi, c'est aimer son corps ; aimer son corps c'est lui donner de l'amour ; cet amour aura une répercussion positive sur son estime de « Soi » et sur son rapport aux autres qui alors retourneront une image positive.

Carte négative, à l’envers :

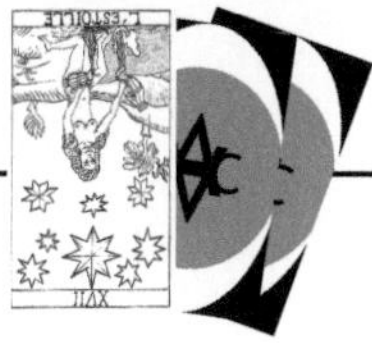

Explications traditionnellement admises :

Idyllique. Candide. Mou. Niais. Ignorant. Fleur bleue. Excès de romantisme. Ingénue. Crédule. Insouciance. Passivité. Narcissique. Abandonne facilement. Apathie. Mélancolie. Asthénie. Complexé. Rejet du corps. Impudique. Une peau de vache déguisée en fleur. L’arbre cache la forêt. La beauté est un leurre.

Psychologie :

Les complexes physiques peuvent engendrer des souffrances pour ceux qui les vivent d’une manière prolongée. Il s’agit souvent d’une perception déformée de soi-même et d’un complexe d’infériorité par comparaison avec autrui. La personne focalise son attention sur une ou plusieurs parties du corps qu’elle considère comme des défauts physiques, réels ou imaginaires qu’il faut parfois cacher. Nombreuses sont les personnes qui se font refaire le nez ou poser des implants mammaires par exemple. Le complexe peut être aussi d’ordre social (avoir honte de son milieu social).

Les problèmes peuvent aussi survenir et générer une pathologie si on refuse sa vraie nature pour coller à un modèle qui véhicule des convictions différentes, voire opposées aux siennes.

Le refus d’écouter son corps (les messages somatiques) peut être le signe d’une fracture entre le mental et le physique par un rejet de son existence.

Avoir honte de son corps, le cacher, le mutiler peut être le signe de traumatismes vécus dans l’enfance (abus sexuels, éducations sectaires, reproches, moqueries…).

Cet Arcane donne l’impression aussi d’une certaine mélancolie. Elle peut être le signe d’un état de dépression très important à prendre très au sérieux en raison des idées suicidaires qu’elle véhicule (pulsion de mort). Si l’asthénie morale s’installe, la prise en charge par un professionnel est nécessaire.

Personnages

L'artiste. Un poète. Un musicien. Un paysagiste. Un botaniste. Un modèle. Un écologiste. Un vendeur de produits bio.

XVIII – La Lune

« La Lune » est peut-être la plus énigmatique de toutes les Lames du Tarot. La « Mère cosmique » est à rapprocher de la « Tempérance » et de « L'Estoille », car elle est le signe de l'eau, contrairement au Soleil, son époux, qui lui est le feu. De leur union naît la rosée. Ainsi selon Hermès Trismégiste : *« [...] Le soleil en est le père, la lune est sa mère, le vent l'a porté dans son ventre, la terre est sa nourrice [...] »*[49]. La lune est bleue tout comme l'eau du bassin, cela nous ramène encore à la Table D'Émeraude : *« Tout ce qui est en haut est comme ce qui est en bas, et tout ce qui est en bas est comme ce qui est en haut. »* Depuis toujours, les fouilles archéologiques ont révélé que les Sumériens savaient déjà que l'eau, source de vie, était présente sur d'autres planètes que la nôtre dans l'univers.

49. La Table d'Émeraude.

Sa lumière douce, argentée, est fécondante et favorise l'imagination des Hommes. Elle est réceptive (les gouttes montent à elle), elle reçoit la lumière du Soleil et la réfléchit pour nous la transmettre. Ainsi, La Lune est assimilée à la réflexion permettant à l'Homme d'extirper les doutes dans l'analyse des situations qui, souvent, restent cachées dans l'ombre. Les formes qui apparaissent la nuit peuvent être trompeuses, l'Homme doit apprendre à ne pas se fier à ce qu'il pense voir. Il doit faire preuve d'imagination, d'intuition et de créativité, et non se laisser-aller dans les ténèbres, dans l'occultisme.

Le Tarot nous la présente avec un visage humain de profil, une partie de son visage est donc cachée. Cela symbolise bien sûr, la face cachée de la lune (tout comme ce qui est caché chez l'Homme tels les complots, les trahisons). Tout ce que l'on ne voit pas génère des suspicions, des doutes, des angoisses, des peurs, et suggère des théories les plus folles. Ainsi, pense-t-on depuis très longtemps que la lune est habitée, comme l'écrit Fontenelle : *« Les gens de la Lune savent peut-être déjà faire de petits voyages dans l'air, à l'heure qu'il est, ils s'exercent ; quand ils seront plus habiles et plus expérimentés, nous les verrons, et Dieu sait quelle surprise. »*[50] Ce qui est certain, c'est que les premiers astronautes ont laissé sur la Lune une plaque sur laquelle on peut lire *« Ici, des hommes de la planète Terre ont posé le pied pour la première fois sur la Lune en juillet 1969, anno Domini. Nous sommes venus en paix pour toute l'humanité »*[51]. Le propos n'est pas ici de savoir si la lune est habitée ou non, mais seulement de montrer à quel point elle est un astre important pour l'Homme. D'ailleurs, voici à ce propos ce que le sixième homme qui a posé le pied sur la lune rapporte : *« C'est alors que j'ai vécu une connexion entre mes molécules et les étoiles. [...] J'aime à dire que nous sommes partis dans l'espace en techniciens et en somme revenus humanistes, capables de voir l'unité de l'humanité, l'unité de la Terre comme système vivant, tout en étant plus pacifiques et moins violents »* (Edgar Mitchell). Cette phrase prouve combien la lune agit au plus profond de nous et peut nous envoûter, comme nous allons le voir plus bas. Pour conclure ce paragraphe, il est surprenant de remarquer que la lune nous est représentée tout comme un astronaute avec son casque spatial.

---

50. Fontenelle, *Entretiens sur la pluralité des mondes*, 1686.

51. *Anno Domini* : « en l'année de notre Seigneur Jésus-Christ ».

Revenons sur la Lame et détaillons-la. On peut y observer un bassin contenant une eau sombre avec une écrevisse de la même couleur, et dont les bords sont chaotiques tout en bas pour ensuite devenir bien droit et régulier. Puis nous trouvons deux canidés qui hurlent « à la mort ». Enfin, il y a des tours derrière un sol chaotique lui aussi, la lune qui réfléchit le soleil et les 19 gouttes qui montent à elle (19 comme le nombre du prochain Arcane, « Le Soleil »). Tous ces éléments font appel tout autant à la psychologie qu'à l'alchimie. Plus on descend et plus c'est chaotique, déstabilisant (les lignes droites du bassin au milieu du chaos), dangereux (les canidés gueules ouvertes), périlleux (le sol informe). L'Arcane XVIII nous dit que plus on descend et plus notre être s'enfonce dans l'obscurité, dans le primitif. C'est ce qui arrive lorsque notre intelligence régresse, lorsque nous n'utilisons que l'instruction au détriment de l'intellect qui pense, mais qui ne croit pas : *« On mesure l'intelligence d'un individu à la quantité d'incertitudes qu'il est capable de supporter »* (Emmanuel Kant). Nous nous enfonçons dans les eaux troubles, là où notre conscience finit par pourrir, et dont l'écrevisse, animal préhistorique, se nourrit au milieu des autres déchets. Psychologiquement, plus on s'enfonce dans l'inconscient et plus on tombe dans les abimes, dans les ténèbres. Les Alchimistes l'ont bien compris avec leur V.I.T.R.I.O.L *« Visite l'intérieur de la terre, et en rectifiant, tu trouveras la pierre cachée »*. Que ce soit la terre ou l'esprit humain, cela fonctionne tout autant. C'est ainsi que Simone Berno décrit les processus d'apparition des intuitions : *« Celle-ci peut naître spontanément (les chiens, qui représentent la vie pulsionnelle) ou de façon structurée (les tours, qui indiquent une construction interne). Elle peut être le fruit d'une réflexion profonde (l'écrevisse dans les eaux de l'inconscient)*[52].

Ainsi, se trouvent au plus profond de nous les instincts et les sentiments les plus sombres dans le réservoir de l'inconscient symbolisé par le bassin.

Le canidé de gauche a la queue relevée, c'est le loup, celui qui symbolise l'hostilité qui habite l'Homme et fait de lui un dictateur en puissance, un être avide de sang, alors que celui de droite a la queue abaissée, signe d'obéissance et de servilité à l'autorité, c'est le chien, celui qui obéit à un maître qu'il soit despote ou non. Le chien représente l'instruction de l'Homme qui tombe dans

52. Simone BERNO, *Tarot et Psychologie des profondeurs*, Éditions Le Courrier du Livre.

l'animalité avec l'intelligence d'un enfant de trois ans. Alors, il peut suivre les ordres les plus bestiaux tant que son maître est là pour l'encourager (voir les expériences de Zimbardo et de Milgram – Psychologie sociale). Entre chien et loup est une expression qui signifie que la clarté devient si basse en fin de journée qu'il est difficile de distinguer le chien du loup. Mais dans tous les cas, les deux nous menacent et semblent opérer un chantage : « si tu sors de l'eau ou si tu descends de la lune, on te mord ».

En effet, avec cette faible clarté et cette fraîche température, contrairement à la lumière aveuglante du soleil et sa chaleur brûlante ne rassure pas pour s'aventurer plus bas. Les tours ne protègent pas celui qui s'aventure tout en bas. Il faut emprunter un chemin torturé, puis passer les canidés qui aboient à la lune, comme hypnotisés par elle. Puis il faut s'enfoncer dans les eaux foncées et troubles où nous attend l'écrevisse pour nous couper avec ses pinces puissantes. C'est tout simplement le chemin de la régression de l'intelligence de l'Homme qui ne cherche pas la pensée éclairée par la réflexion, l'intuition, l'imagination, mais par des croyances religieuses ou scientifiques pour flatter son égo. L'intelligence passe par les tours qui symbolisent le savoir (c'est-à-dire l'instruction sans intelligence), creux comme elles. Un savoir qui ne cherche que le pouvoir tout comme les tours s'élèvent au ciel comme celle de Babel. Puis, l'instruction suit un chemin qui ne ressemble à rien, car remuée par des dogmes aussi escarpés et endommagés que le terrain. Ensuite, l'instruction dévorée par les croyances devient aussi primitive que les instincts qui hurlent à la mort lorsque quelque chose d'inconnu se présente à elle et remet en cause son maigre savoir. Alors, elle s'enfonce peu à peu dans les eaux troubles, pourries et envahies par les parasites. Elle recule comme l'écrevisse, qui en rampant, symbolise la paresse intellectuelle qui se nourrit de déchets.

Que signifient les tours ? Pour beaucoup, elles symbolisent logiquement l'habitation, le foyer, le nid, un centre-ville. Dans l'esprit des Alchimistes, selon la manière dont elles sont représentées avec de la couleur bleue pour l'une et rouge pour l'autre, elles symbolisent respectivement l'eau et le feu, le mercure pour l'une, le soufre pour l'autre. L'une est ouverte tout comme le livre ouvert qui symbolise le vase de l'Art, l'autre est fermée (les créneaux sur le toit), elle représente le livre fermé, le vase de nature. Pour d'autres, elles sont la thèse et l'antithèse de toute chose.

La figure qui représente la lune forme aussi un croissant (l'arrière du casque jaune). Elle est le symbole de la décroissance (comme nous l'avons vu avec l'intelligence précédemment). Ronde, fascinante, captivante et tout argentée (traditionnellement liée à l'argent), capable de prendre l'énergie de ceux qui s'endorment sous elle d'après certains, elle devient ensuite quartier, puis disparaît. Ainsi vont les cycles. Elle symbolise donc les cycles de la nature, le temps qui passe, mais aussi tout ce qui est cyclique chez l'Homme (les menstruations, les humeurs, les pulsions). Les soirs de pleine lune, les individus semblent plus énervés et selon la légende certains se transforment en loup-garou, les gendarmes craignent une augmentation de violence sur les routes, les fous s'agitent dans les hôpitaux. C'est dire qu'elle est puissante, alors qu'elle paraît pourtant, à première vue, sans danger. Mais, c'est bien là le pire. Tout comme on dit qu'il faut se méfier de l'eau qui dort, le danger est bien plus critique quand on ne le voit pas arriver. On ne peut s'y préparer. La lune, c'est donc aussi, tout ce qui se rapporte aux trahisons sournoises, aux ennemis cachés (comme un conjoint qui imite votre signature pour faire des emprunts à la consommation à votre insu, contre votre volonté).

La lune est si puissante qu'elle attire à elle les gouttes d'eau qui symbolisent les mers, les océans. C'est elle qui provoque les marées. Elle soulève des montagnes de gouttes d'eau. Elle influence aussi par ses phénomènes l'agriculture. Personne n'échappe à ses pouvoirs. On dit même que si deux personnes amoureuses et éloignées l'une de l'autre regardent la lune en pensant très fort à l'autre, alors la lune captera leurs pensées pour les réfléchir et les renvoyer à l'autre.

Hitler, tristement célèbre, a peint la lune. Lorsqu'on regarde son tableau, on éprouve un sentiment étrange face à ce paysage nocturne inquiétant, comme un présage à la nuit que l'humanité va connaître durant six longues années. Sans doute a-t-il vu, comme un visionnaire abimé, dans les profondeurs les plus ténébreuses de son être, le reflet de sa face cachée ? C'est la Lame inversée qui évoque alors de très sombres desseins.

Y a-t-il un message caché dans cet Arcane ?

« La Lune » est un miroir, elle réfléchit les rayons du soleil et ce n'est pas parce qu'on ne la voit pas qu'elle n'existe pas. Ainsi, en va-t-il de tout ce qui nous concerne. Nous doutons déjà de savoir si les choses que nous voyons existent vraiment, alors comment admettre ce que l'on ne voit pas. C'est souvent en cherchant du côté de ce que l'on ne voit pas que l'on découvre l'inattendu. Cela vaut dans tous les domaines et particulièrement les domaines de la science, y compris psychologique et spirituel.

L'œil humain est fait de manière à voir uniquement ce qui est indispensable à notre survie. Pour voir au-delà, il est nécessaire de fournir des efforts (message délivré par « Le Bateleur »).

Ainsi, nous nous reconnaissons immédiatement dans un miroir, parce que nous savons que c'est un miroir dans lequel nous allons nous regarder, sinon, nous pourrions avoir quelques instants de doute. Peut-être avez-vous déjà été surpris en voyant votre propre reflet là où vous ne vous attendiez pas à le voir ?

Nous possédons tous, dans notre personnalité, une face cachée, ce que l'on appelle parfois un jardin secret. Et si nous le gardons secret, c'est bien parce que nous craignons le jugement d'autrui, ou pire, nous essayons de le refouler en nous par honte. Alors, que se passerait-il si le miroir venait, d'un seul coup, à refléter non pas notre visage, mais la face cachée de notre personnalité ?

Ainsi, cet Arcane par son symbolisme nous rapproche du mythe de Dionysos, bien que Séléné soit la déesse de la lune. En effet, Dionysos est un dieu nocturne et irrationnel (folie dionysiaque). Mais il est aussi le dieu de l'imaginaire, qui se dévoile en se cachant tout comme la lune, qui comme nous avons vu symbolise les cycles de la nature. Or, Dionysos symbolise le cycle des renouvellements, car il est dit : « autopator ». De même, il est aussi le dieu de l'humide. Plutarque exprimait à son sujet : *« Les Grecs tiennent Dionysos pour maître non seulement du vin, mais de tout l'élément liquide »*. Or, « La Lune » est placée sous le signe de l'eau.

Ainsi, selon le mythe, Penthée subit la colère de Dionysos, car il voulait une cité faite de virilité, de lumière, et bercée par la raison, la norme et l'ordre. Il excluait toute forme d'agitation et notamment féminine, le désordre et les danses dites extatiques. En réalité, en repoussant Dionysos, en le faisant enfermer, il rejetait la part obscure de l'humanité, la part d'inconnu en lui. Le dieu envoya la folie comme punition et Penthée s'habilla comme une femme, mais les femmes le prirent pour un lion (ou selon les versions, pour un homme) et le tuèrent en le déchiquetant à mains nues. La morale du mythe consiste à nous faire comprendre qu'un équilibre est nécessaire, quand bien même la raison et la lumière sont indispensables, il est nécessaire aussi de considérer les forces nocturnes, humides, irrationnelles. La part de féminité ne doit pas être bannie. Tout comme cet Arcane nous le présente dans son symbolisme à travers les canidés et l'écrevisse dans le bassin, les forces sauvages doivent être prises en considération et non refoulées, sinon, la névrose guette. L'Arcane de « La Lune » est bien une Lame psychologique par excellence dans le jeu du Tarot de Marseille (inconscience, pulsion, délire, folie...).

L'Homme ne peut regarder le soleil en face, alors qu'il peut regarder la lune sans souci de craindre de perdre la vue. Dionysos est un dieu qui regarde les hommes en face et prend possession d'eux. Son tombeau se trouve près du temple d'Apollon, le dieu solaire, comme si les dieux tiraient leur force de leur opposition, tout comme dans le Tarot de Marseille « La Lune » et « Le Soleil » sont côte à côte.

Récapitulons

Hermétique, alchimie (l'Exaltation) :

« Observe, écoute et sache te taire ». (PAPUS).

« La vie est remplie d'embûche que tu dois combattre ou éviter, mais sache que ne point agir c'est presque faire le mal. L'inertie est la lâcheté de l'âme ». (R. Falconnier)

Carte positive, à l'endroit :

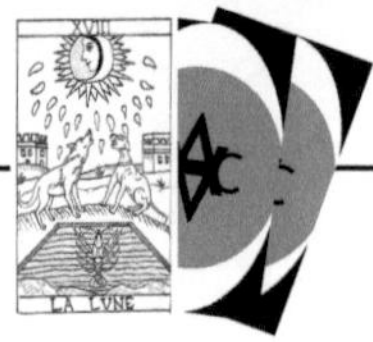

Explications traditionnellement admises :

La nuit. Le calme. Le sommeil. Les rêves. Rêveries nocturnes. L'intuition. Créatif. Idées et ressources imaginatives. Imagination féconde. Naissance à venir. Aime la nuit (le travail, les sorties). Les apparences. Passivité. Songeur. Énigmatique. Flegmatique. Visionnaire. Polyvalent. Les cycles humains ou de la nature. La menstruation. Le foyer. Le nid. Un centre-ville. La famille. Le passé. Les traditions. La vie conjugale. L'intimité. La gestation. Être réceptif. Réfléchir. Argent.

Psychologie :

Être en paix avec soi-même, c'est être capable de prendre conscience de la face cachée de sa personnalité et de l'affronter. Le « Moi » doit être assez fort pour maintenir un équilibre, une homéostasie psychique. Être réceptif tant sur ce qui se passe en soi que chez les autres permet de déceler parfois ce qui est caché, refoulé. On doit alors éviter que ce qui refait surface nous dévore comme les canidés de l'Arcane.

Le cerveau ne sait pas faire la différence entre des fantasmes et la réalité dans le sens où bien des individus ne savent plus dissocier les mensonges du vrai, c'est donc au « Moi » de faire la part des choses, car cette instance est aussi le médiateur entre le monde interne de l'individu et l'extérieur perçu comme étant menaçant, hostile et en cela elle joue un rôle de défenseur. Le moi est donc menacé, d'autant qu'il est vulnérable aux conflits internes, sources de troubles.

Il existe aussi des techniques, dites de miroir, très bénéfiques et très efficaces pour chasser des pensées parasites. De la même façon que la lune nue est perçue grâce à la lumière du soleil, il est important de savoir que les autres nous renvoient très souvent notre propre lumière (si l'on est triste, maussade, agressif ou au contraire souriant, avenant, de bonne humeur et empathique, alors les comportements ne seront pas les mêmes).

Tout comme la lune a une force impressionnante sur la terre bien qu'elle paraisse tranquille et sans danger, il ne faut jamais confondre gentillesse et faiblesse.

Cet Arcane symbolise les peurs et les craintes que nous devons maîtriser pour lutter contre les névroses phobiques. Il évoque les rêves que Freud analyse dans *L'Interprétation des rêves* et qui constituent une voie royale pour accéder à l'inconscient. Jung lui aussi le fait pour établir un pont entre l'inconscient et l'alchimie et donc la psychologie.

Carte négative, à l'envers :

Explications traditionnellement admises :

Les habitudes. Les lubies. Les tocs. Tendance à l'alcool et aux drogues. Les illusions. La lâcheté. Les fantasmes. La peur. L'angoisse. La mélancolie. La folie. Irrationnel. Les mirages. Trompeur. Voyance trompeuse. Ce qui est caché. Suspicion. Le chantage. Les menaces. Un viol. Les mensonges. La mythomanie. Affabulateur. De sombres desseins. Les superstitions. Les caprices. Un traquenard. Un complot. Une trahison. L'occulte. Un vol. Un cambriolage. Ténébreux. Occulte. Sournois. Lunatique. Conscience trouble. Le pourrissement. L'obsession. La paranoïa. La schizophrénie. La nyctophobie. L'aquaphobie. La cynophobie. Les parasites comme les oxyures qui agissent la nuit.

Psychologie :

Les hallucinations et délires peuvent lutter contre les angoisses en essayant de rendre le monde extérieur et le monde intérieur supportables. Attention à la perte de contact avec la réalité et donc à la construction d'une néoréalité qui remplace la réalité et à laquelle la personne va croire et adhérer. C'est le délire. Cela peut aussi être la cause de trouble de l'humeur (la lune est changeante et répond à des cycles). De même, il faut être très vigilant en ce qui concerne la mélancolie (voir aussi l'Arcane l'Estoille à ce sujet).

Les mythomanes sont aussi de grands mystificateurs, plus ils mentent et plus ils s'enfoncent dans le mensonge comme dans les sables mouvants de leur imaginaire. La mythomanie est liée au clivage du « Moi », c'est un dérèglement, une pathologie, un trouble de la personnalité antisociale.

Enfin, des études en psychologie sociale ont montré que l'on retient plus facilement le mensonge (car parfois plus séduisant) ou une réponse erronée plutôt que la vérité (comme l'animal qui fait le mort pour échapper à son prédateur). Joseph Goebbels, Hitler : *« un mensonge répété mille fois se transforme en vérité »*. La répétition du mensonge génère de profondes croyances comme le montrent de nombreux exemples historiques.

Les peurs comme la peur du noir, la peur de l'eau, la peur des animaux peuvent s'inscrire dans un conflit psychique source de symptômes névrotiques portés sur des objets externes. On peut penser à l'agoraphobie aussi à travers cet Arcane. Mais cette Lame peut, par sa simple vue déclencher d'autres peurs chez les individus. L'écrevisse peut réveiller la peur des couteaux, des lames en tout genre, la peur de se faire couper le pénis. Elle peut susciter la peur de la mort, la thanatophobie, tout comme le noir, les ténèbres symbolisées dans cette Lame par la nuit.

Personnages

Un maître chanteur. Une gouvernante. Travailleur de nuit. Patron de discothèque. Animaux domestiques et sauvages. Un navigateur. Un négociant en vin. Un trafiquant de drogue.

XVIIII – Le Soleil

Celui qui voit le soleil se lever a survécu à la lune et à ses eaux troubles où finissent par pourrir ceux qui s'y endorment. Celui-là peut alors se nourrir du fruit de l'union de la Mère et du Père cosmique, la rosée du petit matin (*« L'argile de l'homme a été pétrie avec la rosée de l'amour. »* – Djalal-Ad-Din Roumî). Cette vapeur d'eau qui se condense et se dépose en fines gouttelettes intéresse les Alchimistes qui voient en elle des vertus essentielles. Ainsi, celui qui ne s'est pas oublié dans le sommeil de la nuit voit le jour. Bien que les muscles se relâchent tous, une tension est nécessaire pour revenir à un état de conscience. Ce qui nous apparaissait alors sombre, informe, confus, vague, source d'inquiétude, nous est éclairé. Ce qui, la nuit, nous a semblé effrayant n'est en réalité qu'un arbuste, en plein jour. Le Soleil éclaire notre vie, nos chemins, notre vision, notre esprit. Ce qui était sujet aux fantasmes, aux délires, aux interprétations suggestives nous apparaît avec des contours bien nets. C'est pourquoi certains agissent la nuit, dans l'ombre afin de maintenir une illusion permanente. Ce qui, la nuit, laissait la place aux rêves, aux cauchemars les plus farfelus et libres de s'exprimer hors de notre contrôle (inconscient) et donc nous ne gardons que les bribes lors de notre réveil, laissant la conscience prendre le relais. Cela étant, le soleil peut aussi éblouir. Certains préfèrent paraître plutôt qu'être. Ceux-là brillent en société de manière ostentatoire.

Parfois, pour garder un secret, il n'est pas d'autre moyen plus ingénieux que de le montrer à tous. C'est parfois les choses les plus évidentes qu'on ne voit pas, ou tout du moins, qu'on ne remarque plus. On ne voit bien que ce que l'on veut bien voir. Ce que voit l'un est vu de la même façon par l'autre sur le plan biologique, physique, mais l'interprétation dépend de bien d'autres facteurs comme la culture, la société, la religion, les dogmes, l'instruction, la sensibilité, etc. Ainsi, un objet dont les propriétés physiques sont les mêmes pour tous peut susciter de multiples interprétations. Il en est de même pour le mensonge (*« Plus le mensonge est gros, plus il passe. Plus souvent il est répété, plus le peuple le croit... »* Joseph Goebbels), et chacun sait combien le nazisme représente le mensonge par son idéologie destructrice. On voit que c'est un mensonge, mais on finit par l'admettre comme une évidence. Ainsi, sous le soleil, l'ombre persiste. Sauf dans le désert, où rien ne pousse. Le soleil brûle. Il est le feu. En lui, en permanence s'opère la fusion atomique. Celui qui cherche à vouloir utiliser le soleil sans le maîtriser va créer le « feu nucléaire » et tout détruire. C'est en mettant en lumière les atomes et leurs propriétés que l'on sait créer l'arme absolue. Celui qui s'approche trop près du soleil voit ses ailes brûler comme Icare. Pendant longtemps, nous avons cru que le soleil tournait autour de la Terre, à cause de notre égo et de la religion qui désiraient que l'on soit au centre de l'univers. On sait aujourd'hui qu'il tourne sur lui-même. Son attraction fait que tout est immuable et que l'ordre est maintenu dans la rotation des planètes.

L'Alchimiste cherche le centre, l'équilibre, l'homéostasie parfaite pour obtenir la quintessence, la pierre philosophale inaltérable comme l'or. Avec le soleil, il l'a trouvé.

Le soleil est au centre et nous gravitons autour de lui. Trop près, la planète Terre brûle, trop loin, elle gèle. Il donne son énergie le jour (les gouttes qui tombent) et il nous laisse nous reposer la nuit. Sa lumière nous éclaire directement et lorsqu'il la confie à la lune c'est pour que notre imagination reprenne le dessus. Le soleil est jaune, c'est l'OR (c'est-à-dire l'eau dans l'Air, la rosée). Le soleil est le Roi des cieux, Louis XIV était le « Roi Soleil ». Le soleil est associé à la royauté, car celui qui se prétendait élu par Dieu se devait d'éclairer son peuple, de le protéger, de l'éblouir par ses actes nobles.

Malgré sa puissance et sa force destructrice, le soleil est cependant indispensable à la vie. Il nourrit de sa lumière (la photosynthèse). De sa chaleur naît l'énergie, dont chacun a besoin pour grandir et évoluer. Il est généreux, car il est là pour tous, quelle que soit la condition de chacun. De sa présence, il chasse les ténèbres au sens réel et figuré. Celui qui n'a pas « la lumière au plafond » est bien à plaindre. La lumière est ici associée à l'intelligence, à la vérité. La vérité des sentiments, mais aussi la vérité comme une raison qui brille tel un diamant pur (« les critiques » de Kant représentent une cathédrale dans la pensée humaine et sont, à bien des égards, un soleil pour notre intelligence). Un esprit éclairé est un esprit qui sait voir au-delà des ombres qui nous trompent parfois, voire souvent. Platon avec son Allégorie de la caverne l'avait déjà compris ; pour lui, les ombres que nous voyons au fond de la caverne et que nous croyons comme étant la vérité ne sont qu'un reflet de ce qui passe devant la lumière, derrière nous. Mais, se retourner et aller voir ce qu'il en est impose une torture qui décourage bon nombre de ceux qui ont fait un semblant d'effort. Retourner s'asseoir devant les ombres est alors bien plus confortable. C'est là que le diable peut œuvrer et nous faire croire à ce qui n'est pas. Celui qui ne faiblit pas et affronte la lumière doit fournir un effort supérieur à ce que la majorité des gens peuvent supporter. Mais connaître la vérité n'est pas un gage de reconnaissance. La grande majorité préfère les ombres par lâcheté intellectuelle, par manque de courage, et va avec vigueur fustiger celui qui tente de convaincre ses semblables attachés à l'enclume du diable ! C'est ainsi que naissent les dogmes religieux et scientifiques. C'est ainsi que naissent les dictatures et certaines normes débiles. Ce fait n'est pas dû au diable, mais à notre unique lâcheté, à notre égo. En cela, le soleil, par son côté double (éclairer – éblouir ; réchauffer – brûler) possède des caractéristiques que l'on peut comparer à ceux de l'Arcane XV.

Le Tarot nous présente l'Arcane XVIIII avec le soleil dans toute la partie supérieure, l'on sait désormais pourquoi.

Nous voyons aussi deux enfants qui symbolisent parfaitement cette coopération, source de la vie. Entretenir le conflit, c'est assurément favoriser la guerre. À l'image de notre macrocosme, notre microcosme est un miracle de coopération et de collaboration. Les milliards de cellules, en nous, coopèrent d'une manière admirable, bien que spécialisée, afin de maintenir un être biologique complexe qui fonctionne parfaitement. Cela se fait d'une manière tellement naturelle que l'on n'y pense plus, que l'on trouve cela normal en quelque sorte. Il n'y a que lorsque la maladie déséquilibre l'homéostasie qu'on cherche à comprendre ce qui ne fonctionne plus bien. Ainsi, en va-t-il du jour. Il est là. Pourquoi alors s'en soucier davantage ? Pourtant chaque jour que nous vivons est une chance, un acte d'amour qui nous est donné par la vie. Les enfants représentent l'amour et la fraternité, le premier prend l'autre par le cou afin de le guider, c'est l'entraide, le second pointe sa main en direction du cœur de son acolyte, son jumeau, pourrait-on dire, tellement ils se ressemblent. Leur pagne cache tout juste leur sexe. Ils sont nus pour nous montrer que le corps est parfait en tout point et peut se nourrir de l'énergie du soleil afin d'entretenir une bonne santé sans avoir besoin de se goinfrer de nourriture. Ils sont l'innocence même. Ils symbolisent l'amour, l'aide, la fidélité, l'avenir, l'espérance, la jeunesse. Le soleil avec les enfants nous met aussi en garde contre « les enfants rois ». L'être humain n'est pas le soleil. L'individu brille par ses actions qui viennent du cœur et non parce qu'il pense être le centre du monde. Sinon, il verra tôt ou tard son royaume brûler sous le soleil ardent. Le soleil brille pour tout le monde, autrement dit, l'Arcane nous invite à rester à notre place, sous le soleil et non comme son égal.

Le soleil nous donne une leçon. On doit être, et non pas paraître. Nous devons nous dévêtir de l'égocentrisme. On doit solliciter et favoriser la tendresse, l'aide, la fraternité, la chaleur, la bonté, la générosité, la noblesse, l'harmonie, l'amour autour de soi. Le cœur est le plexus solaire du microcosme. À nous de le faire rayonner !

L'Arcane XVIIII est la Lame de l'amour par excellence.

Le but ultime de l'univers est l'amour ! À partir de quelques atomes, l'univers a créé la vie, et avec elle, il a ajouté la conscience puis au bout du bout l'amour. L'amour est né de quelques atomes pour rayonner tel un soleil ! Celui qui vit sans amour vit sans cœur. Il a dans la poitrine une simple pompe et son âme pourrira lorsque celle-ci s'arrêtera de fonctionner. Alors que celui qui vit avec amour continuera de briller même bien après que la pompe s'arrête de fonctionner tout comme l'étoile morte dont la lumière nous parvient toujours.

L'Arcane inversé peut être tout aussi destructeur qu'il est bénéfique à l'endroit. Puisque nous avons fait le rapprochement avec « La Lune » et le dieu Dionysos, nous pouvons rapprocher « Le Soleil » d'Apollon. C'est en effet un dieu solaire (qui fait murir les fruits), il est appelé « Phoibos : le brillant ». S'il peut être doux d'être à ses côtés, le défier c'est à coup sûr prendre le risque de recevoir ses flèches toujours victorieuses, tout comme les rayons du soleil peuvent aveugler, brûler, provoquer le cancer, assécher les cours d'eau.

Y a-t-il un message caché dans cet Arcane ?

Que signifie le mur ? On peut épiloguer longtemps sur sa forme, sa hauteur, ses couleurs. Bon nombre d'ouvrages en parlent, il n'est pas nécessaire de revenir sur ces détails qui n'apportent pas grand-chose. En réalité, le mur symbolise l'extrême limite. En effet, après la lune, on trouve le soleil. Mais, que trouve-t-on après le soleil ? Le Tarot nous enseigne que seule l'intervention divine, grâce à la résurrection, représentée par l'Arcane XX, permet à l'âme d'accéder à l'inaccessible, c'est-à-dire d'aller au-delà du soleil. En effet, PAPUS nous dit en évoquant l'Arcane du soleil : *« [...] exprime, dans le Monde divin, le Ciel suprême »*. Ainsi, le mur nous protège du vide abyssal. Mais, dans un autre contexte, il peut aussi symboliser la cage dorée dans laquelle on est enfermé, souvent volontairement. On s'emprisonne dans sa peine et l'on pleure. D'un point de vue astronomique, il faut, en l'état actuel de notre technologie, 78.000 ans pour rejoindre le prochain soleil le plus proche du nôtre...

Récapitulons

Hermétique, alchimie (l'Imbibition) :

« Travaillant sur l'humaine substance, matière première effective du Grand Œuvre, les Enfants de la Lumière transmuent le plomb vil des bas instincts en pur or moral et intellectuel. D'un ignorant sottement égoïste, ils s'efforcent de faire un sage soucieux d'entrer en harmonie avec la vie, afin de vivre en beauté. » [53]

53. Le Tarot d'Oswald Wirth.

Carte positive, à l'endroit :

Explications traditionnellement admises :

L'amour. La fidélité. La sincérité. Le bonheur. L'harmonie. L'entraide. La fraternité. L'amitié. La générosité. La bonté. La tendresse. La fidélité. La noblesse d'esprit. L'harmonie. La royauté dans l'aspect noble, chevaleresque et protecteur. La chaleur. Le bien-être. La détente. L'innocence. Les enfants. L'amour des enfants. La joie. L'énergie solaire. Le cœur sur la main. Généreux. L'éclaircissement. L'esprit éclairé. La lucidité. Être brillant. Aime le jour. Le sud. L'or. Des finances avantageuses.

Psychologie :

L'être humain a besoin d'amour dès sa naissance. Le priver d'amour c'est le priver de soleil toute sa vie. Nourrir un enfant sans amour revient à geler ses sentiments. L'être humain étant essentiellement un être composé d'eau, son corps prend d'une manière invisible la forme de l'amour qu'on lui transmet. En cela, le manque d'amour pousse les cellules à ne plus se régénérer. Certains guérissent leur cancer par l'amour, et ce n'est pas des foutaises, même le corps médical conventionnel commence à prendre très au sérieux cet état de fait. Chacun, où qu'il se trouve sur cette terre, a besoin d'un ou de plusieurs soleils dans sa vie, le soleil maternel, paternel, fraternel, conjugal, amical, etc. Chacun a besoin de cette lumière, qu'elle vienne du cœur ou du ciel, pour garder l'homéostasie en soi psychique ou physique (les deux étant liés). Des enfants nourris, mais laissés pour compte sans amour et ignorés finissent par mourir ou grandir avec des séquelles psychologiques et physiques graves.

Carte négative, à l'envers :

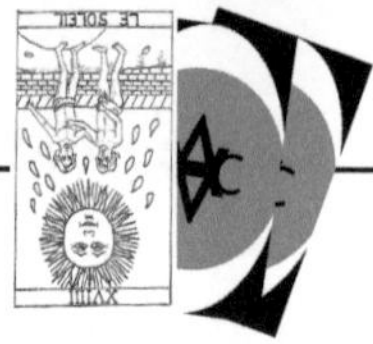

Explications traditionnellement admises :

Ombrageux. Dissimulateur. Aridité. Assécher. Brûler. Le cœur aride. L'aveuglement. Paraître. Briller avec ostentation. Imbu de soi. Égo surdimensionné. Un pouvoir stérile assuré par un savoir superflu. Superficiel. Bluffer. Une cage dorée. S'enfermer dans sa peine. Pleurer. Larmoyer. Émotivité exacerbée. Des sentiments perturbés. Refuser d'aider ou refuser l'aide d'autrui. Les brûlures. Le feu destructeur. Amour perdu. Brûler la vie par les 2 bouts. Perte d'argent.

Psychologie :

Celui qui ne prend pas en compte les sentiments s'ignore autant soi-même que les autres en tant qu'être sensible. Refuser l'aide d'autrui, c'est souvent être sous le joug de son égocentrisme qui pense qu'on est le plus fort, le plus beau, le plus brillant, mais aussi sous le joug de préjugés comme le fait de penser que l'autre n'est pas à la hauteur. L'estime de « Soi » est bien trop haute.

La tendance à vouloir se croire un enfant roi peut aussi amener l'être à sombrer psychologiquement le jour où il s'apercevra qu'il n'est pas le soleil autour duquel tout le monde tourne. La dépression guette et la chute est terrible.

Cet Arcane soulève aussi l'aspect mégalomaniaque propre au psychopathe paranoïaque. Se prendre pour un soleil, c'est s'élever sur le même plan que le divin, c'est vouloir être au centre de toutes les préoccupations, c'est vouloir plaire à tout le monde quitte à brûler ses anciens amis.

Cet Arcane peut aussi nous prévenir d'un comportement exagérément séducteur de la part d'un parent à l'égard de son enfant, car cela peut contribuer à créer un conflit intense entre les besoins sexuels et des représailles sévères de la part du « Surmoi » (selon H. Searles, *L'effort pour rendre l'autre fou*, Gallimard, 1991).

Les deux enfants qui se ressemblent peuvent aussi, sur le plan de la psychothérapie, nous faire penser à un dédoublement qui caractérise une dépersonnalisation. Par exemple, un individu peut rester des heures à scruter son image tout en s'interrogeant sur sa morphologie. Il ne reconnait pas son visage, il se questionne sur l'existence réelle de celui-ci. Il s'agit d'un trouble qui marque l'entrée possible dans une schizophrénie.

Personnages

Un roi. Un banquier. Un metteur en scène. Un comédien. Des enfants. Un protecteur. Un cardiologue. Un psychopathe paranoïaque.

XX – Le Jugement

Le jugement divin arrive très loin après « La Justice » qui indique à l'être humain, perfectible par essence sur le plan moral, la nécessité de peser le pour et le contre, le bien et le mal, afin de vivre un équilibre juste dans ses décisions et ses actes.

Nous sommes face à l'éveil des âmes par le son du Séraphin et l'amour du Père et de la Mère. L'humanité juge sa propre âme tel l'inquisiteur et Dieu pardonne. Pour se redresser l'être androgyne (la tonsure du moine – voir Arcane V – indique le côté masculin, le dos, les hanches et les fesses dénotent surtout un aspect féminin ; il est tourné pour qu'on ne puisse voir son sexe, mais l'on comprend qu'il est l'Adam unifié avec Eve) a besoin de l'amour du Père et de la Mère et de l'appel de l'Ange le plus élevé en dignité, tout comme sa propre volonté est requise. Ainsi, Jésus ressuscite Lazare (Jean 11.1-57) : *« [...] il cria d'une voix forte : Lazare, sors ! ».* La résurrection est l'acceptation de l'appel de la trinité : celui du Père, de la Mère et de l'Esprit. Cet Arcane est à rapprocher de l'Arcane « La Roue de Fortune ». L'individu soumis au Sphinx qui voit tout et qui pousse vers l'animalité ou, au contraire, accepte l'humanisation laisse la place au Séraphin. L'Ange apparaît triomphateur du cercle (cercle = roue, mais cette fois les rayons sont des rayons de lumière et l'Ange est au centre), doublé de son auréole. Ce dernier emmène l'âme de celui qui se relève du tombeau vers les Cieux, au-delà du Soleil de l'Arcane XVIIII. Car sans l'Ange, nul ne peut franchir le mur et s'élever sans être brûlé !

Le Séraphin a trois paires d'ailes. Les premières, les plus grandes, sont nécessaires pour s'élever dans les Cieux, les secondes, plus petites, pour soutenir l'âme qui l'accompagne et les troisièmes, pour cacher son propre regard lorsqu'il sera en présence de la lumière divine, celle tant recherchée par les Alchimistes, tant attendue par les ecclésiastiques, et tant espérée par ceux qui y croient. Pour voir Dieu, l'âme doit être préparée, d'où son long parcours (la voie longue, le vase de l'Art). Elle est devenue pure, elle peut voir la lumière en face avec humilité, sans périr. Elle peut enfin discerner la vérité la plus haute. Le Séraphin n'a pas suivi ce chemin, il reste humble devant Dieu. Il ne pourrait supporter la lumière, de plus il n'a pas le droit de la regarder (la voie courte, le vase de nature). Le paysage en fond montre bien le chemin chaotique que l'on doit parcourir pour en arriver là. Des ténèbres (le caveau d'où sort le personnage central), on gagne la lumière. Quelques gouttes de rosée sont offertes au ressuscité comme eau bénite et permettent le passage de l'énergie du divin en nous. Les autres gouttes ne montent pas, elles ne tombent plus, elles volent tels des papillons, symbole de l'âme. Les prières (Arcane V) sont exaucées. Il ne s'agit plus de bénédiction, mais de libération !

Donc, l'Arcane XX nous enseigne que pour sortir des situations les plus difficiles, on doit avoir des pensées inspirées, un esprit éclairé (Arcane XVIIII), un psychisme sain malgré les ténèbres qui nous habitent (Arcane XVIII).

C'est la Lame du succès, de la reconnaissance, de la délivrance, de la résurrection, de la génialité, de l'illumination. Elle est protectrice.

L'Ange nous présente un drapeau. Il symbolise les quatre éléments dont la quintessence sort des ténèbres, telle la lumière. L'Alchimiste a percé le rocher et a vu la lumière vive à l'intérieur. C'est l'Œuvre de celui qui persévère.

L'Arcane « Le Jugement » peut aussi s'entendre en deux mots : « le juge » « ment » selon la langue des oiseaux, afin d'expliquer la Lame inversée.

En effet, puisqu'il y a appel du Séraphin, le jugement divin a déjà eu lieu. Dans ce cas, on peut se poser la question de savoir pourquoi cette Lame porte ce nom. La réponse peut être que toute culpabilité et tout jugement, porté sur soi ou sur les autres, est basé sur des normes, des dogmes et des habitudes d'un groupe, d'une société, d'un pays et n'a donc aucune valeur universelle. Il ne peut en aucun cas être le reflet des qualités intrinsèques de chacun.

Jésus Christ : *« Que celui d'entre vous qui n'a jamais péché lui jette la première pierre (Jean 8:7). »* Ainsi, se juger soi-même et se libérer de tout jugement envers les autres, c'est déjà entendre le son du Séraphin pour soi, ne pas le faire, c'est rester dans les ténèbres.

Y a-t-il un message caché dans cet Arcane ?

Les deux personnages de sexe opposé qui prient pour la résurrection symbolisent le fruit de l'union de la Mère et du Père célestes (la mère et le père qui prient), c'est-à-dire la rosée. C'est pourquoi l'être qui naît de cette union est androgyne. Il contient toutes les caractéristiques des opposés afin de les unir. C'est la raison pour laquelle il est au centre de toutes les attentions et appelé par le Séraphin, car il symbolise la quintessence (alors que le drapeau symbolise les 4 éléments).

On ne peut aussi s'empêcher de faire une allusion au caryotype, c'est-à-dire la description du lot chromosomique, 46 chromosomes pour l'Homme. Les chromosomes se représentent sous la forme de X, c'est-à-dire de deux chromatides accolées l'une à l'autre par le centromère. On parle ici d'hérédité. Or, l'Arcane « Le Jugement » porte le nombre XX (Caryotype, pour chaque paire, un chromosome vient du père et l'autre vient de la mère). Nous avons donc bien un nouvel individu qui naît grâce à la transmission génétique de deux individus. Cependant, il ne s'agit pas d'un clone, mais d'une création. Cette Lame arrive après l'Arcane « Le Soleil » qui est la Lame de l'amour par excellence. Chaque naissance est un don du ciel, un don de la nature, un appel à la vie.

Récapitulons

Hermétique, alchimie (la plus que perfection) :

« La résurrection est l'opération magique, à la fois divine et humaine, où l'amour divin et l'amour humain triomphent de l'oubli, du sommeil et de la mort. Car l'amour n'oublie jamais, veille toujours et est plus fort que la mort. »[54]

« L'ascension de l'âme est le fruit qu'elle doit tirer de ses épreuves successives » [55]

54. Anonyme, *Méditations sur les 22 arcanes majeurs du Tarot*, Éditions Aubier.

55. PAPUS, *Le Tarot Divinatoire*, Éditions DANGLES.

Carte positive, à l'endroit :

Explications traditionnellement admises :

Sens de la communication. Une prophétie. Une guérison. Une libération. Une résurrection. Un appel. Une élévation. Spirituel. Esprit sain. Prendre conscience. L'inspiration. Une naissance. L'œuvre d'un couple. Être éveillé. L'illumination. Une révélation. Un miracle. Les mélodies. La renommée. La reconnaissance. Le génie. La récompense. Sociable. La réussite sociale. Un triomphe. La vocation. Une réorientation. Spontané. Enjouée. Carte protectrice.

Psychologie :

L'individu possède un « Moi » capable de gérer ce qui vient de l'extérieur tout en le préservant, avec discernement. Le « Moi » contrôle le « Surmoi » pour juger de manière judicieuse et sait reconnaître et combattre les préjugés et les clichés lorsqu'ils arrivent. Le « Moi » possède la faculté d'entendre sa raison et de comprendre l'appel des pulsions ou des émotions (affects somatisés) qui viennent du « Ça ». Cela permet à l'individu de vivre en société avec succès et lui permet souvent de sortir de situations difficiles, car l'individu sait gérer les utilités avec intelligence (les coûts et les avantages).

Celui qui sourit à la vie a plus de chance dans une société dite sociale de réussir, car le sourire est source d'attention positive en règle générale de la part des autres. L'être social est reconnu des autres, il sait aussi reconnaître plus aisément les « tricheurs », ceux qui volent les ressources d'autrui.

Carte négative, à l'envers :

Explications traditionnellement admises :

Un exalté. Un illuminé. Surexcitation. Survolté. Dédoublement de la personne. Se prendre pour un autre. Parader. Manque de pondération. Intempestif. Fanatique. Emporté. Ivresse mentale. Esprit malade. Ne pas vouloir entendre. Préjugé et jugement biaisés. Aucune capacité de discernement. Manque d'intelligence.

Psychologie :

Cet Arcane nous fait penser à l'esprit exalté ou à des pensées délirantes qui présentent un caractère excessif de la personne, ainsi qu'une certitude inébranlable, une croyance individuelle, et un décalage avec la réalité. Cela peut aller au dédoublement du « Moi » ou clivage du « Moi » dans le cas des psychoses paranoïaques.

Cet Arcane, nous invite à penser qu'avoir des jugements sur les autres sans les connaître amène souvent à des interprétations personnelles faussées « Ils ne m'aideront pas. Cette personne doit penser de cette manière. Mon ami réagira négativement si je lui parle de mes projets, alors c'est inutile… »

Cette Lame peut révéler une personne qui fait de son jugement sur sa personne une vérité universelle, alors que c'est uniquement sa vision à elle. La personne ne peut plus juger objectivement. On appelle cela des pensées automatiques. Elles sont courtes, explicites et chargées affectivement. Ses pensées sont négatives « Je suis moche ; Je suis gros ; Je suis nul… » ou positives « je suis le plus fort ; Mon intelligence est supérieure… », elles sont conditionnelles « Si je vais en courses, tous vont se moquer de mon physique » ou inconditionnelles « je ne suis pas apte ». Cela peut entrainer une dépression, de l'anxiété et un cercle vicieux s'installe. Le cerveau ne sait plus faire la différence, cela devient pathologique et on peut somatiser. Plus on est mal dans sa tête, plus on rejette son corps et plus on souffre. Ces pensées négatives ou biaisées peuvent générer la peur, et la peur génère des troubles. On appelle cela une distorsion cognitive.

Les thérapies cognitivo-comportementales (TCC) aident les personnes qui souffrent de ces idées automatiques, générées involontairement, par l'esprit en travaillant sur elles et sur les schémas, les croyances fondamentales dont elles sont issues pour les remettre en question. L'objectif est d'avoir une vision plus réaliste d'une situation afin de limiter les conséquences négatives, voire les supprimer.

Personnages

Un archéologue. Un journaliste. Un homme de radio. Un élu du peuple. Une personne ayant des relations publiques. Un ingénieur du son. Un inventeur.

XXI – Le Monde

Qu'est-ce que le Monde ? Est-ce l'univers, notre galaxie, notre planète, notre réseau social ou professionnel, notre famille ? Du latin « *mundus* » qui signifie *« ce qui est ordonné, bien disposé ou arrangé, net, pur »*[56]. Le Monde est l'ensemble de tout ce qui existe, autrement qui dépend de la vision de chacun. Le Monde est un terme qui désigne une généralité dans laquelle on peut s'inscrire. Ainsi, lorsqu'une personne affirme : « j'ai parcouru le Monde », il s'agit d'une notion très subjective, car objectivement, elle ne s'est certainement pas rendue dans tous les endroits du Monde d'autant, qu'il existe encore des parties qui nous sont inconnues, en tout cas pour la quasi-totalité de nous tous.

56. « Les portes du temple : De l'ignorance à la connaissance » n° 86 de Frank Zimmer.

Cette Lame intervient selon son numéro après l'Arcane « Le Jugement » qui, comme les précédents, fait consensus en ce qui concerne les messages délivrés même s'il y a des différences et des amplitudes dans la profondeur des explications selon les auteurs ayant des sensibilités et même des confessions particulières. Conséquemment, après l'ultime jugement, après avoir dépassé l'infranchissable soleil, après avoir été au-delà, nous sommes en droit d'espérer obtenir la réponse à la question existentielle que nous nous posons tous. Qui a-t-il après la vie ?

Le Tarot semble nous donner des réponses après l'Arcane X, avec le passage de chacune des Lames de la XI à la XX, pour en arriver, au final, à découvrir cet Arcane.

D'ailleurs, sans même connaître le Tarot, sans même avoir une quelconque notion de son existence, nous connaissons tous cette carte, sauf ceux qui ne sont jamais passés au moins une fois devant une église, une cathédrale. Combien d'entre nous sont entrés dans ces édifices religieux ? Par conséquent, nous sommes sans doute passés par l'entrée principale ayant pour fronton l'Arcane XXI !

Ainsi, si l'on retrouve cet Arcane sur un édifice aussi important, comme celui de la cathédrale de Chartres (édifice alchimique, s'il en est), l'une des plus imposantes et des plus belles d'Europe, c'est que le message qui est délivré est, par conséquent, des plus importants.

Sur les frontons des monuments religieux, c'est le Christ qui occupe la place centrale dans la mandorle. En général, une partie de son corps dépasse toujours de l'espace défini autour de lui, contrairement au personnage de l'Arcane XXI. Cela démontre sa puissance, car seul le Christ peut aller d'un Monde à un autre. Par conséquent y aurait-il une pluralité de mondes, avec des univers parallèles ? Certains disent qu'il existe un Monde parallèle au nôtre, en miroir. Tout ce qui se passe ici aurait une répercussion sur ce qui se passe dans l'autre Monde et vice-versa. Certains évoquent des passages entre les Mondes. Il y en aurait même sur Terre. Mais, il s'agit sans doute de mondes physiques, ici nous sommes dans le spirituel.

Le spirituel est bien présent, car voici ce que représentent les quatre figures autour de la mandorle :

Symboles	Attributs	Religion – les 4 évangélistes
Le taureau	La terre	Luc
Le lion	Le feu	Marc
L'aigle	L'air	Jean
L'ange	L'eau	Matthieu

Dans le chœur de la cathédrale de Béziers, les quatre évangiles apparaissent avec leurs attributs, c'est ce que l'on nomme la forme allégorique du tétramorphe.

A-t-on atteint ici la perfection pour ainsi obtenir une telle décoration (la mandorle) et une telle attention divine (les évangélistes) ? Le personnage est-il la réponse à cette question ? R. FALCONNIER nous dit, à son propos : *« C'est aussi le symbole de l'androgyne primordial que la Kabbale traduit par la formule latine : Coagula et Solve ».*[57] *« Coagula et Solve »* sont des termes bien connus des Alchimistes, car ils représentent d'une certaine manière tout le secret du « Grand Œuvre ». Cette Lame symbolise-t-elle l'entéléchie d'Aristote, ce dont Leibniz définit comme *« une entité qui jouit de toute la perfection dont elle est capable de par sa nature »*[58] ? Avons-nous là, la représentation de la monade de Leibniz ?

L'androgyne est le masculin et le féminin fusionnés, ainsi les opposés sont réunis et non dissociés afin de former un tout harmonieux. L'être est complet et tous les plaisirs sont assouvis ici, et maintenant, sans attendre, sans chercher, sans demander, sans dépendre d'une tierce personne. C'est cette recherche de l'autre et cette dépendance à l'autre dans le besoin d'apaiser la tension interne du plaisir originel qui détermine les sentiments, l'amour, la haine, la frustration, etc. L'être accompli, dans la plénitude parfaite d'une homéostasie psychique, danse, car il a tout ce dont il a besoin. Il est nu, car la température est idéale et sans amplitude. De plus, l'habit représente une appartenance sociale qui n'a plus cours ici. L'égo est mort depuis longtemps, depuis l'Arcane XII, voire l'Arcane XIII ou

57. R. FALCONNIER, *Les XXII Lames Hermétiques du Tarot Divinatoire,* Collection Belisane.

58. Dictionnaire Larousse.

XVI s'il en restait encore un peu ! Ainsi, le personnage symbolise la quintessence entourée des quatre éléments, protégés par la barrière de la mandorle et par les esprits du vent, du feu, de la terre et de l'eau.

Celui qui sait s'approcher de toutes les richesses et de la gloire sans pour autant le désirer est autorisé à atteindre cet état de transcendance absolue. On est riche du parcours accompli par la noblesse du cœur et de l'esprit et non du superficiel matériel.

Certains affirment que le personnage danse à cause de la position de ses jambes, position similaire, par ailleurs à celle des Arcanes « L'Empereur » et « Le Pendu ». Sa droiture peut aussi être soulignée, tout comme L'Arcane IIII et l'Arcane XII, mais pour d'autres raisons.

Le personnage tient la baguette prétendue « magique » par certains. Cette baguette que « Le Bateleur » tient aussi. Est-ce pour signifier le parcours réalisé ? La boucle est bouclée et seul « Le Fol » peut avoir la force créatrice et l'inspiration géniale d'en sortir pour recommencer un nouveau cycle. Ainsi, le personnage « Le Bateleur » tenait « l'âme » dans la même main que celui du Monde, mais pour des raisons différentes. Cet objet lui permettait de capter les vibrations du Ciel. Ici, le personnage de l'Arcane XXI indique l'objet du désir accompli. Freud y verrait sans doute le symbole du phallus « l'objet du désir ». Les Alchimistes vont y voir ce que la Table d'Hermès Trismégiste nous dit : *« Tout ce qui est en haut est comme ce qui est en bas, et tout ce qui est en bas est comme ce qui est en haut [...] »* C'est le bâton du grade suprême du militaire, le bâton du maréchal, celui qui a atteint le plus haut rang qu'on puisse atteindre. Certains y voient la baguette magique qui crée la réalité. Contrairement, au bateleur qui tenait de la main droite un denier, le personnage ici tient une petite fiole. Certains affirment qu'il s'agit d'une potion de longue vie, d'autres d'un filtre déformant la réalité.

Pour les hermétistes, nous avons là le symbole de l'œuf à l'intérieur duquel nous retrouvons les 3 phases et les 7 étapes du « Grand Œuvre » ou l'œuf cosmique.

Que peut-on en conclure en fait ?

Peut-être que celui qui a exercé son cerveau à s'ouvrir au maximum sur la conscience universelle du cosmos a toutes les chances d'entrer en elle. La conscience est enfermée dans la fiole. La baguette symbolise un esprit capable de voir les tenants et les aboutissants, autrement dit les domaines qui juxtaposent le nôtre, mais qu'on ne voit pas si on ne persévère pas dans notre quête de la connaissance. La baguette représente cet outil qui permet de percer et de voir par l'un de ses embouts, ce qu'il y a de l'autre côté, au-delà.

L'anagramme de « monde » est « démon », le démon vient à l'origine de *« dæmon »* qui signifie « génie bon ou mauvais » ou « puissance divine ». Les dogmes de la religion nous imposent une définition plus négative, car un démon est satanique.

Chateaubriand parle lui de « démone » tout comme nous avons parlé d'ange « gardienne » : *« Que faisait à cela mon élégante démone ? – Ma démone, comme un mauvais génie, se replongea dans l'abime »*[59].

Pour Socrate, le démon est une voix qui le guide, le conseille et l'inspire. Le démon de Maxwell concerne le second principe de la thermodynamique : qui établit l'irréversibilité des phénomènes physiques, en particulier lors des échanges thermiques.

L'irréversibilité signifie qu'il n'est pas possible de revenir en arrière. On est arrivé au bout, à la finalité, à tout ce que l'on pouvait espérer de mieux pour soi.

C'est pourquoi cette Lame est particulière dans le jeu. Pour Kris Hadar[60], elle n'a pas deux lectures possibles selon qu'elle est à l'endroit ou à l'envers, mais trois interprétations possibles. Si les cartes environnantes sont positives comme elle, alors c'est l'extase. Si elle est en position négative dans ce schéma, alors il faut minorer, mais ne pas la rendre tout à fait négative. Il s'agit alors d'impression d'obstacles à la réalisation d'un projet par exemple, d'un frein temporaire, ou d'un temps plus long qu'on ne le pensait, le temps que les choses murissent un

---

59. Chateaubriand, *Mémoires d'outre-tombe.*

60. Kris HADAR, *Le Grand Livre Du Tarot – Méthode Pratique D'art Divinatoire,* éditions De Mortagne, 2014.

peu plus. Elle est protectrice, donc elle tempérera les effets des cartes négatives comme « l'Arcane sans nom» à l'envers ou l'Arcane inversé « La Maison Dieu », par exemple. Par contre, si toutes les cartes alentour sont négatives, alors le constat est différent et devra être considéré avec beaucoup de savoir-faire quant à l'analyse, la perte peut être totale, tout comme la déconsidération ou la mort physique.

Y a-t-il un message caché dans cet Arcane ?

Il y restera tant que l'on n'aura pas vécu la mort et la libération de l'âme au-delà des limites terrestres, au-delà des limites mêmes de la lumière du soleil, tant que le Séraphin ne viendra pas chercher notre âme pour l'emporter avec lui !

Cependant, l'on peut s'aventurer à faire une hypothèse. Seul celui qui a su passer toutes les épreuves du Tarot, c'est-à-dire par toutes les Lames, avec succès, bien que certaines soient très difficiles à supporter, alors seul celui-là pourra être dans son Monde, protégé par les quatre puissances représentées par les évangélistes, et vivre la plénitude absolue. Celui-là n'aura plus d'inconscience, de préconscience et de conscience différenciée, il n'aura plus de « Ça », de « Moi » et de « Surmoi ». Il n'aura plus que son « Soi » dans l'unité la plus parfaite de la monade. L'énergie circulera librement. Elle sera tout à la fois pulsionnelle et moralisatrice. Elle sera lénifiante puisqu'elle apportera tous les plaisirs sans avoir à les chercher, à les demander. Ce sera la jouissance instantanée, ici, et maintenant, toujours, conséquence de l'entéléchie. Ainsi, celui-là vivra avec son ou ses démons, quels qu'ils soient, bons ou mauvais, libérés et transmutés en lumière pure et vive. C'est pourquoi l'être est dans sa coque impossible à briser sans l'aide de sa volonté et de celle de l'extérieur, des quatre puissances (seul le Christ le peut). Ainsi, si tel est le cas pour cet être alors il recommencera un autre cycle, vierge de toute expérience, de toute connaissance, de tout sentiment. Car la fiole contient de l'eau du fleuve « Léthé », le fleuve de l'oubli selon Platon. Il sera le souffle, le verbe (« Le Fol ») qui va prendre vie dans un corps. Il sera de nouveau le fœtus qui va se construire biologiquement et psychiquement dans un état qui rappelle celui qui a été vécu dans « Le Monde ». Puis, à la naissance, il sera confronté à la rudesse de la vie, comme une épreuve afin de retrouver un jour l'état de grâce de l'Arcane XXI. On appelle cela « mort renaissance ».

Récapitulons

Hermétique, alchimie (la multiplication) :

« Le Bonheur est, pour le Mage, le fruit de la Science du Bien et du Mal ; mais Dieu ne permet de cueillir ce fruit impérissable qu'à l'homme assez maître de lui-même pour s'en approcher sans le convoiter »[61]

« La couronne symbolise la chaîne magique des êtres, des choses et des idées… »[62]

61. PAPUS, *Le Tarot Divinatoire*, Éditions DANGLES.

62. R. FALCONNIER, *Les XXII Lames Hermétiques du Tarot Divinatoire*, Collection Belisane.

Carte positive, à l'endroit :

Explications traditionnellement admises :

Transcendance. Perfection. Apothéose. La beauté. L'achèvement d'une œuvre. Un couronnement. L'éden. L'être parfait. La conscience universelle. Le fœtus. Être dans son monde. Connexion du microcosme avec le macrocosme. La révélation d'une vie. Grande ouverture spirituelle. La récompense ultime. La renommée. Le succès. Les potentiels sont exploités au-delà des espérances. Le bonheur. La sérénité. L'osmose. L'homéostasie parfaite. Harmonie. La plénitude. L'épanouissement. Savoir sur quel pied danser. Incorruptible. Subtil. La jouissance. Être bien entouré, protégé. Accord parfait. Relation idyllique.

Psychologie :

Juvénal (poète de la Rome antique) a écrit : *« ...mens sana in corporesano »*, qui se traduit par : *« ...un esprit sain dans un corps sain »*. Sans doute a-t-il voulu dire que pour être épanoui, un esprit sain est nécessaire. Reste à définir ce qui est sain de ce qui ne l'est pas, et ce d'une manière universelle et non selon les normes de tel ou tel pays, de telle ou telle culture. De nombreuses études tendent à prouver que le psychisme influe de manière considérable sur le corps. C'est l'effet placebo. De même, des atteintes à l'homéostasie biologique corporelle peuvent avoir des répercussions sur le psychisme. Trop longtemps, on a pensé que les traitements chimiques pouvaient guérir toutes les pathologies, dont les pathologies psychologiques. On s'aperçoit aujourd'hui que ce n'est pas aussi simple que cela. Certaines personnes guérissent des cellules cancéreuses avec l'amour sans faire appel aux traitements chimiques. De plus en plus de recherches scientifiques attestent du pouvoir de l'esprit sur la matière, dans le cas contraire tous les biologistes seraient des psychologues. Celui qui veut être malade finit par l'être, celui qui ne pense que par la maladie finit par la déclarer. De même, celui qui ne cesse de dire ce qu'il ne veut pas au lieu de dire ce qu'il désire vraiment finit par obtenir ce qu'il ne veut pas. La négativité engendre le négatif. Le meilleur moyen d'éviter un obstacle est de ne pas le regarder. Il ne faut pas se focaliser sur l'obstacle, mais sur les moyens de le dépasser, de le surmonter. La seule manière pour l'Homme est d'ouvrir son esprit sur le monde. C'est une porte qu'il faut ouvrir. Pour cela, il est nécessaire de trouver la clé en soi pour la mettre dans le verrou (« vers » + « où »). Toutes les clés sont dans notre microcosme pour atteindre le macrocosme. Chacun a le pouvoir de l'éveil. Avoir un esprit sain et donc un corps sain, c'est peut-être cela la solution. Car la synchronicité chère à Jung ne s'obtient que par l'alignement de son corps, par l'énergie qui circule librement, sans contrainte, par un esprit ouvert à toutes les possibilités sans dogmes ni préjugés. Alors tous les possibles peuvent s'offrir et apporter la plénitude absolue.

Carte négative, à l'envers :

Explications traditionnellement admises :

Deux possibilités s'offrent à la lecture de cet Arcane.

Les cartes alentour sont positives : Retard vers l'accomplissement. Entourage peu recommandable, de mauvais conseils. Revoir son entourage. Changer de lieu. Paraître plutôt qu'être. Trop superficiel. Ne plus savoir sur quel pied danser. Trop attaché à la matière. Manque de spiritualité, d'ouverture d'esprit. Se sentir mal à l'aise. Sentiment d'être oppressé, d'enfermement. Apparence flatteuse. Obstacles à surmonter avant le dégagement total.

Les cartes aux alentours proches sont négatives : La déconsidération totale. Tomber de haut à la renverse. Entourage néfaste, hostile et toxique. Mondanité. Un monde qui n'est pas le sien. Erreur sur la considération de son « Soi ». Se prendre pour celui que l'on n'est pas. Un monde hostile et négatif. Égo surdimensionné. Isolement total. Grande dépression. Isolement total. Autisme.

Psychologie :

L'introversion, l'autisme et le repli peuvent être des mécanismes de défense face à une pathologie. *« Le moi est avant tout une entité corporelle »* (Sigmund FREUD, *Le moi et le ça*). L'enfant comprend que l'image qu'il voit dans la glace est son propre corps vers l'âge d'un an. Si l'enfant reste dans l'image qu'il a de lui à travers le regard de sa mère, il peut en devenir psychotique et développer des pathologies. On perçoit l'autre par son physique. Ainsi, on se perçoit aussi à travers le regard des autres. Ne pas être capable d'aller au-delà de cette barrière amène à une difficile prise de conscience de soi. Il sera difficile à l'individu d'entreprendre ce qui peut être bon pour lui. La personne aura tendance à rechercher l'osmose et la fusion comme le fœtus dans le ventre de la mère. L'image de soi n'est pas bien définie et dépend surtout du regard des autres, il sera par conséquent difficile de construire son monde, de trouver sa place. On aura tendance à s'entourer de personnes donnant une image de soi flatteuse et non réelle. Le préfixe « dé », d'origine latine, prend alors tout son sens ici. « Le Monde » devient « Le dé Mon », autrement dit l'éloignement de ce que l'on est en réalité, il y a une séparation entre ce qu'on est réellement et ce qu'on imagine être à travers ce que les autres pensent de notre « Soi ».

Cet Arcane par son symbolisme peut nous faire penser à un miroir dans lequel l'image du « Soi » est dévalorisée, alors l'estime de « Soi » peut en être gravement affectée sans parler des pathologies associées au clivage.

De même, cette Lame nous donne à penser à une protection, une bulle dans laquelle on se sent bien ou non. C'est notre monde, notre espace vital. Nous pensons alors aux personnes, par exemple, qui développent un psoriasis qu'on peut aussi percevoir comme une surprotection. Les cellules de la peau se régénèrent trop vite. Si un facteur biologique est présent, un facteur psychologique l'est aussi. Certaines personnes, à la suite d'un traumatisme, de mauvais traitements ou d'une expérience douloureuse, etc. peuvent somatiser une seconde peau comme protection. Ce sont des personnes qui ont besoin d'être rassurées, d'être bien entourées.

Personnages

Toute personne qui a accompli une œuvre petite ou grande avec amour et générosité. Toute personne qui a fait quelque chose de positif dans sa vie pour soi et les autres.

LA FOR
HERMIT
E·MONDE
LE·SOLEIL

Partie III

Le Tarot : avertissement

Interpréter les cartes du Tarot n'est pas une activité à prendre à la légère et à réaliser n'importe comment. En effet, le pouvoir qu'elles exercent sur les individus lors des consultations est indéniable. Il est indispensable que le Tarologue fasse très attention à ses interprétations afin de ne pas tomber dans le charlatanisme par des divulgations névrotiques. Être Tarologue impose une responsabilité importante, car rien n'est immuable. Le destin n'est pas figé dans le marbre. Chacun peut construire son avenir. Aussi, affirmer avec certitude l'avenir d'un consultant revient à influencer et à troubler son esprit, à lui suggérer consciemment ou non de tout mettre en œuvre pour que cet avenir se produise, d'une manière ou d'une autre : *« [...] vous ne pouvez pas prédire ce qui va se passer pour des temps très longs parce que l'information nécessaire croît exponentiellement avec le temps sur lequel vous souhaitez prédire. »* (Prigogine). Il se peut aussi que le consultant mette tout en œuvre pour que le futur prédit ne se produise pas, engendrant ainsi des situations qui peut-être n'auraient jamais dû se produire... Le Tarot est là avant tout comme un avertissement du destin. Lire un ou même plusieurs livres et affirmer à travers un tirage que ce que l'on pense percevoir sera l'avenir est une hérésie. En tout cas, cet ouvrage n'est pas destiné à cela. Il sert de support à l'individu ayant de saines facultés mentales pour se construire des bases ou progresser dans la connaissance des Lames, rien d'autre. Aucun ouvrage n'expose un savoir absolu et intangible en ce qui concerne le Tarot, car il ne s'agit pas d'une science. Nous touchons là à des domaines où nous ne pouvons pas nous permettre d'affirmer quoi que ce soit avec certitude. Nous devons toujours rester cohérents et lucides. Celui qui affirme un avenir ou un état de fait concernant l'entourage du consultant (par exemple : « votre conjoint vous trompe... ») est un fou qui n'a rien à voir avec « Le Fol » qui, lui, possède la « pierre philosophale ». Il faut toujours émettre des réserves et communiquer avec le consultant. D'autant qu'une Lame peut avoir une multitude d'explications possibles. Ce champ des possibles prend la forme d'une pelote de laine, et ce n'est que lorsqu'on interroge le consultant que l'on peut rétrécir les possibles et ne garder que l'essentiel afin de permettre au consultant de suivre le fil qui correspond le mieux à son vécu.

Parfois, certaines personnes viennent en consultation dans un état dépressif après des tirages réalisés par des ami(e)s qui s'essaient en amateur. Ces inconscient(e)s sortent un jeu d'un tiroir et déclarent par l'affirmative ou la négative de manière absolue le résultat à venir. À ces personnes, nous devons leur dire : stop ! Vous n'avez pas idée des dégâts psychologiques que vous pouvez créer ! Le doute s'installe, la névrose grandit, le mal est fait.

Jamais, ô combien jamais, le Tarot ne sait répondre par oui ou par non !

Donc, l'aspect psychologique est une condition sine qua non dans la relation que l'on doit avoir avec le consultant. La Lame qui indique « le vecteur du consultant » dans la méthode de Kris Hadar[63] donne une indication sur la façon de communiquer. Ce qui importe c'est la faculté d'analyse psychologique dont on doit faire preuve. Ainsi, celui qui décrypte un tirage pour une autre personne se doit :

- D'être lui-même psychologiquement non affecté par des troubles d'ordres névrotiques, psychotiques... Malheureusement, ce domaine semble attirer aussi des « diseuses de bonne aventure » ayant de sérieux désordres psychologiques !

- De posséder suffisamment de connaissances en psychologie pour aborder les choses avec le plus de tact et de doigté possible afin de ne pas causer plus de dégâts à la personne qui consulte. N'oublions pas que les consultants sont des gens qui rencontrent des problèmes. Celui qui a la responsabilité de

63. Pour reprendre l'expression de Kris Hadar, *Le Grand Livre Du Tarot – Méthode Pratique D'art Divinatoire.*

transcrire ce que préviennent les cartes doit le faire uniquement pour aider et non pour causer plus de dégât ou même rendre addict la personne à ce genre de pratique.

Le consultant ne doit pas dépendre, dans ses décisions, d'un tirage de cartes. Un Tarologue ne doit pas abuser d'une situation de faiblesse et se doit d'arrêter les consultations s'il ne peut plus aider le consultant. La démarche du Tarologue est avant tout altruiste et non financière même si l'aspect pécuniaire est nécessaire dans ce relationnel, tout comme il peut l'être entre un patient et le thérapeute. Le Tarologue n'est pas un copain, mais un professionnel.

Par exemple, une consultante malheureuse demande à son Tarologue si son bien-aimé, qui l'a fait souffrir et la mise à la porte, reviendra auprès d'elle avec de meilleurs sentiments à son égard. Elle effectue un tirage. Le jeu indique qu'elle le reverra très certainement, alors le Tarologue se doit de transcender le jeu et de prendre en compte l'aspect psychologique de la consultante. À sa question, il peut répondre ceci : « La bonne question n'est pas de savoir s'il reviendra ou si vous le reverrez, mais la bonne question à vous poser est de savoir si c'est une bonne chose pour vous. Vous, et vous seule, devez le définir au plus profond de vous. Car ce qui importe avant tout, c'est votre bien-être. Vous devez vous préparer avec lucidité et admettre que ses motivations à lui de vous revoir sont peut-être différentes des vôtres. Votre équilibre doit être votre guide. Vos émotions ne doivent pas vous envahir et vous empêcher de vous protéger. Un retour de sa part peut être une bonne chose ou non. C'est alors à vous de définir les conditions selon ce que vous ressentez comme bénéfique pour vous, pour votre équilibre. »

Pourquoi cette réponse alors que le jeu m'indiquait qu'elle le reverrait ?

Premier point, si le Tarologue lui dit que le jeu affirme qu'elle le reverra, alors elle fera tout pour que ce retour se fasse ou prendra son retour comme une fatalité à laquelle elle ne peut échapper (ce qui est faux), par conséquent, le Tarologue influencerait la consultante d'un avenir inévitable à travers les cartes. Ce qui est une grave erreur.

Deuxième point, le Tarologue comprend qu'au fond d'elle, la consultante meurt d'envie de voir son bien-aimé revenir auprès d'elle avec amour. Cependant, il a noté à travers la description de la relation que son bien-aimé désire certes la revoir, mais semble avoir des attentes différentes. Aussi, la liaison risque de demeurer compliquée et de continuer à la faire souffrir psychologiquement. Lui dire que le jeu l'a « prédit » ne pourrait que la conforter dans l'inéluctable en dehors de son bien-être à elle. Ce qui importe c'est que son « Moi » prenne le dessus sur les autres instances pour trouver un équilibre et se sentir bien dans une relation dont elle pourra définir les règles et non plus se laisser balloter !

Pour terminer, le Tarologue peut lui indiquer que le Tarot avertit d'un déséquilibre inhérent possible à cette relation qui pourra générer en elle des conflits si elle ne fait pas un travail sur cette relation amoureuse avec cette personne qui n'a pas les mêmes attentes qu'elle.

Pour la petite histoire, la consultante a effectivement revu son bien-aimé et si le moment a été heureux et intense, la suite l'a moins été ; de nouveau, il l'a rejeté.

Cette consultante a avoué qu'une amie « voyante » lui avait prédit qu'elle ne le reverrait jamais. Erreur fatale… Tout le monde peut se tromper. Mais la voyante aurait pu tout aussi bien lui répondre par la positive. Sa réponse aurait eu, de toute façon une portée négative sur le psychisme de la consultante. Seul un psychologue peut l'aider à fortifier son « Moi » et à être bien dans sa vie, quelles que soient ses relations avec qui que ce soit. Quoi qu'il en soit, nous avons abordé les tirages de manière à lui donner plus de confiance en elle afin que son avenir ne soit plus un avenir clé en main, mais un avenir décidé par elle.

En résumé, soit le Tarologue prédit un avenir certain, et alors il met en place deux possibilités ; le consultant fait tout pour que ce devenir arrive (ou bien laisse faire, car c'est une fatalité, ce qui revient au même), ou alors le consultant fera tout le contraire afin que cet avenir n'arrive pas, engendrant des événements qui n'auraient peut-être pas eu lieu si le consultant s'y était pris autrement. Il ne faut jamais oublier que le Tarot est là pour nous avertir, nous mettre en garde, nous éclairer, tout comme Lucifer peut le faire en éclairant en nous les pulsions qui nous animent comme la colère, la haine, la jalousie, etc. Il nous appartient de gérer nos affects, de les comprendre et de les utiliser au mieux, avec raison.

Et encore, on n'a pas parlé de santé et de question liée à la mort. Imaginez les dégâts que cela pourra produire chez le consultant. Tout comme cette « diseuse de bonne aventure » qui soutenait que sa consultante avait un cancer et que tous les médecins autour d'elle étaient des incapables !

Pour conclure, le Tarot peut être aussi destructeur que bénéfique et en rien la manipulation des cartes à des fins divinatoires n'accepte la médiocrité et l'amateurisme. Croire que l'on peut s'improviser Tarologue par la lecture d'un seul livre ou pire, croire que c'est un don (renforcé par la justification de l'hérédité de ce don dans la famille) est une pure hérésie ! Tout comme Google n'est pas votre médecin, le Tarot ne fait pas de vous un dieu.

Le tirage du jour : 1 carte

La procédure :

Mélangez le jeu entre vos mains, puis étalez-le sur la table, dos visible. Brassez dans le sens des aiguilles d'une montre de façon à ce que le jeu soit bien mélangé (les Lames pourront autant être à l'endroit qu'à l'envers). Plus les cartes seront mélangées, mieux sera le tirage. Regroupez ensuite le jeu et coupez-le en deux. Retournez le premier paquet ; celui du haut. La carte du jour est celle qui apparaît. Si elle est à l'envers, alors il faut envisager le côté négatif – en avertissement – sans négliger les aspects positifs, car on doit aussi voir le verre à moitié plein et non à moitié vide. D'un négatif peut en sortir du positif. Si elle est positive, alors seul l'aspect positif de l'interprétation est à mettre en avant. Pour un tirage plus rapide, il est possible de ne réaliser que le premier mélange classique. Dans ce cas, la Lame tirée sera forcément positive. Il faudra alors, en fonction des événements de la journée qui se produisent, prendre en considération le côté négatif, car il vaut mieux prévenir que guérir.

Exemple 1 :

Un homme désire demander une augmentation à son patron aujourd'hui. Il hésite. Il tire la carte du jour avant de se rendre à son travail.

Tempérance
à l'envers

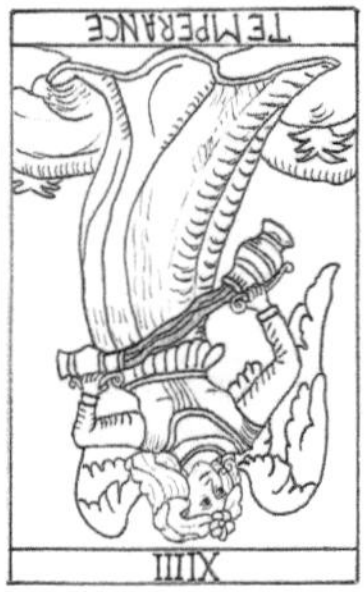

Bien que cette carte représente le miracle, elle est ici à l'envers. Elle n'en reste pas moins une carte protectrice. La demande d'augmentation ne doit pas paraître futile aux yeux du patron qui ne doit pas considérer son employé comme une personne superficielle. Ainsi, l'employé comprend par cette carte qu'il doit communiquer sur la nécessité de cette augmentation pour pouvoir garder son train de vie actuel tout en faisant face aux augmentations de la vie et des charges en ce qui concerne le quotidien : par exemple, ses enfants grandissent et ont donc des besoins plus importants pour leurs études. Il doit communiquer à son patron la nécessité de cette augmentation pour garder un équilibre et donc pour se sentir bien au travail. C'est essentiel pour qu'il puisse continuer à venir travailler, continuer à faire les dépenses nécessaires pour ses déplacements. Sans quoi, il sera sans doute dans l'obligation de chercher un travail mieux rémunéré et plus proche de chez lui. Bref, ses arguments doivent être solides. Les loisirs ne peuvent être pris en considération pour motiver cette demande. La communication doit passer de manière à ce que le patron comprenne qu'il en va aussi de son intérêt s'il veut garder cet employé qui lui donne satisfaction. D'autant que la demande est mesurée et raisonnable. Cet homme doit mettre en avant les avantages pour les deux parties ; une augmentation peut être une source de motivation pour prendre plus de responsabilités, par exemple.

Exemple 2 :

Une femme désire déménager et convaincre son mari de se rapprocher de la ville. Elle ne sait comment s'y prendre et réalise un tirage rapide en mélangeant seulement de manière classique le jeu. La Lame sera donc à l'endroit. Elle coupe et retourne le paquet du haut.

La Lune à l'endroit

Elle est déroutée par cette carte qui met en avant un aspect psychologique et alchimique important. Cette Lame doit être lue sans oublier les aspects négatifs qu'elle peut cacher. Ainsi, cet Arcane l'invite à ne pas tomber dans la noirceur avec l'écrevisse et à ne pas utiliser le chantage ou les menaces pour convaincre son mari, car il pourrait y avoir un effet négatif sur le couple si celui-ci se sent obligé de faire ce qu'il n'avait pas prévu de faire. Il peut se braquer et tout faire pour rester là où il est. Elle ne doit pas non plus user de mensonges. Par contre, elle doit être visionnaire et mettre en avant les idées créatives. La réflexion est de mise. Les canidés représentent le couple qui peut se mettre dans des positions de soumission-domination et se disputer. Elle doit avancer des arguments intelligents pour dépasser cela et passer directement au niveau des tours. Elle doit alors avoir un discours équilibré, doux, apaisant pour elle et son époux. Elle décide d'offrir un compromis à son mari. La campagne proche de la ville. Un lieu calme où son mari pourra se reposer et une situation géographique assez proche de la ville pour qu'elle puisse faire ses emplettes et les courses seules sans qu'il soit obligé de l'accompagner, car il n'aime pas trop ça. Elle décide d'attendre le moment où son époux sera disposé à entendre ces arguments et elle fera en sorte que ce soit lui qui amène le sujet, tout comme le soleil apporte la lumière à la lune…

Exemple 3 :

Une femme seule et maman d'une petite fille désire prendre une décision concernant une relation avec un homme marié. Cette situation la rend malheureuse, car elle sait qu'il ne viendra pas vivre avec elle. Il n'est pas disposé à quitter sa femme. Cependant, il lui apporte beaucoup de joie lorsqu'il est près d'elle et lui fait espérer à demi-mot une vie possible à deux. Elle mélange le jeu selon les deux méthodes, la méthode classique et celle à plat sur la table, dos visibles. Elle regroupe le jeu et coupe. Elle obtient la carte suivante.

La Roue de Fortune
à l'envers

Cette carte indique clairement qu'elle sera toujours ballotée si elle n'est pas au centre de ses propres décisions. Tant qu'elle attend que les choses évoluent par la décision d'autrui, elle restera dans l'attente. Car souvent, les tiers n'ont pas envie que les choses bougent dans la vie de ceux sur lesquels ils ont un certain pouvoir. Tant qu'elle continue ainsi, elle sera inquiète pour son avenir et aura toujours l'impression que la chance ne lui sourit pas. Cette carte représente la difficulté à prendre une décision pour faire avancer les choses selon sa propre volonté. Se victimiser en argumentant que le monde entier est contre soi et que c'est la société qui décide de ce qui doit arriver aux gens est souvent plus facile que de prendre sa destinée en main. C'est un peu comme les personnes ayant un certain âge qui ne cesse de répéter en société qu'ils auraient mieux fait de quitter la France pour s'établir à l'étranger, par exemple. Ils n'ont plus que cela comme possibilité faute de courage par le passé. C'est aussi le propre des personnes qui résistent lors d'une thérapie à guérir d'une pathologie. C'est un phénomène bien connu des thérapeutes qui connaissent ces forces et ces manifestations faisant obstacle chez le patient à la guérison. Cette roue est la roue du Karma ; il appartient à chacun de prendre la manivelle en ce qui concerne sa vie afin de la faire évoluer en fonction de ce que l'on décide soi-même et non de ce que peuvent désirer ou décider les autres. On a tendance à glisser vers la dépression sans s'en rendre compte et une fois qu'on y est, tourner la manivelle est un effort qui semble surhumain. Certes, les décisions ne sont pas toujours faciles à prendre, mais elles favorisent la chance. Il faut parfois aller chercher cette chance. Cette femme doit se poser la bonne question : « Cette relation m'apporte-t-elle le bonheur au quotidien ou est-elle source de désarroi, et ce malgré les quelques moments heureux passés avec cet homme ? » Elle est la seule à connaître la bonne réponse. Elle est parfaitement consciente des tenants et aboutissants concernant la situation. Désormais, elle sait que si elle ne fait rien pour changer les choses, rien ne changera pour elle en l'état actuel de la situation. Elle a le pouvoir de changer la situation si elle le désire. Prendre la bonne décision sera peut-être difficile, mais salvateur. Il ne s'agit en rien de chercher à influencer cette femme dans la décision à prendre en lui susurrant à demi-mot que si elle décide d'arrêter cette relation, elle pourra en envisager une autre plus stable. Il s'agit de faire en sorte qu'elle puisse casser les chaînes signifiantes qui causent sa souffrance par la mise en mots de ce qui est refoulé en elle et qui l'oblige à subir cette situation. Il se peut qu'après elle décide de rester dans cette situation tout en étant heureuse, ou au contraire, de changer de cap pour son bien-être. Qui peut le savoir à part elle ?

Le tirage psychologique pour un dilemme : 3 cartes

La procédure :

Mélangez le jeu entre vos mains, puis étalez-le sur la table, dos visible. Brassez les Lames dans le sens des aiguilles d'une montre de façon à ce que le jeu soit bien mélangé (elles pourront autant être à l'endroit qu'à l'envers). Plus les cartes seront mélangées, mieux sera le tirage. Regroupez ensuite le jeu. La carte en dessous du paquet représente le « Ça ». La carte au-dessus du paquet est le « Surmoi ». Il faut mettre la Lame du « Surmoi » à gauche, en respectant le sens et placer à droite la Lame du « Ça », en respectant le sens. Coupez ensuite le jeu en deux. La carte en dessous du paquet du haut est le « Moi ». Disposez la Lame du « Moi » entre les deux autres Arcanes. Il est possible de les aligner aussi verticalement, en haut le « Surmoi », au milieu le « Moi », en bas le « Ça ». Attention : on retournera ensuite les cartes de gauche à droite ou de droite à gauche, mais surtout pas de haut en bas ou de bas en haut !

Ce tirage, basé sur la deuxième topique de Freud, nécessite des connaissances évidentes en psychologie et n'est pas facile à aborder.

Il peut être effectué lorsque l'esprit est tiraillé entre un désir et une voix moraliste. Bien évidemment, ce tirage ne remplace pas une séance avec un professionnel, un psychologue, il est là pour aider le « Moi » à se défendre devant le « Ça », le « Surmoi » et de ce qui vient de l'extérieur. En aucun cas, il ne s'agit de remplacer une thérapie. C'est un tirage pour un moment particulier (une décision à prendre par exemple) et non pour soigner une pathologie. Cependant, des connaissances avérées en psychologie et pas seulement en astrologie ou divinatoires sont impératives. En rien, ce tirage n'évoque un avertissement du destin, une situation probable à venir en fonction du présent. Une extension de ce tirage est proposée plus loin afin de marier le contexte psychologique du moment avec le passé et un futur possible.

Abordons la deuxième topique de Freud, par quelques définitions simples et deux citations de Freud.

Freud :

« Impuissant des deux côtés, le moi se défend vainement, aussi bien contre les instigations du ça meurtrier que contre les reproches de la conscience morale punitive… le premier résultat est une interminable autotorture ».

« Du point de vue de la restriction pulsionnelle, de la moralité, on peut dire : le ça est totalement amoral, le moi s'efforce d'être moral, le surmoi peut devenir hypermoral et alors aussi cruel que seul le ça peut l'être ».

→ **Définition du « Ça » :** C'est le réservoir des pulsions et de toutes les choses refoulées. L'énergie circule librement et se moque du temps et de l'espace, le plaisir doit être immédiat, quelles qu'en soient les répercussions. La morale l'indiffère. On ne peut y échapper. Le « Ça » combat le « Surmoi » et le « Moi ».

→ **Définition du « Surmoi » :** C'est le juge, le censeur, le moralisateur, l'inquisiteur. C'est lui qui condamne. Il est féroce.

→ **Définition du « Moi » :** C'est le médiateur entre le « Ça » et le « Surmoi ». C'est celui qui construit la personnalité et qui lutte contre tous les événements ou les pensées qui peuvent déstabiliser l'individu ou le détruire. Avoir une bonne estime de soi, c'est trouver l'équilibre entre le « Surmoi » et le « Ça ». À partir de là, l'individu pourra avoir des relations constructives avec autrui et se sentir bien. Le « Moi » est aussi celui qui est en relation avec l'extérieur et qui doit faire face à ses exigences.

Néanmoins, ces définitions simplistes ne peuvent en aucun cas être utilisées comme une règle figée et restrictive pour fonder une analyse sur ce tirage psychologique. Les choses ne sont pas aussi simples. Nous ne sommes pas dans le binaire. Tout n'est pas blanc ou noir. Ainsi, des pulsions sadiques ou des pulsions de meurtres peuvent déclencher dans le « Surmoi » une réaction dite moralisatrice, qui au lieu de déchiqueter le « Moi » peut l'appeler à se surpasser et à devenir chirurgien ou acteur afin de sauver des vies avec un scalpel ou de jouer des rôles de tueurs avec génie sur le grand écran. D'ailleurs, Klaus Kinski a dit « si je n'avais pas été acteur, j'aurais pu être assassin ». Cependant, si le « Moi » échoue, le « Surmoi » peut alors se déchaîner sur le « Moi ». Le « Moi » est un peu comme un dommage collatéral entre le « Ça », qui le pousse, et le « Surmoi » qui le retient. Sans le « Ça », la vie serait bien ennuyeuse, sans saveur et refouler ce qui vient de lui n'est pas bon non plus, car la frustration peut alors s'installer et engendrer des problèmes psychologiques.

Exemple de tirage n° 1 :

Un consultant désire acquérir une voiture neuve haut de gamme, mais hésite, car l'impact sur son budget familial est conséquent. D'autant qu'il doit faire face à un crédit immobilier et un autre crédit à la consommation. Il est tiraillé et demande conseil. Il réalise le tirage suivant :

Le « Surmoi », Arcane du haut : « L'Hermite » en positif

Le « Moi », Arcane de la coupe : « L'Amoureux » en négatif

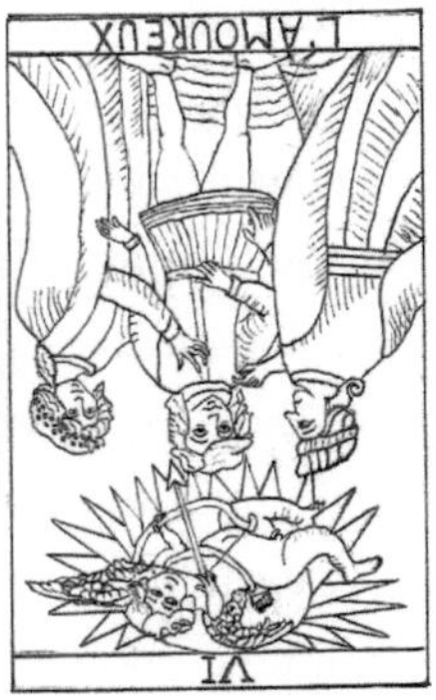

Le « Ça », Arcane en dessous : « Le Diable » en négatif

« Le Diable » en négatif dans le « Ça » libère les pulsions les plus envoûtantes qui emprisonnent le psychisme dans les passions les plus violentes. Le « Ça » veut cette voiture et il se comporte en véritable démon pour pousser le « Moi » à l'acquérir. Le consultant se sent emprisonné par des désirs qui l'empêchent de pouvoir penser à autre chose. Ce diable sur l'enclume, c'est la voiture. Le personnage enchaîné, c'est lui. Mais, il enchaîne aussi l'autre personne qui symbolise sa famille. Car l'impact d'un tel achat se répercute sur l'équilibre économique de la famille. Le Surmoi, « L'Hermite » en positif est rebelle, mais semble manquer de poids face à la violence du « Ça ». L'argument du « Surmoi » lié à la maîtrise du budget familial est moins virulent que les arguments du « Ça ». « L'Hermite » invite à la réflexion et à la sagesse. Le « Moi » est tiraillé et il se retrouve comme un adolescent dont le « Ça » pourrait bien avoir le dessus. Le « Moi » serait alors aveuglé et se ferait l'écho de la décision d'achat provenant du seul « Ça ». Le consultant en prend conscience et avoue sa faiblesse. Ce qui le fait réagir c'est qu'il enchaîne aussi sa famille. Cela lui fait remonter des souvenirs de son enfance. Son père avait sollicité des maisons de crédits pour sa passion du jeu et il avait dû vendre sa maison pour rembourser les dettes, mettant ainsi sa famille en désarroi. Cette voiture est un symbole de réussite sociale qui compense ce que le consultant a vécu dans son enfance. Mais en agissant ainsi, il reproduit un modèle qu'il réfute. Il décide de garder sa voiture actuelle qui roule encore très bien. Finalement, le « Surmoi » a eu le dessus, mais avec un aspect positif sur le plan psychologique, car au-delà du désir d'une voiture c'est en fait un conflit interne sur lequel le consultant a mis le doigt et a réagi. Il sera toujours temps pour lui d'acquérir cette voiture neuve plus tard, lorsque les finances s'amélioreront. Ainsi, il ne refoule pas ses envies qui causeraient la frustration en lui, il les met en veille.

Exemple de tirage n° 2 :

Une femme hésite à dire à son conjoint (elle n'est pas mariée et n'a pas d'enfants) sa liaison avec un autre homme qui lui apporte le brin de folie que son compagnon ne lui apporte plus depuis longtemps. Elle culpabilise à l'idée de lui faire du mal en lui révélant la vérité même s'il sait qu'elle s'ennuie avec lui. De plus, elle sait que son amant ne voudra pas d'une vie commune, il tient à son indépendance. Elle tire les cartes suivantes :

Le « Surmoi », Arcane du haut : « La Justice » en négatif

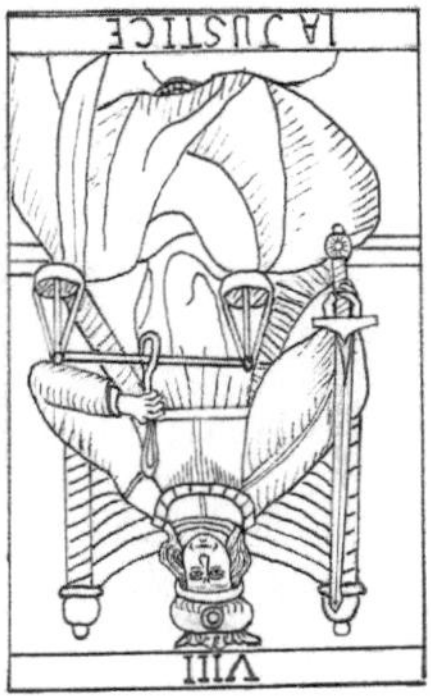

Le « Moi », Arcane de la coupe du jeu : « Le Fol » en positif

Le « Ça », Arcane en dessous : « Le Soleil » en positif

Deux cartes fortes se combattent à travers le « Ça » avec « Le Soleil » à l'endroit et le « Surmoi » avec «La Justice » inversée. C'est ce qui pousse d'ailleurs la personne à vouloir fuir cette situation avec « Le Fol » qui symbolise son « Moi ». Son « Moi » ne supporte plus ce combat incessant entre les pulsions, les émotions et un moralisateur interne qui devient un vrai inquisiteur. La guerre est déclarée. L'équilibre est détruit et c'est la révolte. La balance ne sait plus de quel côté pencher. L'envie de partir avec son baluchon et n'emporter que l'essentiel est forte pour fuir ce qui se joue dans son psychisme. Mais cela se peut-il ? Le « Ça » crie son besoin d'amour et de chaleur par le contact physique et pas seulement d'un relationnel amical qu'elle a actuellement avec son conjoint. Ses affects veulent avoir le dessus, mais le « Surmoi » est là et tranche avec des arguments froids, injustes, sévères, intransigeants. La justice du « Surmoi » la condamne comme si elle était une meurtrière. Comment se sortir d'une pareille situation ? Il est possible d'écouter ce que les cartes ont à dire, car même si les arguments sont difficiles ils peuvent être de bons conseils. Le « Surmoi » indique un déséquilibre, alors que le « Moi » aspire à vivre sous de meilleurs hospices. Le « Ça » revendique un besoin de chaleur. Cette femme doit faire la paix avec elle-même et accepter de ne plus rester assise entre deux chaises. Elle doit entendre sa conscience qui l'invite à être honnête et elle doit aussi écouter son cœur et surtout ne pas refouler ses émotions, ses sentiments (les affects). Ainsi, rien n'est blanc ou noir dans la vie. Si la solution de rester avec son conjoint est de plus en plus difficile à supporter et si la solution de ne plus rencontrer son amant est impossible, bien qu'elle sache pour autant qu'elle ne peut vivre avec lui, alors, elle peut écouter l'Arcane « Le Fol » et aller sur son propre chemin. Elle peut quitter son conjoint, mais rester une amie pour lui s'il le désire et elle peut rencontrer son amant et vivre une relation épanouie à sa guise. Si on regarde encore plus les Lames, on peut poser deux questions : « Qui a-t-il derrière le mur ? (« Le Soleil »), « Pourquoi doit-elle rester dans la légalité ? (« La Justice ») ». Étonnée de la cohérence des questions par rapport à ce qu'elle vit, elle répond à cela. Son amant se drogue… C'est son affaire certes, mais elle est prévenue. Elle ne peut entrer dans cette dérive. Le soleil de l'amour ne doit pas l'aveugler et la justice doit lui permettre de trouver son équilibre. « Le Fol » lui donne la solution. Elle respire. Elle est libérée d'un poids énorme. Elle décide de quitter son appartement pour une location (elle était de toute façon déjà en location avec son conjoint), et de vivre pour elle en prenant le meilleur de ce qui va se présenter et en refusant tout ce qui peut la déséquilibrer ou la mettre en danger !

Exemple de tirage n° 3 :

Un chef d'entreprise se demande s'il doit vendre son commerce qui ne lui apporte plus de satisfactions pour ouvrir le commerce dont il rêve quelque part au bord de la mer.

Le « Surmoi », Arcane du haut : « Le Chariot » en positif

Le « Moi », Arcane de la coupe du jeu : « L'Arcane sans nom » en négatif

Le « Ça », Arcane en dessous : « La Maison Dieu » en négatif

Le « Surmoi » pousse son « Moi » à réussir par ses mérites, à aller de l'avant, à faire aboutir ses projets comme il l'entend, selon son ressenti. Il a toujours fait preuve d'autonomie et a toujours montré ses capacités à diriger tout en étant apprécié de ses employés. Le « Surmoi » impose au « Moi » la victoire, le triomphe et pour cela il ne doit pas hésiter à voyager pour mettre en place ce qu'il juge nécessaire, là où il faut. Le « Surmoi » est un bon moralisateur même s'il a tendance à privilégier une certaine forme de suractivité. Le « Ça » pour le coup met en place une structure de défense et d'attaque en faisant remonter de l'inconscient les pulsions de destructions, de faillite, de perte aussi bien matérielle que physique et même psychologique (pulsion de mort). Le « Ça » prône la mégalomanie qui engendre l'explosion, le cataclysme, l'écroulement, un peu comme la tour de Babel. Le « Ça » pousse à relever le défi d'aller le plus haut possible, mais il n'hésite pas aussi à faire pressentir une chute dans le vide ! Cet état psychique vient sans doute du fait que ce chef d'entreprise a du mal à prendre une décision radicale, définitive même si elle est bonne pour lui. Le « Moi » est envahi par la crainte et l'angoisse d'un après qu'il ne maîtrise pas. Faire table rase de tout ce qu'il a aujourd'hui pour s'installer ailleurs représente un risque dont il ne contrôle pas les conséquences. Pourtant, il a toujours réussi ce qu'il a entrepris. Il comprend que cela vient de son enfance. Sa mère s'est suicidée lorsqu'il était enfant. Il a toujours vécu cela comme un abandon. Son père n'a jamais admis ce suicide. Il a développé une rage et du mépris pour sa femme qui a décidé de tout abandonner même la vie. Le père a aussi développé une rancœur envers son fils qui ressemblait beaucoup à cette épouse perdue à jamais. Souvent, il lui disait qu'il finirait comme sa mère, qu'il ne réussirait rien de bien. Le « Ça », dans sa façon d'être sadique en encourageant le « Moi » à se dépasser tout en lui expliquant qu'il court à sa perte, impose un conflit dans le « Moi » qui doit aussi tenir compte de l'extérieur et du marché économique. C'est son thérapeute qui l'aide à sortir de cette spirale en lui citant une phrase de Jung : *« Le secret, c'est que seul est véritablement vivant ce qui peut aussi se supprimer soi-même »*[64]. Cette phrase fait l'office d'une lame tranchante qui fauche d'un coup toutes ses pensées morbides et chasse les pulsions de mort. Il entend le mot « vie » qui génère en lui une agréable sensation. Après tout, il se dit que s'il échoue il aura eu le mérite d'essayer et qu'il ne passera pas sa vie à regretter de ne pas l'avoir fait. Enfin, il n'est ni sa mère ni son père. Il est lui, et il a toujours réussi ce qu'il a entrepris par la maîtrise, le contrôle, avec tact et doigté. Il mettra tout en œuvre pour que cette aventure soit bénéfique sans ostentation, sans folie des grandeurs. Il décide de relever le défi, car il a compris ce qui le bloque. Il doit transformer la phrase de son père en positif, c'est un passé révolu qui ne doit pas le castrer dans ses décisions du présent.

64. C.G. JUNG, *Psychologie et Alchimie*, Éditions Buchet-Chastel.

Le tirage psychologique extension : divinatoire + psychologique

La première étape consiste à mélanger les cartes de manière classique et sur le tapis de manière à ce que les Lames soient, impérativement, dans les deux sens.

Lorsque les cartes sont encore sur la table, dos visible, il convient de choisir une première carte qui représente le passé. On la place à gauche sans la retourner (sans la regarder) et en respectant le sens. Puis on regroupe les cartes pour reconstituer le jeu. La carte du dessus est le « Surmoi », on la positionne devant soi en respectant le sens, donc en la retournant de gauche à droite ou de droite à gauche, mais surtout pas de haut en bas ou de bas en haut ! Celle du dessous est le « Ça », on la place en dessous du « Surmoi » en la retournant de la même manière. Puis, on coupe le jeu en deux, et on prend la carte qui se présente (paquet du haut). On place cette Lame entre le « Surmoi » et le « Ça » en respectant toujours le sens. Elle est le « Moi ». Ensuite, on regroupe les deux paquets (il n'est pas utile de mélanger de nouveau, mais on peut le faire tout de même de manière classique), puis on choisit une carte dans le paquet que l'on place à droite, sans la retourner, en respectant toujours le sens. Elle représente le futur possible.

Maintenant, le Tarologue peut faire une première analyse dans sa tête de l'état psychologique possible avant toute discussion. Puis, il retourne la carte du passé, de gauche à droite, mais surtout pas de haut en bas. Il fait de même pour la carte du futur. Ce qui donne ceci :

	Surmoi	
Passé	Moi	Futur
	Ça	

Les autres cartes se calculent. Ce sont les cartes secondaires qui apportent des informations complémentaires et les nouvelles Lames.

Voici la démarche :

- La carte complémentaire du passé s'obtient en additionnant la carte du « Surmoi » avec celle du « Ça » et celle du passé : « Surmoi » + « Ça » + le passé,
- La carte complémentaire du futur : le « Moi » + le futur,
- Le « Soi » : le « Surmoi » + le « Moi » + le « Ça »,
- La carte « conseil » pour le futur : le passé + le « Soi » + le futur.

Dans quel sens placer les nouvelles cartes ?

→ Le « Soi » est toujours en positif quelle que soit la position des cartes « Surmoi », « Moi », « Ça ».

→ Pour la carte complémentaire du passé, si 2 cartes ou plus sont négatives, alors la carte complémentaire est négative, sinon elle est positive.

→ Pour la carte complémentaire du futur, elle est négative si les 2 cartes sont négatives, elle est positive si les 2 cartes sont positives, elle est dans le sens horizontal si l'une des cartes est positive et l'autre négative.

→ La carte « conseil » pour le futur est soit positive si au moins 2 cartes sont positives. Elle est horizontale si au moins 2 cartes sont négatives. Pourquoi changer la règle ici par rapport à ce qui a été indiqué plus haut ? Nous considérons que le passé même négatif peut être perçu comme un élément positif. Ce n'est pas parce que l'on a échoué que l'on échouera de nouveau. Les erreurs commises doivent être analysées pour ne pas les reproduire, mais pour améliorer les choses. Ce passé devient alors non pas une faiblesse, mais une force à exploiter. C'est pourquoi on va lui donner la valeur non de 100 %, mais de 50 % du poids dans la décision. Il en va de même pour le futur. Celui-ci ne s'est pas encore produit, alors comment savoir s'il se produira ? Certes si on désire réaliser une action et que l'on met tout en action pour cela, il y a des chances pour que cela se produise. Bien qu'un événement inconnu puisse toujours au dernier moment nous persuader de ne pas réaliser cette action. C'est pourquoi nous donnons la valeur de 50 % du poids. Ainsi, le passé additionné au futur possible donne 100 % et se retrouve à égalité avec le « Soi », qui lui est positif. Donc, pour reprendre autrement l'explication du sens de la carte du futur « conseil », elle est positive si l'on obtient 150 % en positif, elle est horizontale si l'on obtient 100 % positif et 100 % négatif. N'oublions pas que nous avons affaire à un tirage psychologique.

→ La carte horizontale se lit aussi bien en prenant en compte les aspects positifs que les aspects négatifs. Le Tarologue doit faire preuve d'analyse et de synthèse pour savoir quels éléments doivent être mis en avant. Le discours doit être cohérent et non contradictoire. Ainsi, un élément positif peut aussi avoir son pendant, c'est-à-dire sa contrepartie ou son bémol. Par exemple, l'Arcane « Le Soleil » peut être l'amour, mais ce dernier ne doit pas aveugler la personne qui mettrait de côté des comportements déviants de la personne aimée. Des comportements qui pourraient avoir des conséquences négatives par la suite. Pour cette analyse, il convient de ne pas faire de supposition sans faire parler le consultant qui pourrait ou non dévoiler des informations allant dans ce sens. Il est primordial de valider avec lui le passé avant de s'aventurer plus avant. Si le passé ne correspond pas à l'analyse que l'on peut en faire, alors il est nécessaire de se poser les bonnes questions. Il se peut que le problème soit mal posé, que la demande du consultant soit trop généraliste. Le passé évoqué doit correspondre obligatoirement à ce qu'a vécu le consultant, en tout cas dans les grandes lignes, les détails peuvent être alors révélés, si cela est nécessaire.

Cas n° 1 :

Une consultante désire changer de vie. Elle n'y arrive pas. Elle est divorcée et son mari est parti vivre en Australie avec une autre femme. Ses enfants lui font le reproche du départ de leur père à l'autre bout du monde. Elle demande conseil. Elle choisit pour cela un tirage psychologique étendu. Voici le tirage qu'elle réalise et les cartes complémentaires calculées.

Le passé

Le présent

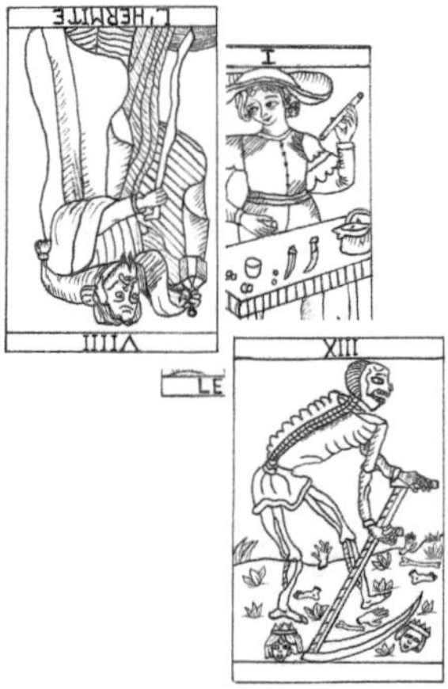

Le « Soi »

9 + 1 + 13 = 23
donc 2 + 3 = 5

Le futur possible

La carte conseil pour le futur :

22 + 5 + 17 = 44
donc 4 + 4 = 8

Cette Lame est à l'endroi car les Arcanes 17 et 5 sont positifs.

Son tirage :

Pour le passé : « Le Fol » à l'envers.

Pour le futur possible : « L'Estoille » à l'endroit.

Pour les cartes psychologiques : « L'Hermite » inversé en « Surmoi », « Le Bateleur » à l'endroit pour le « Moi », « L'Arcane sans nom » à l'endroit, pour le « Ça ».

Les cartes supplémentaires par calcul :

Le passé, en carte complémentaire : « La Justice » est à l'envers, car 2 cartes sur 3 sont inversées, le passé et le « Surmoi ». Le calcul est : 9 (le « Surmoi ») + 13 (le « Ça ») + 22 (car « Le Fol » porte, en général, systématiquement le nombre 22 pour les calculs), soit 44. La réduction théosophique donne : 4 + 4 = 8 soit « La Justice ».

Le futur possible, en carte complémentaire : « La Lune » est à l'endroit, car les 2 cartes sont à l'endroit, le « Moi » et le futur possible. Le calcul est : 1 (le « Moi ») + 17, soit 18. On ne pratique la réduction théosophique que lorsque le nombre obtenu est au-delà de 22 (à partir de 23, car l'on considère que 22 représente « Le Fol » pour les calculs seulement).

Le « Soi » est toujours à l'endroit : 9 + 1 + 13 = 23, réduction théosophique 2 + 3 = 5, donc « Le Pape ».

La Lame « conseil » pour le futur est à l'endroit, car au moins 2 des 3 cartes sont à l'endroit, soit 150 % du poids de la décision sur 200 %, 22 + 5 + 17 = 44, réduction théosophique 4 + 4 = 8, soit « La Justice ».

Analyse :

Le départ de son mari a entrainé chez la consultante une dépression, car elle a vécu cela comme une décision injuste, insensible et sévère vis-à-vis d'elle et de ses enfants. Le divorce a été prononcé et a été rendu difficile par ce départ à l'autre bout du monde. Elle n'a pas compris la décision de son mari et s'est retrouvée seule sur un chemin où elle s'est sentie perdue, ne sachant plus où aller, ayant perdu toute conviction. Elle a eu le sentiment de se retrouver dans une impasse. Elle se sentait nulle. Ainsi, le « Surmoi » agit en véritable procureur envers son « Moi ». Selon lui, elle est faite pour vivre recluse, sans amis, sans relation avec les autres, sa vie est figée, elle mérite l'austérité. Elle est devenue farouche vis-à-vis des autres, elle a perdu confiance surtout dans les hommes. Elle voit des signes un peu partout et elle les prend comme de mauvais présages pour elle. Pourtant, son « Ça » l'invite à faire table rase de tout ça. Elle ressent au fond d'elle la nécessité de faire enfin le deuil de ce mariage et de passer à autre chose, mais pour cela il lui faut couper à la racine sa façon de penser et sa démarche actuelle. Son « Moi » est entre le « Surmoi » qui tourne le dos au futur et marche à l'envers, alors que le « Ça » désire aller de l'avant pour un nouveau printemps. Le « Moi » croit encore à un nouveau départ positif dans la vie, car il a beaucoup de potentiel. Son esprit est encore jeune, son corps séduit par ses atouts et attire les regards. Son « Moi » a envie de retrouver cet élan pour un nouveau départ plein de promesses. Elle a toujours su faire preuve d'astuces et d'habilité lorsque cela était nécessaire. Mais il est clair que le « Surmoi », très obtus et entêté, empêche tout nouveau départ. Sur le plan psychologique, le fait de refouler ce qui peut être bon pour soi, et ne pas prendre la décision radicale, mais nécessaire, c'est-à-dire de faire le deuil de ce mariage, et le fait d'engendrer des pensées négatives envers soi, peut générer une énergie néfaste pour le psychisme. D'ailleurs, cette personne somatise par un sommeil difficile, une sensibilité accrue qui génère des angoisses et des plaques sur la peau. La surprise vient du futur possible en la présence de « L'Estoille ». Seule l'étoile permet de savoir si l'on est sur le bon chemin, ce qui déjà en soi contrecarre « Le Fol » à l'envers dans le passé qui suggère un passé source de dépression. L'Arcane « L'Estoille » est protecteur et annonce l'Eden, le fait de pouvoir enfin se montrer tel que l'on est devant tous, de s'accepter et de s'ouvrir aux autres. Cette Lame montre la sérénité enfin retrouvée et le bien-être. « La Lune » associée à celle-ci ajoute des informations supplémentaires comme son rêve d'être enfin en paix avec elle-même. Elle doit chasser les idées sombres du bassin de l'écrevisse et retrouver un équilibre dans son psychisme. Son « Ça » et son « Surmoi » ressemblent au chien et au loup qui s'aboient dessus en permanence pour savoir qui aura le dessus. Sans doute doit-elle écouter davantage sa vraie nature (« L'Estoille »), une nature bonne et généreuse et non pas une nature repliée et qui refuse les échanges comme le voudrait le « Surmoi ». Ce dernier prône la mise en place de mécanismes de défense astreignants par une limitation des rapports à soi et au monde par peur de connaître de nouveau un échec. Il est bon alors d'écouter le « Soi » profond. Celui qui fait la synthèse. Ici, il est représenté par l'Arcane « Le Pape ». Celui qui exauce les prières et qui privilégie la vérité. Quelle est-elle ? Son mari est parti. C'est fini. Ne pas l'admettre c'est refouler en soi un événement contre lequel on ne peut plus rien. « Le Pape » invite à définir les limites à ne pas dépasser selon ses convictions, à faire preuve de philosophie et non de dogmatisme étroit (« L'Hermite inversé »), à oser faire les choses, à savoir s'orienter. Et pour cela, pourquoi ne pas suivre son étoile ? « Le Pape » est un guide sage et bon, sur lequel on peut s'appuyer, car il est droit, civil, honnête et juste. Il invite le « Moi » à devenir plus fort et à ne pas refouler ce qui vient du « Ça ». Il invite à comprendre ses affects et à les utiliser à bon escient. Ici, ce qui pulse c'est le désir de faire table rase du passé et de repartir sur quelque chose de nouveau. « Le Pape » invite le « Moi » à contrecarrer le « Surmoi » en utilisant sa morale autrement. Il n'est pas bon de faire confiance à tout le monde et de foncer tête baissée. Cependant, il n'est pas bon de vivre dans le mutisme et replié sur soi en évitant tout contact. Au contraire, son « Moi » doit utiliser la lumière du « Surmoi » pour éclairer ses intuitions, mener de saines réflexions et avancer d'une manière sûre tout en étant ouvert aux autres sans pour autant tout accepter. La consultante prend conscience des tourments qu'elle s'inflige. Elle admet qu'elle n'a pas su écouter sa vraie nature et que par le passé elle n'a pas toujours été juste envers son mari. Elle n'a pas su trancher pour éliminer le poids de sa famille de son côté (parents et frère et sœurs) sur ses épaules. De même, ses amis ne la conseillaient pas toujours à bon escient et cela pesait sur sa vie de couple. Tout cela représentait une relation toxique pour elle et son couple. Elle décide de suivre une thérapie pour l'aider à gérer les problèmes qui viennent de l'enfance et de sa famille. Elle veut rendre son « Moi » plus fort en écoutant le bon guide « Le Pape ». D'ailleurs, la lame « conseil » pour le futur montre une femme équilibrée qui sait peser le pour et le contre, qui sait prendre les décisions justes pour elle, afin de retrouver l'homéostasie en elle (« La Justice »).

Elle souhaite écouter sa vraie nature et d'être enfin cette personne calme, douce, créative, qui vit en harmonie avec son passé et sa famille afin d'être réceptive et généreuse. L'écrevisse n'aura plus d'emprise sur elle, car elle a opté pour un suivi thérapeutique afin de l'aider dans ce changement de vie qu'elle a enfin décidé !

Cas n° 2 :

Une dame de 80 ans consulte pour savoir si son projet est viable et va aboutir. Elle a besoin d'être rassurée. Elle désire quitter la maison dont le loyer est assez élevé pour un lieu d'habitation plus proche de la ville et pour échapper à cette solitude qui lui pèse. Elle réalise un tirage psychologique étendu. La méthode pour mélanger les cartes respecte celle décrite dans cette section.

Le passé

Le présent

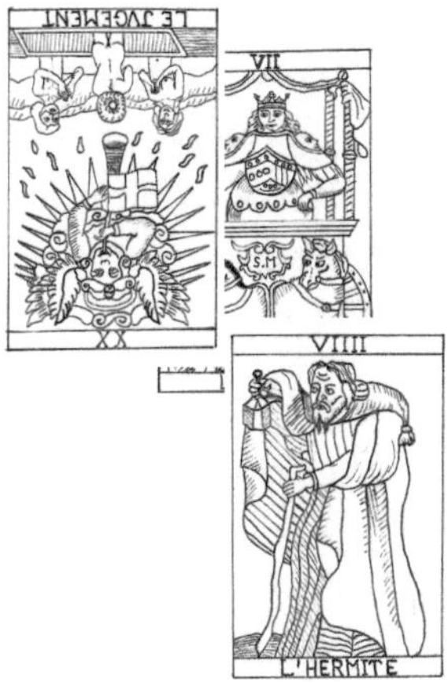

Le « Soi »

20 + 7 + 9 = 36
donc 3 + 6 = 9

Le futur possible

La carte conseil pour le futur :

22 + 9 + 3= 34
donc 3 + 4 = 7

Cette Lame est à l'endroit car les Arcanes 3 et 9 sont positifs.

Son tirage :

Pour le passé : « Le Fol » à l'envers.

Pour le futur possible : « L'Impératrice » à l'endroit.

Pour les cartes psychologiques : « Le Jugement », inversé en « Surmoi », « Le Chariot », à l'endroit pour le « Moi », « L'Hermite », à l'endroit, pour le « Ça ».

Les cartes supplémentaires par calcul :

Le passé, en carte complémentaire : « L'Amoureux » est à l'envers, car 2 des 3 cartes sont inversées, le passé et le « Surmoi ». Le calcul est : 20 (le « Surmoi ») + 9 (le « Ça ») + 22 (car « Le Fol » porte, en général, systématiquement le nombre 22 pour les calculs), soit 51. La réduction théosophique donne : 5 + 1 = 6 soit « L'Amoureux ».

Le futur possible, en carte complémentaire : « La Roue de Fortune » est à l'endroit, car les 2 cartes sont à l'endroit, le « Moi » et le futur possible. Le calcul est : 7 (« Le Chariot ») + 3 (« l'Impératrice »), soit 10. On ne pratique la réduction théosophique que lorsque le nombre obtenu est au-delà de 22 (à partir de 23, car l'on considère que 22 représente « Le Fol » pour les calculs seulement).

Le « Soi » est toujours à l'endroit : 20 + 7 + 9 = 36, réduction théosophique 3 + 6 = 9, donc « L'Hermite ».

La Lame « conseil » pour le futur est à l'endroit, car au moins 2 des 3 cartes sont à l'endroit soit 150 % du poids de la décision sur 200 %, 22 + 9 + 3 = 34, réduction théosophique 3 + 4 = 7, soit « Le Chariot ».

Analyse :

Le tirage indique un passé douloureux avec une séparation sentimentale non désirée par « L'Amoureux » à l'envers, et définitive par « Le Fol » à l'envers. Il s'en est suivi un état dépressif. La consultante parle du décès récent de son époux qui l'a beaucoup affecté. Elle a dû quitter sa maison pour donner la part qui revenait à son fils. Elle a accepté cette location qui ne lui convient pas pour se rapprocher de sa seule famille. Elle se sent seule et ne supporte plus l'endroit où elle demeure. Elle a pris, depuis une précédente consultation de Tarot, la décision de partir et de ne pas se cantonner à un seul secteur pour faire ses demandes d'un logement social comme elle le faisait au départ. La précédente rencontre lui avait permis de réfléchir sur les opportunités et la faisabilité de son projet par rapport à sa manière de penser. Or, on voit bien encore dans le présent, une certaine résistance des a priori et des préjugés par l'Arcane « Le Jugement » à l'envers dans le « Surmoi ». Bien que cette carte soit protectrice, on sent que l'inquisiteur œuvre pour tenter de la persuader qu'elle ne pourra pas s'intégrer, qu'elle ne pourra pas vivre en harmonie avec d'autres personnes. Des jugements de valeur perturbent ses réflexions. Elle se refuse à faire des demandes de logements dans certains secteurs qui jouxtent la ville à cause de préjugés, sans même connaître les quartiers. Le « Ça » par « L'Hermite » l'invite pourtant à vérifier avant de se priver de lieux qui pourraient lui donner entière satisfaction. L'Hermite symbolise la consultante d'un âge avancé, et qui ressent le besoin de quitter son village pour un autre endroit. Elle écoute son intuition. Elle prend plaisir à imaginer sa future petite maison de plain-pied. Cette énergie positive qui se manifeste en émotion positive pousse son « Moi » à prendre sa vie en main et à aller de l'avant. L'Arcane « Le Chariot » évoque pour elle son état d'esprit présent, c'est-à-dire de faire ses cartons et de partir vite. Le « Surmoi » est là sans être trop virulent et le « Ça » se fait entendre, mais avec sagesse. Elle met en place son projet avec diplomatie. Elle envoie des courriers et utilise un style très courtois. Elle appelle les mairies d'une voix douce et aimable. Le Tarot confirme sa ligne de conduite et surtout lui indique que si elle continue ainsi, elle favorise la chance. « La Roue de Fortune » indique qu'elle désire être au centre de ses décisions, qu'elle prend les choses en main. L'Arcane « L'Impératrice » symbolise les projets qui se mettent en place avec intelligence. On peut y voir des réponses positives à venir. Le « Soi » symbolise une personne âgée pleine de sagesse qui sait avancer avec prudence et après mûre réflexion. Cela étant, cette dame ne veut pas s'éterniser, elle aimerait déménager au plus vite. On trouve de nouveau « Le Chariot » comme Lame « conseil » pour le futur. Nous en débattons et elle arrive à la conclusion suivante : elle va quitter cette maison c'est certain, et comme le jeune homme, elle regardera l'avenir avec légèreté. Son beau projet va réussir.

Quel que soit l'avenir du projet de cette dame, il est surtout très important pour elle de se sentir bien et d'y croire. Ainsi, elle va peut-être s'ouvrir à d'autres secteurs d'habitations et ainsi multiplier ses chances de réussir. Elle va, de toute façon, continuer ses démarches. C'est son moteur. Grâce à cet état d'esprit, elle reprend goût à la vie, elle laisse la dépression derrière elle. Elle va au restaurant toute seule, va chez le coiffeur tous les mois. Tous les jours, elle pense à cette petite maison qui lui donne du plaisir. Le Tarot ne lui a pas dit si elle aura ou non une réponse très vite. Il a fait mieux que cela. Il lui permet d'avoir un présent ensoleillé qui lui donne confiance en elle, lui donne la force de persévérer. Le temps d'écrire ce livre et de le publier, nous avons appris par cette dame qu'elle a pu concrétiser son rêve. Elle a trouvé une location en résidence privée avec d'autres personnes âgées. Elle est autonome et en sécurité. Tout ce qu'elle désirait !

Cas n° 3

Une consultante indécise et perturbée par sa situation actuelle souhaite en savoir plus sur son avenir et donc sur ses décisions à prendre. L'ambivalence dont fait preuve son psychisme l'empêche d'être sereine et positive. Elle ne veut pas divulguer la raison de ses tracas dans un premier temps. Nous procédons à un tirage psychologique étendu afin d'obtenir plus amples informations.

Le passé

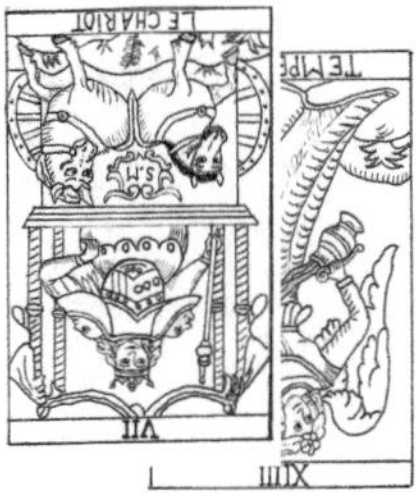

Le présent

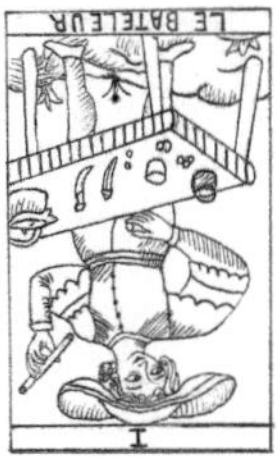

Le « Soi »

1 + 14 + 6 = 21

Le futur possible

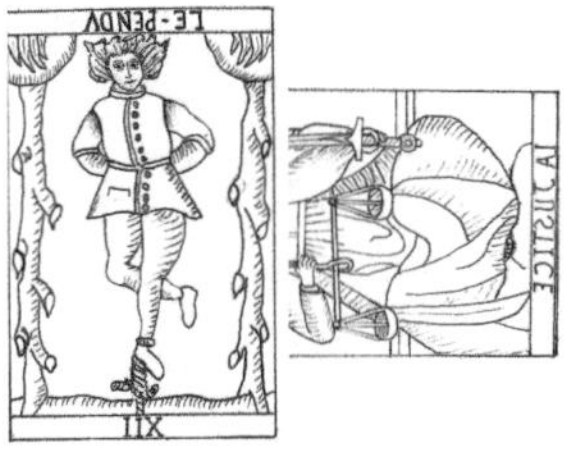

La carte conseil pour le futur :

7 + 21 + 12 = 40
donc 4 + 0 = 4

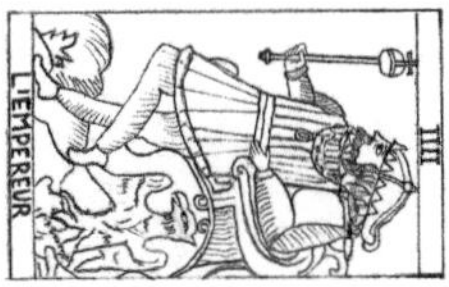

Cette Lame est à l'horizontale car les Arcanes 7 et 12 sont négatifs.

Son tirage

Pour le passé : « Le Chariot » à l'envers.

Pour le futur possible : « Le Pendu » à l'envers.

Pour les cartes psychologiques : « Le Bateleur », inversé en « Surmoi », « Tempérance », à l'endroit pour le « Moi », « L'Amoureux », à l'envers, pour le « Ça ».

Les cartes supplémentaires par calcul :

Le passé, en carte complémentaire : « Tempérance » est à l'envers, car les 3 cartes sont inversées, le passé et le « Surmoi » et le « Ça ». Le calcul est : 1 (le « Surmoi ») + 6 (le « Ça ») + 7 (le passé), soit 14 « Tempérance ».

Le futur possible, en carte complémentaire : « La Justice » est à l'horizontale, car le « Moi » est à l'endroit et le futur possible à l'envers. Le calcul est : 14 (« Tempérance ») + 12 (« Le Pendu »), soit 26, donc par la réduction théosophique on obtient 2+6 = 8 soit « La Justice ». On ne pratique la réduction théosophique que lorsque le nombre obtenu est au-delà de 22 (à partir de 23, car l'on considère que 22 représente « Le Fol » pour les calculs seulement).

Le « Soi » est toujours à l'endroit : 1 + 14 + 6 = 21, donc « Le Monde ».

La Lame « conseil » pour le futur est à l'horizontale, car au moins 2 des 3 cartes sont à l'envers : 7 + 12 + 21 = 40 soit 4 + 0 = 4, « L'Empereur ».

Analyse :

Nous interprétons les Arcanes dans le passé afin d'essayer de comprendre ce qui pose soucis à notre consultante. « Le Chariot » et la « Tempérance » inversés nous invitent à penser qu'elle est sous le joug d'un homme qui n'arrive pas à se décider, qui change de direction, et donc d'intention au gré du vent. On a affaire à une personne qui pense en imposer à autrui, mais qui erre lui-même, ne sachant quelle route prendre. Il n'arrive pas à maîtriser ses pulsions qui le poussent à aller et venir sans se fixer un cap précis et fiable. Pour aller plus avant dans la consultation, nous demandons à la consultante ce qu'il en est de cette transcription des cartes. Elle avoue alors sa relation avec un homme qui depuis des années lui fait espérer une vie commune avec une maison située près de La Baule qui leur appartiendrait. Cela étant, il entretient une relation avec une autre femme. Il n'hésite donc pas à quitter la consultante de longues périodes pour revenir lorsqu'il en ressent le besoin. Confortés par son histoire et la cohérence avec les Lames du Tarot, nous continuons l'analyse. Son « Moi » est tiraillé par un « Surmoi » assez peu virulent, mais présent néanmoins. Il lui martèle qu'elle n'a pas le potentiel, les capacités, le nécessaire pour gagner le cœur d'un autre homme. En cela, le « Surmoi » s'appuie sur le « Ça » qui met en avant de manière négative les sentiments, les émotions, les pulsions que peut ressentir le « Moi ». Son cœur est sens dessus dessous. Il faut dire que son « Moi » est un ange qui cherche le compromis, la bienveillance, les arrangements. C'est une instance aimable et douce. Comment la consultante peut-elle trancher et prendre une décision pour son bien si elle est toujours conciliante ? D'autant que le Tarot nous expose ce que la consultante désire au plus profond d'elle, c'est-à-dire d'être sereine, d'être apaisée, d'être bien entourée et d'être sécurisée, être en harmonie. Les questions que nous lui posons la poussent à s'interroger sur les raisons de ce lien qui la maintient comme victime et esclave, comme le démontre « Le Pendu », dans un avenir possible. Elle prend conscience qu'elle sera comme ce personnage si elle ne coupe pas ce lien qui la retient au sol alors qu'elle pourrait s'envoler pour d'autres cieux et ainsi trouver l'équilibre. C'est d'ailleurs ce que « La Justice » exprime, c'est-à-dire de prendre les décisions justes qui s'imposent quitte à trancher avec l'épée ce lien de manière à retrouver cette homéostasie dont rêve le « Moi ». La Lame en conseil pour le futur est analysée par la consultante elle-même. Pour y arriver, elle doit être comme « L'Empereur » avec son assurance et sa présence qui impose le respect, qui définit son domaine, qui décide, qui construit. Elle prend aussi conscience que son « Surmoi » qui lui dicte des pensées automatiques négatives de manque de confiance en soi peut être contrarié par « L'Empereur », car il érige tout en étant bien installé. Alors germe dans la conscience de la consultante l'idée que tout comme le sceptre, elle peut utiliser le pouvoir phallique qui sommeille en elle, toujours mis en retrait par sa famille, puis par ses relations. Elle décide de rompre cette relation sans lendemain. Le fera-t-elle ? Ce qui importe c'est qu'avec ce tirage elle a compris que son devenir serait toujours le même si elle ne faisait rien. Si elle veut être bien dans « son » monde, il lui faut retourner « Le Pendu » de manière à ce qu'il puisse voir différemment les choses à travers la réalité et découvrir son futur réel : « Le Monde ».

Quelques associations de cartes

Cas n° 1

Analyse du passé de l'environnement d'une consultante.

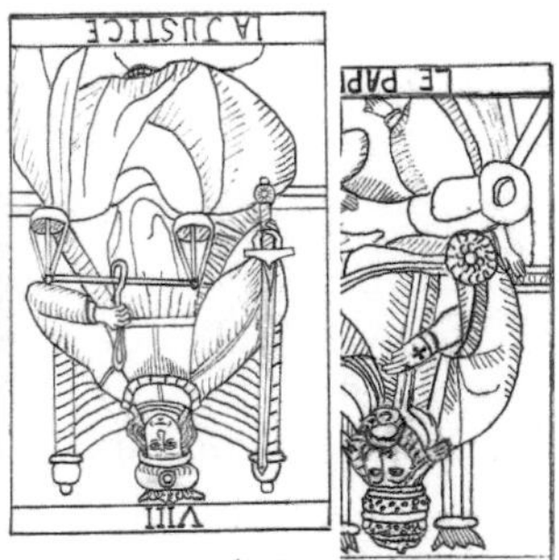

Le passé de l'environnement

L'Arcane « Le Fol » inversé concerne aussi le passé de la consultante. L'Arcane « Le Pape » apporte des informations supplémentaires.

Analyse :

Un déséquilibre dans le couple (les parents) a eu lieu et a entrainé des revers administratifs, ce qui a généré pour l'un des parents ou même les deux, des préoccupations importantes, des inquiétudes, des angoisses pouvant mener à la dépression. État qui s'est aussi reporté sur la consultante lors de son enfance. La consultante confirme le divorce de ses parents à l'initiative de la mère (on aurait pu demander la confirmation à la consultante du fait que « La Justice » inversée représente une femme, et si c'est bien elle qui a apporté le déséquilibre), et la dépression de son père (« Le Pape » inversé indique une perte des repères). Elle confirme aussi le fait d'être en dépression depuis l'enfance après la séparation difficile de ses parents.

> **Cas n° 2**
>
> Une femme consulte pour son avenir sans vouloir en dire plus.
>
> Voici ce que révèle son passé et celui de son environnement :

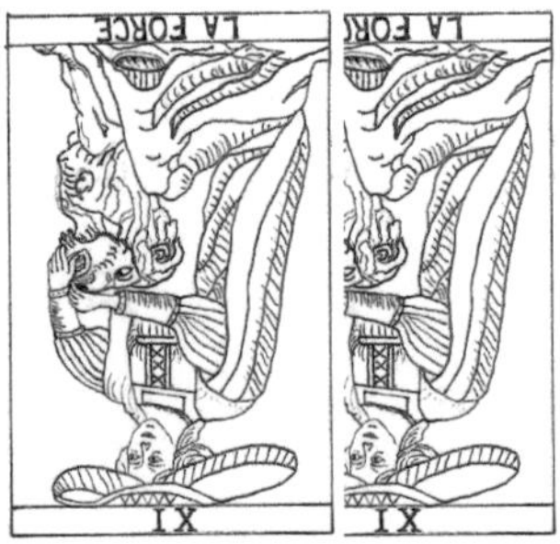

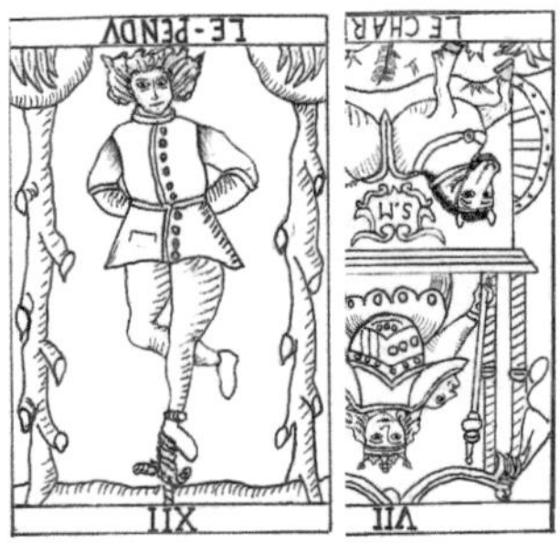

Son environnement

Le passé est très négatif. La consultante est fragile psychologiquement, mais connaît son passé, on peut donc lui parler sans crainte.

Analyse :

Auriez-vous subi des menaces ou du chantage de la part de votre environnement dans votre passé ? Y a-t-il eu dislocation de la famille ? Perte du foyer ? Y a-t-il eu des problèmes liés à l'alcool (« La Lune », à l'envers) ? Il semble qu'une personne dans votre environnement se montrait fourbe et dissimulait (« Le Pendu », à l'envers) une vie qu'elle menait à son aise, comme elle l'entendait (« Le Chariot », à l'envers). Ce qui a entrainé chez vous une énergie négative, un découragement, un manque de force, une souffrance (« La Force », à l'envers, en double montre le caractère très intense des événements). La consultante, en larme, confirme que son conjoint buvait, la battait et la menaçait sans arrêt. Elle le soupçonnait d'une double vie… À cause de lui, toute sa famille l'a rejetée.

Cas n° 3

Un consultant demande ce qu'il va se passer s'il garde sa maison. Il hésite à la vendre pour changer de région.

Analyse :

Les cartes ci-dessus représentent l'avertissement du destin (futur possible) dans la mesure où le consultant décide de rester dans sa maison. Le consultant a pris une décision pour son équilibre, il décide de ne pas déménager. Sa décision est réfléchie, elle lui semble juste pour lui, c'est une décision rationnelle, planifiée dans le temps (« La Justice » à l'endroit). La maison possède une énergie bénéfique et permet au consultant de réaliser ses projets en cours avec contrôle, assurance, maîtrise (« La Force » à l'endroit) puisque le consultant a choisi de rester en pesant le pour et le contre. C'est une décision raisonnée. Cependant, il subsiste un bémol. L'Arcane « Le Jugement » est à l'envers et semble indiquer que la libération, à savoir quitter la région actuelle pour s'établir dans celle qu'il aime beaucoup, ne se fait pas. Puisque la Lame est inversée, l'on peut lire ici « Le Juge ment ». Cela peut signifier que la décision de rester dans cette maison va générer sur le plan psychologique une culpabilité sur soi (le « Surmoi » peut tirailler le « Moi » qui n'a pas tranché pour le départ et peut lui reprocher un manque de courage par exemple). De plus, des préjugés ou des jugements négatifs liés aux émotions cette fois peuvent envahir le psychisme du consultant. Le consultant peut rationaliser le fait de différer son départ pour rester dans cette maison afin de refouler dans son inconscient ses désirs.

Le consultant confirme qu'il cherche en effet tous les arguments pour rester là où il est (famille, travail…) alors qu'en réalité il a très envie de partir. Lui seul peut savoir ce qu'il doit faire et prendre la décision qui s'impose. Pour cela, il doit certainement écouter le conseil du Tarot qui l'invite à peser encore « le pour et le contre » et à mettre aussi dans la balance le côté rationnel de sa décision, mais aussi les émotions qu'il ressent. Il faut aussi parfois savoir écouter cette petite voix qui suggère de faire les choses, car elle est peut-être le signe d'une intuition bénéfique. C'est un exemple de tirage difficile à expliquer, car les Lames peuvent véhiculer des informations contradictoires. C'est aussi le reflet de ce qui se passe dans l'individu qui doit jongler avec son « Surmoi », son « Moi » et le « Ça ». C'est pourquoi l'aspect psychologique est omniprésent dans le Tarot.

Cas n° 4

Une femme consulte au sujet de sa maison et ne souhaite pas en dire davantage. Elle désire voir ce que les cartes vont dire.

Analyse :

Dans le passé, vous avez acquis votre maison qui représentait pour vous un défi à relever (« La Maison Dieu »). Cependant, le Tarot indique que malgré le fait d'avoir trouvé son Eden, de se sentir bien, d'être comme on a envie d'être (« L'Estoille »), la dépression est présente. On doute, l'inquiétude gagne et on se sent perdu sur son chemin (« Le Fol » à l'envers). On ne sait plus où l'on va. Cela vient sans doute de l'environnement. Le Tarot indique que la roue a tourné (« La Roue de Fortune »), que l'on a entrepris une action, mais que quelque chose d'incurable s'est produit (« Tempérance », à l'envers) de manière assez rapide, dans le mouvement. À ces mots, la consultante prend alors la parole et révèle le passé. Avec son mari, ils ont acheté une maison à rénover. C'était en effet, un défi à relever. Quatre ans après, son époux est décédé suite à un accident de voiture (il aurait été indiscret et maladroit de demander plus de détails afin de faire la corrélation avec l'Arcane la « Tempérance » à l'envers pour le côté incurable). Aussi, elle s'est sentie seule sur le chemin de la vie, sans savoir où aller exactement. C'est à ce moment que la dépression a pris le dessus sur elle.

CONCLUSION SUR LES ASSOCIATIONS DE CARTES

Le message est là. L'interpréter est une autre affaire. Même avec de l'expérience, on ne parvient pas toujours à exprimer avec exactitude les faits qui se sont passés, qui se produisent actuellement ou qui peuvent arriver. Il est primordial, pour évoluer, de confronter ce que nous révèle le consultant de son passé ou de ce qui se passe dans le présent par rapport à l'analyse que l'on a faite. Cela permet d'ajuster son analyse afin de ne pas partir dans des directions qui ne mènent nulle part.

La présentation des Lames a été mise dans un ordre différent de ce qui a été vu précédemment afin de prouver que l'essentiel est de savoir lire les associations de cartes de manière cohérente et avec justesse. Le Tarot nous offre un message à travers des archétypes, des artefacts, nous devons alors transformer les Lames en phrases. Or, chaque Arcane propose une multitude de possibles à travers une myriade de mots possibles. C'est là tout le talent du Tarologue que de savoir choisir les bons mots, les bons verbes pour former les phrases qui expriment la réalité passé et présente du consultant et le futur possible qui est une fente ouverte sur un réel impossible à voir, donc indicible, mais qui aura lieu d'une manière ou d'une autre.

Conclusion

Celui qui a inventé le Tarot possédait une parfaite connaissance de la psychologie humaine comme s'il avait lui-même créé l'Homme. Chaque Lame possède une puissance archétypale d'une profondeur inouïe et intrinsèque. Le jeu est un moyen d'expression de la conscience universelle qui englobe notre Monde et peut-être même qui le crée à chaque instant. Celui qui sait lire les cartes, mais aussi entre les cartes ; celui qui ouvre son esprit, mais qui a aussi beaucoup travaillé à la fois la divination classique, l'hermétisme, l'alchimie, l'ésotérisme en général, et bien évidemment la psychologie ; celui qui sait être autant scientifique que philosophe dans sa démarche – donc qui possède de sérieuses connaissances dans ces domaines – peut interpréter avec assez de recul et de sagesse les messages transmis par la conscience universelle et entrer dans l'inconscient collectif lors d'un tirage. Il est aussi possible de percevoir le phénomène de la synchronicité si cher à Jung avec beaucoup d'attention. Nous ne parlons pas ici d'illumination, de flash de voyance, de médiumnité quelconque, mais bel et bien d'une traduction des messages délivrés par cette dimension supérieure qui s'offre à nous par l'intermédiaire des Arcanes. Elle nous ouvre une porte dont le Tarot est la clé du verrou (« vers où ? »). C'est pourquoi le mot « professionnel » est préférable au mot « amateur ». Bien sûr, il y a des charlatans partout, professionnels ou non. Les esprits illuminés, délirants, exaltés (pour ne pas dire schizophréniques ou hystériques) ne doivent pas utiliser le Tarot, car le risque de mettre le consultant en grave danger sur le plan psychologique est réel. Le Tarot, par l'intermédiaire du Tarologue qui livre les messages, peut avoir un immense pouvoir de conviction sur les individus en mal-être qui consultent. Alors, ajouter aux préoccupations des consultants des inepties peut avoir des conséquences graves. À moins d'avoir un don avéré donné par des puissances divines, la nécessité de posséder des connaissances citées ci-dessus est primordiale, indispensable à tous ceux qui veulent interpréter les messages du Tarot. La connaissance de la psychologie humaine est une condition sine qua non, car on touche au psychisme. De plus, chaque Arcane délivre incontestablement un ou plusieurs messages alchimiques, et voici ce que dit Jung à ce sujet : *« Les alchimistes ont réellement pressenti que leur œuvre était d'une façon ou d'une autre liée à la psyché humaine et à ses fonctions… »*[65]. La lecture des Lames ne s'improvise pas et l'étude d'un seul ouvrage sur le Tarot, si estimable soit-il, ne suffit pas.

65. C. G. JUNG, *Psychologie et Alchimie*, Editions Buchet-Chastel.

Un Tarologue doit accepter de mettre son égo à l'écart afin de travailler durement toutes les disciplines citées quand bien même l'égo ne cesse de nous asséner que seul le savoir suffit. L'erreur consiste à lui donner satisfaction ! Notre cerveau a tendance à toujours vouloir privilégier ce qui nous donne du plaisir comme les loisirs. Pourquoi diable se torturer l'esprit alors que l'on est si bien devant la télévision ? L'effort peut être perçu par notre cerveau comme étant source de déplaisir, alors montent en soi des sensations désagréables qui souvent nous viennent de l'enfance. Cependant, seul le travail peut conduire à la source de la concentration sans effort. C'est alors à partir de là que le plaisir gagne sa place au sentiment de répulsion mental pour l'effort intellectuel. C'est avec beaucoup de travail qu'un moine bouddhiste peut atteindre le repos mental qui ouvre les portes de la transcendance. Le Tarot est tout sauf une baguette magique qu'il suffit d'agiter pour connaître le futur. Ce serait bien trop simple et personne n'aurait de mérite à pouvoir le faire. Or, il y a toujours un prix à payer pour tout. Choisir la voie longue des Alchimistes, c'est opter pour la sagesse. La voie courte des thaumaturges mène à l'occultisme et au satanisme. La théurgie présente des dangers aux graves conséquences pour les âmes non préparées qui n'ont pas suivi la voie longue que symbolise le Tarot, autrement dit, le travail. Les schizophrènes entendent des voix qui viennent de leur propre cerveau. Ils ne sont pas fous ou dangereux, ils sont malades. Car, pour eux, les voix sont bien réelles. Cela est prouvé par les études scientifiques les plus sérieuses grâce aux scanners cérébraux, par exemple. De là à affirmer que ces voix viennent du ciel, le faire croire aux personnes crédules qui voient là de la médiumnité, il n'y a qu'un pas. Pires encore sont ceux qui sont sains sur le plan biologique et psychologique, mais dont l'âme est corrompue et qui font croire qu'ils sont en contact avec les esprits pour escroquer les personnes fragiles.

C'est donc avec toute l'humilité, la bonté, la bienveillance, l'altruisme et la connaissance que l'on doit accepter de recevoir ou non ce qui nous vient par la lecture des Arcanes. Car, en réalité, il s'agit d'accéder à l'inconscient collectif. Chaque Arcane possède ses vérités intrinsèques qui réveillent en chacun de nous *« Les incolores idées vertes qui dorment furieusement »* (Noam Chomsky). Pour certains, cette phrase rappelle la comptine « Une souris verte… », pour d'autres, cette phrase définit l'inconscient, et pour d'autres encore elle ne veut rien dire. C'est la même chose pour le Tarot.

Rien n'existe par hasard dans l'univers. Le choix des Lames non plus. Quelle que soit la méthode, c'est toujours la bonne carte qui apparaît au bon endroit. La mécanique quantique explique que l'on ne sait pas, en réalité, si un objet est une onde ou bien une particule, ce dernier peut-être dans deux états différents. Nous avons une idée de la réalité, mais en fin de compte nous ne savons pas ce qu'est le réel. Le Tarot symbolise cet indéfini possible. Il est l'impossible. Et le réel est impossible selon Lacan. Ainsi, le professionnel doit trouver les mots justes et les assembler ensemble avec le bon verbe pour que la lecture du tirage soit cohérente, et ce n'est pas simple.

Dès lors, on peut se poser la question de savoir pourquoi le Tarot ne se trompe pas, bien qu'il soit pris à partie par bon nombre de scientifiques dogmatiques. La réponse est que l'avenir n'existe pas. N'en déplaise aux voyants. Quoi qu'ils disent, le futur n'existe pas. Le futur est une illusion. Le passé est passé. Seul le présent existe. Le présent est l'éternité. Le temps est une invention de l'homme et non de l'univers sinon il ne pourrait pas exister. Dans le cas contraire, où doit-on placer la création de l'univers dans l'éternité ? C'est impossible. Sinon, on doit admettre que quelque chose régit le temps en dehors même de notre univers.

Cela étant, le Tarot prévient. Il est l'avertissement du destin. Souvent, il arrive que la question du consultant ne soit pas la bonne, car ce dernier attend une réponse comme s'il avait affaire à un voyant. Il pose la question comme si l'événement allait obligatoirement se réaliser ou non dans le futur. La question n'est pas de savoir si la personne aimée va revenir ou non. La question est de savoir si c'est une bonne chose ou non. La question est de savoir ce que va faire le consultant pour qu'un événement se produise ou non. Souvent, on pense que si les choses n'arrivent pas, c'est que cela devait être ainsi ou que son ange gardien n'a rien fait. Parfois, on se plaint toute sa vie. Parfois, on se dit que c'est trop tard, que si l'on avait su… On doit alors prendre conscience que si l'on ne fait rien, alors on se laisse porter par le courant de la vie. On ne doit alors pas s'étonner d'arriver sur des rapides ou même de tomber dans la chute d'eau. Il appartient à chacun de se prendre en charge et d'être au centre des événements. Alors, c'est seulement là que notre ange gardien pourra nous soutenir. Comme nous l'avons vu, il ne fera jamais rien pour influencer notre destin, il n'en a pas le droit. Parfois, des consultants veulent se rassurer avant d'agir. Le Tarot est un appui formidable. Il saura poser les bonnes questions aux consultants et faire remonter ce qui est enfoui en eux. C'est en se posant les bonnes questions que l'on peut trouver les réponses appropriées et donc faire de l'avenir le sien et non un avenir dicté par d'autres et qui nous donne la sensation d'être ballotés dans tous les sens. C'est « La Roue de Fortune ».

Ainsi, un Tarologue professionnel doit aider le consultant tout en évitant de l'influencer au maximum, ce qui n'est pas toujours aisé. Il sait qu'il ne peut remplacer le psychologue diplômé, mais qu'il a un rôle important à jouer. Car parfois, les consultants choisissent le Tarot parce que le psychiatre privilégie le traitement chimique au dialogue, ou que le psychothérapeute ne les écoute pas réellement.

N'espérez jamais du Tarot une baguette magique et encore moins du Tarologue. Ce dernier n'est en rien le « Sauveur ». Sinon, il y a toujours les charlatans qui savent exploiter la crédulité pour mieux toucher au porte-monnaie. Le Tarot lui-même le dit « L'âme est son dieu » avec « La Maison-Dieu ». L'ange (« en je ») est en soi (« Tempérance ») et non à l'extérieur (« Temps de l'errance »). C'est en prenant son destin en main que l'on peut accéder à son monde (« Le Monde ») à soi tout en prenant garde au démon qui sommeille en chacun de nous (« Le Diable »). Accepter le Tarot, c'est suivre l'agent mystérieux qui est en chacun de nous, c'est accepter « Le Fol » comme miracle sur le chemin de sa propre vie, le chemin du « Grand Œuvre ».

Nous savons que l'entreprise est ambitieuse de vouloir faire intervenir conjointement trois domaines qui ne cohabitent pas dans la conception actuelle de la pensée dite « scientifique ». Le Tarot peut être utilisé par des psychologues dans le cadre d'un suivi thérapeutique et dans ce cas, le psychothérapeute utilise le Tarot Psychologique, en noir et blanc, créé à cette fin. Il laissera uniquement le patient s'exprimer sur ce qu'il ressent lorsqu'il découvre la carte. Car l'objectif pour le psychothérapeute est de se positionner non en maître (discours de celui qui sait), mais à la place de l'objet petit « a », concept inventé par Lacan pour désigner le rien, le vide. Or, un Tarologue et encore plus un Voyant ou un Médium se place volontiers à la place du maître. Il sait parce que les cartes, le pendule, la boule de cristal le disent.

Nous avons fait en sorte, dans cet ouvrage, de démontrer que l'aspect divinatoire peut prendre sens dans la mesure où il invite le consultant à se projeter dans son avenir en faisant preuve de psychologie et non parce qu'on lui prédit un avenir « clé en main » lié à on ne sait quel fantasme. De plus, le Tarot, qu'on le veuille ou non est lié à l'Alchimie. Sinon, pourquoi retrouverait-on la symbolique du Tarot partout où l'Alchimie est présente (les livres, les statues, les sculptures, les cathédrales, les monuments...). Enfin, Jung a établi le lien entre l'alchimie et la psychologie. De toute façon, nous traitons ici de l'humain, donc du psychisme qui implique d'utiliser le langage, la parole, les mots. Selon Lacan, *« l'inconscient est structuré comme un langage »*[66] conséquemment, nous nous devons d'utiliser les connaissances inhérentes à la psychologie et même à la psychanalyse pour savoir un minima de quoi on parle. En effet, que l'on soit Tarologue, Médium ou Voyant, on touche à l'inconscient, car ce qui peut être dit par le professionnel va inévitablement ouvrir une fente sur l'inconscient du consultant. Autant donc, avoir les connaissances requises pour en comprendre un peu quelque chose. Nous sommes pris dans le langage, et donc dans une idéologie. Alors, faisons en sorte de ne pas dire n'importe quoi.

Une professeure-chercheuse en psychologie à l'université nous a dit un jour : « Ah, le Tarot... je l'utilise avec mes copines... ». C'est dire que même si elle ne l'intègre pas comme un médiateur projectif au même titre que le test du Rorschach ou du TAT, elle se plaît à utiliser le Tarot pour une raison intrinsèque inconnue de nous, une raison qu'elle refoule pour des nécessités politiques ou académiques, mais une raison latente qui subsiste néanmoins...

---

66. Jacques LACAN, « Position de l'inconscient ».

Des ouvrages complémentaires

Pour bien débuter avec le Tarot, l'ouvrage de Gérard Durand, *Le Tarot à la Loupe* aux Éditions Bussière, très bien illustré, propose une approche concise des interprétations généralement admises par tous les auteurs. De même, les techniques de tirage sont progressives et efficaces.

Pour se perfectionner sur l'analyse des tirages, les ouvrages suivants apportent de précieuses informations :

Kris Hadar, *Le grand livre du tarot – Méthode pratique d'art divinatoire, Le tirage en croix du tarot – Méthode pratique d'art divinatoire*, Éditions de Mortagne

Simone Berno, *Tarot et psychologie des profondeurs*, Éditeur Courrier du Livre.

Sébastien Michel, *Le Tarot par la pratique*, Éditeur lulu.com (14 juillet 2015), *Créer son succès avec le tarot de coaching*, Éditeur Sébastien Michel, *Le tirage karmique – Découvrir ses vies antérieures et transformer l'avenir*, Bussière

Dre Denise Roussel : *Le Tarot Psychologique – Miroir de soi*, Éditions de Mortagne

Il existe bien d'autres auteurs, dont Georges Colleuil par exemple, qui proposent de très bonnes méthodes, sérieuses et solides et qui ont de très bonnes analyses. Il n'est pas possible de tous les citer ici.

En ce qui concerne l'hermétisme et l'alchimie, les ouvrages et les auteurs cités dans ce livre sont à étudier, mais là encore, il est impossible de citer tout le monde. Il est conseillé de suivre des alchimistes contemporains reconnus comme Patrick Burensteinas ou encore Pascal Bouchet, par exemple.

Enfin, pour la partie psychologique, Jung, Freud et bien d'autres sont à étudier. Le Tarot impose une rigueur qui ne s'improvise pas.

TABLE DES MATIÈRES

LE FOL

I
LE BATELEUR

II
LAPAPESSE

III
L'IMPÉRATRICE

IIII
L'EMPEREUR

V
LE PAPE

VI
L'AMOUREUX

VII
S.M
LE CHARIOT

VIII
LA JUSTICE

VIIII
L'HERMITE

X
LA ROUE DE FORTUNE

XI
LA FORCE

XII
LE-PENDV

XIII

XIIII
TEMPERANCE

XV
LE DIABLE

XVI
LA MAISON-DIEU

XVII
L'ESTOILLE

XVIII
LA LVNE

XVIIII
LE SOLEIL

XX
LE JVGEMENT

XXI
LE MONDE

Achevé d'imprimer en septembre 2021
dans les ateliers d'Evoluprint
31150 Bruguières